한중 30년
새로운 미래를 향해

동아시아문화센터

1988년 서울올림픽 개막식

1988年首尔奥运会开幕式

1988년 서울올림픽 개막식때 노태우대통령과 김옥숙여사 부부

1988年首尔奥运会开幕式上的卢泰愚总统和夫人金玉淑女士

1988년 9월 17일 서울 올림픽이 개막되었다. 서울 올림픽에는 중국 선수단 292명을 출전 시켜, 코치와 스태프를 합쳐 총 445명의 인원이 참가했다.

1988年9月17日，汉城(今首尔)奥运会开幕。中国代表团共派出445人，其中包括运动员292名。

1992년 8월 24일, 베이징 댜오위타이(釣魚臺) 국빈관에서 이상옥 외무장관과 첸지천 중국외교부장이 한중수교 공동성명서에 서명한뒤 이를 교환하고 악수를 나누고 있다.

1992年8月24日，时任韩国外长李相玉和中国外交部长钱其琛在北京钓鱼台国宾馆签署韩中建交联合公报后，双方交换文件并握手致意。

사진출처 : 아주일보 / 照片来源 : 亚洲日报

1992년 9월 유엔총회 참석차 방미중인 노태우 전 대통령은 첸치천(钱其琛) 중국외교부장을
접견하고 한중 수교에 대한 의견을 교환했다.

1992年9月，为参加联合国大会而访美的卢泰愚总统与时任中国外交部长钱其琛会谈，两人就韩中
建交交换意见。

사진출처 : 아주일보 / 照片来源 : 亚洲日报

1992년 8월 한중수교 이후, 9월 중국을 방문한 노태우 전 대통령이 공식만찬에서 양상쿤 중국
국가주석과 건배를 하는 모습.

1992年8月韩中建交后，9月访问中国的韩国总统卢泰愚在欢迎晚宴上与时任中国国家主席杨尚昆
碰杯。

노태우 전 대통령이 한중 수교 10주년을 맞은 2002년 11월 베이징을 방문해 장쩌민(江澤民) 중국 국가주석을 만났다.

韩国前总统卢泰愚任内实现韩中建交，卢泰愚卸任后于韩中建交10周年的2002年11月访问北京，并在北京人民大会堂与时任中国国家主席江泽民会面。

당시 국가부주석이던 시진핑(習近平)은 2012년 8월 31일 베이징에서 중국인민대외우호협회와 주중 한국대사관이 공동 주최한 한·중 수교 20주년 기념 리셉션에 참석했다.

2012年8月31日，时任国家副主席习近平在北京出席由中国人民对外友好协会和韩国驻华大使馆共同举办的韩中建交20周年纪念招待会。

2012년 7월 17일 한·중 수교 20주년 기념 '한류 스타 음악 여행 콘서트'가 베이징에서 열렸다.

2012年7月17日，纪念韩中建交20周年的"韩流明星音乐旅行演唱会"在北京举行。

2012년 8월 24일 오후 서울 장충동 신라호텔에서 한·중 수교 20주년 기념 리셉션이 성황리에
열렸다. 장신썬 주한 중국대사관 대사, 강창희 국회의장, 김성환 외교통상부 장관, 황우열 새누리당
대표 등 정부 고위 관계자와 언론계 인사들이 참석했다.

2012年8月24日下午，韩中建交20周年纪念招待会在位于首尔奖忠洞的新罗酒店隆重召开。时任
中国驻韩大使张鑫森、韩国国会议长姜昌熙、韩国外交通商部长官金星焕、新世界党代表黄佑吕
等政府机构高层以及新闻媒体界人士出席。

2014년 7월 3일 오후, 1박2일 일정으로 국빈 방한한 시진핑 중국 국가주석과 부인 펑리위안
여사가 청와대 대정원에서 열린 공식 환영식에서 박근혜 전 대통령과 함께 의장대를 사열한 뒤
은평초등학교 어린이 환영단에게 손을 흔들고 있다.

2014年7月3日，中国国家主席习近平在访韩期间同韩国总统朴槿惠举行会谈。会谈前，朴槿惠在
青瓦台总统府为习近平及夫人彭丽媛举行隆重欢迎仪式。

2022년 2월 13일 중국 베이징 수도체육관에서 2022년 베이징 동계올림픽 쇼트트랙 여자 3000m
계주 결승전이 열렸다. 해당 사진은 금메달인 네덜란드팀과, 은메달 한국, 동메달 중국 대표팀이
기념셀카를 찍고 있는 모습이다.

2022年2月13日，冬奥会短道速滑项目女子3000米接力决赛在首都体育馆举行。图为冠军荷兰队
选手、亚军韩国队选手与季军中国队选手合影。

노재헌(가운데) 한중수교30주년기념사업준비위 상임위원장이 2022년 7월 19일 오후 서울 중구 더 플라자호텔에서 열린 '한중우호포럼'에서 권병현 전 주중 한국대사와 싱하이밍 주한 중국대사에게 '한중우호대상'감사패를 전달했다.

2022年7月19日，纪念韩中建交30周年的韩中友好论坛在首尔举行。图为韩中建交30周年纪念活动筹备委员会常任委员长卢载宪(中)为韩国前驻华大使权丙铉(左一)和中国驻韩国大使邢海明(右一)颁发中韩友好感谢牌。

2022년 8월 19일, '한중, 다음 30년을 말한다'를 주제로 한중 수교 30주년을 기념하는 포럼을 개최했다. 노재헌 동아시아문화센터 원장, 박진 외교부 장관, 싱하이밍 주한 중국대사, 김성환 전 외교부 장관, 신정승 위원장 등이 행사에 참석했다.

2022年8月19日，纪念韩中建交30周年的"韩中，论下一个三十年"论坛在首尔举行。图为东亚文化中心院长卢载宪(右一)、韩国外交部长朴振(右四)、中国驻韩国大使邢海明(左四)、韩国前外交通商部长官金星焕(左三)、前韩国驻华大使辛正承(左二)等人士出席活动并合影。

한중 30년

새로운 미래를 향해

〈간행사〉

한·중수교 30주년, 미래를 생각한다

노재헌
동아시아문화센터 원장, 한중수교30주년기념사업준비위원회 상임위원장

한 국가의 국민이 된다는 것은 한 가족의 성원으로 탄생하며 시작된다. 생명의 시작이 인연을 만들고 국적을 갖게 하고, 성장하며 가족 사랑과 애국으로 크게는 인류애(人類愛)로 이어진다. 학습 능력을 갖추고 성장하며 체득하는 주위 환경인 가족과 사회에 대한 인식은 세상 견문을 통해 국가와 국제사회에 대한 가치관으로 발전한다. 그 사이 모든 인간은 각기 그 인연과 환경을 통해 조금씩 달라진다. 인생에서 선택하는 것도 있고, 선택되는 것도 있다. 한·중수교도 양국이 선택한 것이라 말할 수도 있고, 국제환경의 변화와 양국의 필요성에 따라 서로 선택된 것이라 할 수도 있다. 이러한 국제환경을 정확하게 판단하고 능동적으로 대처한 한국과 중국 정부의 선택이 국교 정상화였다. 능동이던, 피동이던 그만큼 한·중관계는 중요했고, 지금도 중요하고 미래도 중요한 것이다.

나는 한·중관계와 관계된 인연을 통해 그 환경에서 성장하였기에 한·중관계를 마음 깊이 중시하며 살고 있다. 수교 과정을 청년의 눈으로 지켜보았던 시기에 내 나이 30이 더해졌다. 한·중수교 30주년이란 의미는 한·중관계의 '시작'이라는 의미에서 한·중관계의 '성숙한 발전'이라는 의미를 더할 때가 되었다는 것이다. 비유컨대, 어렵게 잉태하여 태어난 아기가 순탄함과 풍파를 견디며 청년이 되었지만, 이 청년이 더 성장하여 많은 일을 할 수 있도록 더 많은 교육과 관심 그리고 격려가 필요한 시기가 되었다는 것이다. 한·중수교의 본질이란 '서로에 대한 간절함'과 '상생(相生)'에 의미가 있기에 '수구초심(首丘初心)'과 '음수사원(飲水思源)'이란 의미도 중요하다. 그 이유를 살펴보면, 비록 한·중관계가 30년 동안 발전하는 과정에 그 주변 국제환경이 변했다고 해도 한국과 중국이 수교 당시 추구했던 '우호관계(友好關係)' 발전의 본질은 변화하지 않은 것이고, 또한 이를 토대로 양국이 함께 지향해야 할 공동의 비전이 존재한다는 것이다.

우리는 한·중관계의 본질이 양국 수교의 초심(初心)에 근거한 성숙한 질적 발전 모델 추구에 있다는 점을 생각하며, 한·중 양국 교류에 생명력을 불어넣어 결실이 맺힐 미래 30년을 준비해야 한다. 세상이 3번 바뀐다는 30년이다. 앞으로 30년이 이전 30년보다 더 중요한 성숙과 수확의 시기가 되어야 한다. 이렇게 하여야 한·중수교라는 청년은 장년이 되고, 새로운 탄생을 통해 그 생명력을 꾸준하게 유지할 수 있다. 향후 30년에 한·중관계는 더 많은 긍정적 변화가 있을 수 있다. 서로에 관한 관심을 통해 국제사회를 보며 양국관계 핵심이 무엇인지 한·중 양국과 국민이 충분히 이해한다면 반드시 좋은 발전으로 이어질 것이다.

모든 인간도 그렇게 30세를 맞이하고 더 열심히 살아갔다는 것을 보면, 공자가 말한 '삼십이립(三十而立)'란 말은 의지(意志)를 세우고 새로운 출발을 하라는 것을 의미하는 것이 아닌가 한다. 이런 의미에서 한·중수교 30주년을 기념하는 것은 가족과 인연으로 그 과정에서 살아온 나에게 부정할 수 없는 인생 여정이다. 아들이자 국가의 국민으로 나는 아버지이자 수교 당사자인 노태우 전 대통령을 가까이서 지켜보며 자랐다. 그래서 체험적으로 한·중관계와 그 미래비전도 생각하며 지낸다. '교육은 100년의 대계(教育百年之大計)'라고 하듯이 한·중관계도 100년을 위한 미래 30년을 준비해야 할 것이다.

동아시아문화센터를 통해 동아시아 국가 간 교류와 문화 융합에 신경을 써온 나는 금년 8월 24일 한·중수교 30주년을 준비하려 2년이란 시간을 바쁘게 보냈다. 그 과정에서 많은 분이 도와주었고 뜻있는 행사도 많이 했다. 그리고 한·중수교 과정에서 고생하신 어른들과 양국 교류에 노력하신 분들 그리고 한·중관계의 미래를 위해 애쓰는 분들의 체험에서 나온 옥고를 조그마한 기념 책자로 출간하게 되었다. 그 글 안에는 그분들의 인생 여정이 녹아 있고 한·중관계의 건설적 발전을 바라는 객관적 기대도 들어 있다. 옥고를 투고해 주신 모든 분들께 감사드린다. 노익장에서 장년 그리고 청년들의 한·중관계에 관련된 소중한 생각이 향후 한·중관계 30년에 더 좋은 자양분이 되었으면 좋겠다.

2022년 9월 6일
연희동 서재에서

纪念韩中建交30周年，思考下一个30年

卢载宪 东亚文化中心院长、韩中建交30周年纪念活动筹备委员会常任委员长

　　作为一个家庭的成员诞生于世，这是成为一国之国民的开始。生命的开始创造了缘分，让人拥有国籍、让人成长、让人爱家爱国，进而发展为对人类整体的博爱。人靠着学习能力不断成长、所领悟到的对家庭和社会等周围环境的认知不断获得拓展、提升，进而发展为关于国家和国际社会的价值观。在这个过程中，所有人都会通过各自的缘分和环境逐渐发生改变。人生中有选择，也有被选择。韩中建交可以说是两国的选择，也可以说是基于国际环境的变化和两国的需要而相互被选择的。韩国和中国政府正确判断并主动应对国际环境的选择便是实现邦交正常化。无论是主动还是被动，这都说明在当时韩中关系非常重要，对现在来说也很重要，对未来而言亦是如此。

　　我与韩中关系有着不解之缘，因为在那样的环境中成长，所以一直以来都极其重视韩中关系。当时还是青年的我见证了中韩建交的过程，一晃眼已过了30年。韩中建交30周年的意义之所在，那就是是时候在韩中关系"开始"的意义上增添"成熟发展"的意义了。比方说，一个艰难孕育而生的婴儿，经历过一帆风顺，也经历过风吹雨打后，成长为青年，但为了让这个青年能够更好地成长、做更多的事情，现在是时候给予这个青年更多的教育、关心和鼓励了。韩中建交的本质在于"对彼此的恳切"和"相生共赢"，因此"不忘初心"和"饮水思源"的意义也很重要。究其原因，即使韩中关系在30年的发展过程中，其周边国际环境发生了变化，但是韩国和中国建交时所追求的友好关系发展的本质没有改变，而且在此基础上，两国有着共同向往的愿景。

　　韩中关系的本质在于以两国建交初衷为基石，追求成熟的、质的发展模式。我们应该考虑到这一点，为韩中两国交流注入生命力，为开花结果的下一个30年做好

准备。都说三十年足以改变世界三次。下一个30年应该是比之前的30年更重要的成熟和收获的时期。这样，"韩中建交"这一青年才能成长为壮年，通过新的诞生，将生命力持久保持下去。今后30年，韩中关系可能会有更多积极变化。如果韩中两国政府和国民通过对彼此的关心来看待国际社会，充分理解两国关系的核心是什么，那么韩中关系必将会取得良好的发展。

所有的人都在迎来30岁之后更加努力地生活。如此看来，孔子所说的"三十而立"似乎也可以意味着"立志、重新开始"。从这个意义上说，纪念韩中建交30周年，对我而言，这是一段不可否认的人生旅程，因为我与家人的缘分令我生活在这个过程中。作为儿子和国家的国民，我在我的父亲、也是韩中建交当事人的前总统卢泰愚的身边长大，在这个过程中我亲身体验着韩中关系也思考着其未来发展蓝图。正如"教育乃百年大计"一样，韩中关系也应该为100年而准备好下一个30年。

我一直通过东亚文化中心致力于东亚国家之间的交流和文化融合。为了准备今年8月24日的韩中建交30周年，我忙碌地度过了两年的时间。在此期间，很多人给予了帮助，也举行了很多有意义的活动。此次，辛苦地参与到韩中建交过程中的长辈们、为两国的交流而不懈努力的朋友们，以及为了韩中关系的未来而呕心沥血的朋友们，他们将自己的宝贵经历撰写成文、投稿，这才有了这本纪念书籍的出版。文中融入了他们的人生经历，也包含了希望韩中关系取得建设性发展的客观期待。感谢所有投稿的人。希望这些老前辈以及青壮年投稿人关于韩中关系的宝贵经验和想法，能够为韩中关系下一个30年提供更好的养分。

卢载宪

2022年9月6日

于首尔延禧洞自家书房

<축사 1>

부전자전 평화의 여정을 자랑스럽게 생각하며

이홍구
유민문화재단 이사장, 前 국무총리

1992년 한국과 중국은 외교 관계를 공식화하였다. 지리적으로는 국경을 맞
대고 있는 가장 가까운 이웃이고, 역사적으로는 수천 년에 걸친 우여곡절을
겪어온 두 나라가 늦게나마 외교 관계수립을 공식화하였다는 것은 역사의
놀라운 진전이 아닐 수 없다. 지나온 수천 년의 역사가 길고도 복잡하며 특
히 지난 150년의 역사는 제국주의 시대와 이데올로기 시대가 겹쳐진 세계사
의 혼돈기로 한·중관계는 유난하게 얽혀 있던 시기였기에, 20세기 말에 들어
대한민국과 중화인민공화국이 공식으로 국교를 수립하게 되었다는 것만으
로도 국제사회의 커다란 이슈였다.

그러한 '역사의 전환점'이 된 한·중수교는 외교전문가, 정치인, 언론인 등
다수의 숨은 공헌이 있었기에 성공적으로 매듭지을 수 있었다.

1988년 노태우(盧泰愚) 정부 출범 초기내각의 일원으로 통일원 장관을 맡
아 평화와 공동번영을 추구하는 새로운 '북방정책', 통일정책을 수립하는 데

<축사 / 15

일역을 담당하였던 본인은 1994년 김영삼 정부에서 국무총리에 임명되어 이듬해 5월 리펑(李鵬) 중화인민공화국 총리의 공식초청으로 중국을 방문하게 되었다. 많은 분의 노고에 힘입은 한·중수교였기에 양국 정부는 새로운 우호관계 수립을 위해 적극적으로 협조하는 훈훈한 분위기였다.

장쩌민(江澤民) 주석을 중난하이(中南海)로 예방하였을 때는 본인이 난징(南京)대학살의 현장을 목도하였다며 한국이나 중국은 일본의 만행을 잊어서는 안 된다는 목격담을 나누기도 하였다. 당시 나는 인민대회당 광장에서의 인민해방군 사열, 리펑 총리와의 총리회담, 챠오스(喬石) 전인대 상무위원장과 회담 및 중국사회과학원에서 '세계화와 사회보전'이란 주제로의 강연, 시안(西安)의 진시황릉 관람 등 바쁜 일정을 소화하였다. 특히 '천지개벽'이라 할 만큼 크게 달라진 지금의 상하이(上海)시 푸둥(浦東)지구 방문 때에는 바람 부는 허허벌판 언덕 위에 개발의 상징으로 세워진 동방명주탑(東方明珠塔) 아래서 방문 서명했고, 세계 각국 많은 회사가 서로 투자하고 있다던 푸둥지구 개발 초기 상황을 브리핑받으며 당시 중국 관계자가 한국의 투자 유치를 원했던 기억이 엊그제 같은데 그간 27년이 흘렀다. 더욱이 당시 상하이는 푸둥지구를 개발하려는 정책하에 황푸(黃浦)강의 빠른 물살로 인해 건설이 쉽지 않았던 남포대교(南浦大橋)를 완공하여 더없는 큰 자랑으로 여기고 자동차로 왔다 갔다 달려 보게 했던 기억이 새로웠지만, 27년이 지난 현재의 황푸강에는 10개가 넘는 다리가 연결되어 있을 만큼 대단히 발전된 모습에 '격세지감'을 느끼지 않을 수 없다. 이것이 한·중수교 후 한국 총리의 첫 공식방문으로 양국의 친선과 협력을 함께 다짐한 사흘간의 여정이었다.

얼마 전 세상을 떠나신 노태우 대통령의 영식 노재헌 변호사가 한·중 친선 민간운동에 앞장서더니 이번 한·중수교 30주년을 기념하는 책자를 출판하겠다는 의사를 전해와 아버님의 뜻에 더해 부전자전으로 동양평화에 공헌하고 있음을 자랑스럽게 생각하며 축하드리는 바이다.

子承父志投身东方和平事业，令人自豪

李洪九 维民文化财团理事长、前国务总理

　　1992年，韩国和中国正式建立了外交关系。地理上，两国是一衣带水的邻居；历史上，两国都经历了数千年的波澜曲折。虽然有些晚，但是两国正式建立外交关系，这不能不说是历史的惊人进展。过去几千年的历史漫长而复杂，特别是过去的150年，是帝国主义时代和意识形态时代相重叠的世界史的混乱时期，是韩中关系特别错综复杂的时期。进入20世纪末，大韩民国和中华人民共和国正式建交，成为国际社会的一大热点。

　　成为"历史转折点"的韩中建交，正是基于外交专家、政治家、新闻工作者等众多人士的默默贡献，才得以成功。

　　1988年卢泰愚政府上台初期，我作为内阁的一员担任统一院长官，负责制定旨在追求和平与共同繁荣的新北方政策、统一政策。1994年我被金泳三政府任命为国务总理，次年5月应中华人民共和国总理李鹏的正式邀请访问中国。韩中建交倾注了很多人的心血，来之不易，所以两国政府为了建立新的友好关系积极协作，气氛和谐。

　　在中南海拜会江泽民主席时，江泽民主席说目睹了南京大屠杀的现场，韩国和中国都绝不能忘记日本的暴行。访华期间，我出席了人民大会堂广场上进行的人民解放军阅兵，与李鹏总理举行总理会谈，与中国全国人大常务委员长乔石举行会谈并在中国社会科学院进行了"以全球化和社会保障为主题的演讲，还参观了西安秦始皇陵等，完成了繁忙的日程。特别是现在的上海浦东，已经发生了翻天覆地的巨大变化。还记得当时访问该地区时，在刮着风的旷野山坡上矗立着的象征开发的东方明珠塔，我在塔下写下了到访签名。中国方面开新闻发布会介绍了世界各国很多公司都在相互投资的浦东地区的开发初期情况，表示也希望吸引韩国投资。

转眼间27年过去了，可是仍旧记忆犹新。

当时在开发浦东地区的政策下，上海完成了一座因黄浦江湍急的水流而不易修建的大桥(南浦大桥)，很是引以为豪，还叫我们开车来回跑几趟，真的是记忆犹新。27年后的今天，黄浦江上已经有10多座桥梁相连，发展之迅猛，竟让人有种隔世之感。这是韩中建交后，韩国总理首次正式访问中国，三天的旅程，双方都下定决心进行友好合作。

已故前总统卢泰愚之子——东亚文化中心院长卢载宪，带头进行韩中民间友好交流，向我转达了出版纪念韩中建交30周年的书籍的意向。我认为他继承父亲的意愿为东方和平做贡献真的很令人自豪，同时也祝贺书籍的出版。

具有划时代意义的中韩建交也即将走过30年。这是孩子出生到壮年的时间。在这段时间里，有很多人一直在做着有关两国交流的工作。相信今后将有更多的人为韩中关系的进一步发展而努力。三十而立，现在我们应放眼于四十不惑，为取得更加成熟的韩中关系做准备。

<축사 2>

새로운 한·중 30년,
송무백열의 관계를 기대한다

김성환
태재아카데미 원장, 前 외교통상부 장관, 한중수교30주년기념사업준비위원회 고문

한·중수교 30주년을 축하하며 그동안 한·중관계의 발전을 위해 노력해 주신 모든 분께 감사의 인사를 드린다. 그리고 이번에 한·중수교 30주년 기념책자를 발간해주신 한중수교30주년기념사업준비위원회와 노재헌 상임위원장께 특별한 감사의 마음을 전한다.

1992년의 수교는 한·중 간의 적대관계와 단절의 역사를 종료시키고 새로운 한·중관계 발전의 기틀을 마련한 외교적 성취이며, 노태우 대통령께서 추진했던 '북방외교'가 이루어낸 큰 업적이기도 하다. 수교 이후 한·중관계는 정치, 경제, 문화 등 여러 방면에서 획기적인 발전을 이룩하였으며, 특히 양국 간 교역 규모는 수교 당시에 비교해서 30배 이상 증가하였고, 중국은 이제 한국의 제일 큰 교역 대상국이 되었다.

우리는 통상 30년을 한 세대(世代)라고 한다. 수교 30주년을 맞는 양국관계도 이제 첫 세대가 지나고 새로운 세대를 준비해야 하는 시기로 접어들었다. 한·중 양국은 지난 30년 동안 쌓아온 성과를 바탕으로 새로운 30년을 바라보면서 양국 간 '전략적 협력동반자 관계'를 발전시켜나가야 할 것이다. 지난 30년 한·중 양국이 서로 다른 점을 인정하면서 공통의 이익을 추구하는 '구동존이(求同存異)'의 관계를 발전시켜왔다면, 앞으로의 30년은 서로 이견이 있는 분야에서도 상호공감대를 확산시켜 나가는 '구동화이(求同化異)'의 수준으로 질적인 발전을 추구해야 할 것이다.

특히, 앞으로 미래의 주역이 될 양국의 젊은 세대들이 서로를 더 많이 이해하고 존중하는 관계로 발전할 수 있도록 양국 정부가 특별한 관심을 가지고 많이 노력해야 할 것이다. 지리적으로 인접해 있고 역사와 문화와 정서적인 유사성을 가지고 있는 우리 양국은 서로의 발전을 기뻐해 주고 축하하는 '송무백열(松茂柏悅)'의 관계가 되어야 한다고 본다. 또한, 우리 양국은 함께 발전하면서 동북아 지역의 평화와 안정 나아가 세계 평화와 안정에도 기여하는 모범적인 양자 관계로 발전해 나가야 할 것이다.

나는 이번에 발간되는 한·중수교 30주년 기념 책자가 앞으로 한·중관계 발전을 인도하는 좋은 길라잡이가 되기를 바란다.

다시 한번 한·중수교 30주년을 축하하며 이번 기념 책자를 만드는 데 참여해 주신 모든 분께 감사 말씀을 전한다.

韩中恰似"松茂柏悦"勿忘建交初心

金星焕 Taejae Academy院长、前外交通商部长官、韩中建交30周年纪念活动筹备委员会顾问

韩中于1992年结束敌对关系正式建交，为发展全新的两国关系奠定了基础，是重要的外交成就，同时也是前总统卢泰愚大力推进"北方外交"政策所取得的重大业绩。建交以后，韩中两国在政治、经济、文化等多领域取得长足发展，双边贸易规模比建交当时增长超过30倍，中国已成为韩国最大的贸易对象国。

我们通常将30年称为一代，建交迎来30周年的两国关系已经历了第一代，正在迈向新的一代。两国应在30年取得的成果基础上，放眼下一个30年，继续发展战略合作伙伴关系。如果说在过去的30年间，韩中两国秉承"求同存异"的原则，在认可彼此差异的前提下追求共同利益，那么接下来的30年，两国应在此基础上升级为"求同化异"，在意见存在分歧的领域也努力扩大共识，发展高质量的外交关系。

年轻人是未来的主人，两国政府应重视年轻一代的交流，努力为年轻一代提供互相尊重和理解对方的机会。

韩中两国地缘相近，在历史、文化、情感上相通，我们应该成为"松茂柏悦"的关系，不吝为对方取得的成就送上掌声和祝福。在发展两国关系的同时，也应努力为东北亚乃至世界和平稳定做出贡献，成为外交领域的典范。我认为在互惠平等的基础上，充分考虑两国政府和民众的立场，维持和发展稳定关系尤为重要。两国克服万难建立起外交关系，应珍惜这一弥足珍贵的成果，重新审视究竟什么对两国有利，高瞻远瞩地发展符合两国实际的外交关系，我认为这是一项造福于后人、会令我们千秋万代都从中受益的事业。

任何事情都难以一蹴而就，政府和民间层面的努力也应常常换位思考。从对方的立场出发考虑问题，从互惠平等的原则出发，才能有助于两国的发展。韩中外交一直是放眼未来的，所以才会取得重大发展，任何时候都不能忘记建交当时的初心。

<축사 3>

한·중수교의 과거, 현재, 미래를 담다

권영세
통일부 장관, 국회의원, 한중수교30주년기념사업준비위원회 공동위원장

한·중수교 30주년을 기념하는 책자 출판을 진심으로 축하드린다. 이제 서른을 맞이하는 한·중관계가 과거를 반추하는 것에도 큰 의의가 있지만, 국제정세의 대전환 속에 본 책이 음수사원(飮水思源), 온고지신(溫故知新)의 자세로 한·중관계 발전 방향의 좋은 지침이 될 것으로 생각한다.

주지하듯 대한민국과 중국은 수교 30년을 넘어 지난 5천 년 역사의 흐름 속에서 흥망성쇠를 함께해 온 오랜 이웃이다. 1992년 한·중수교 이후 양국은 인적, 문화적 교류를 통해 유례없는 속도로 가까워졌다. 양국은 정치, 외교뿐만 아니라 기후환경 등 다양한 분야에서 전략적 협력 동반자관계(同伴者關係)를 강화 발전시켜왔다.

박근혜 정부의 초대 중국대사를 역임한 나로서는 당시 한·중관계의 눈부신 변화와 발전을 직접 경험하였고, 그 과정에서 양국관계의 진전을 이루는 데 조금이나마 일조할 수 있었다는 점에서 큰 보람을 느껴왔다. 한·중 정상

간 상호 국빈 방문을 통해 우정과 신뢰를 바탕으로 한 전략적 소통 강화에 힘썼고, 그 결과 물리적 교류 확대를 넘어 화학적 화합의 단계로 도약할 수 있었다. 당시 월스트리트저널 등 외신에서는 역대 가장 가까운 한·중관계라고 평가했다.

이제 나는 한·중 양국이 지난 30년간의 상호 발전을 토대로 아시아를 넘어서 국제사회의 평화와 공동번영을 위해 함께 노력해야 할 때라고 생각한다. 최근 들어 국제정세가 어렵고 불안정한 가운데 한반도에도 긴장이 고조되고 있다. 강대국 간 전략경쟁이 심화하고 북한의 지속적인 핵 능력 고도화로 인해 윤석열 정부가 직면한 외교안보 과제들은 그 해결이 녹록하지 않은 상황이다. 하지만 한반도의 불안정성이 확대되는 것은 한반도뿐만 아니라 중국에도 결코 도움이 되지 않을 것이다. 급변하는 국제정세 속에서 분열을 막고 인류의 평화를 지켜내기 위해 한국과 중국은 그 어느 때보다 전략적 소통을 강화해나가야 한다.

윤석열 정부는 한·중수교 30주년을 계기로 '라오펑요우(老友, 오랜 친구)'인 중국과 긴밀한 소통과 협력을 통해 한·중관계를 더욱 굳건히 발전시켜나가려 한다. 북한의 비핵화와 한반도의 항구적 평화 정착을 위해 이어달리기 주자로서 내가 맡은 역할에 최선을 다하고자 한다. 이러한 여정에서 한·중이 함께 건설적으로 협력할 수 있기를 진심으로 희망한다.

본 책자를 출판하는 과정에서 '한중수교30주년기념사업준비위원회'의 관계자들의 노고가 컸다는 것을 잘 알고 있다. 본인도 준비위원회의 공동위원장으로서 그동안 준비위가 어려운 환경 속에서도 한·중수교 30주년을 기념하기 위해 다양한 역할을 진행해 왔다는 것을 이해하고 있다. 그렇기에 본 책자에 담긴 내용에 과거, 현재, 그리고 미래의 무게가 있다는 것도 잘 알고 있다. 한중수교30주년기념사업준비위원회, 그리고 출판에 협력한 아주경제 측의 노고에 다시 한번 감사드린다.

衷心希望韩中能够携手进行建设性合作

权宁世 统一部长官、国会议员、韩中建交30周年纪念活动筹备委员会共同委员长

衷心祝贺韩中建交30周年纪念书籍的出版。在迎来韩中建交30周年的今日，回顾过去固然意义重大，但我认为在国际形势的大转变中，本书本着"饮水思源"、"温故知新"的核心理念，必将成为韩中关系发展的优秀指南。

众所周知，韩国和中国是建交逾30载、在过去5000年的历史潮流中兴衰相伴的老邻居。1992年韩中建交后，两国通过人文交流，以前所未有的速度变得亲密起来。不仅在政治、外交上，在气候环境等多个领域加强和发展了战略合作伙伴关系。

作为朴槿惠政府的首任驻华大使，我亲身经历了当时韩中关系的辉煌变化和发展。能够在这个过程中为实现两国关系的发展略尽微薄之力，我感到很自豪。通过韩中首脑间的互访，致力于加强以友谊和信任为基础的战略沟通，其结果是超越了量的交流扩大，跃升到了质的和谐阶段。当时，华尔街日报等外媒评价说："这是有史以来最亲密的韩中关系。"

我认为，现在韩中两国应该以过去30年的相互发展为基础，超越亚洲，进而为实现国际社会的和平与共同繁荣而努力。最近，在国际局势艰难不稳定的情况下，韩半岛紧张气愤也持续高涨。由于强国之间的战略竞争加剧以及朝鲜核能力的持续提高，尹锡悦政府面临的外交安全课题没有得到很好的解决。但是韩半岛不稳定性的扩大，不仅对韩半岛，对中国也无益。在瞬息万变的国际形势下，为了防止分裂、维护人类和平，韩国和中国应该比任何时候都要加强战略沟通。

尹锡悦政府拟以韩中建交30周年为契机，通过与老朋友中国的紧密沟通和合作，进一步巩固和发展韩中关系。为了朝鲜的去核化和韩半岛的永久和平稳定，作为这场接力赛的选手，我将竭尽最大努力发挥我所扮演的角色。衷心希望在此过程中韩中能够携手进行建设性的合作。

在出版该书的过程中，韩中建交30周年纪念活动筹备委员会的相关人士付出了很大的努力。作为筹备委员会的共同委员长，我也很清楚地知道，为了纪念韩中建交30周年，期间筹备委员会即便是在困难的环境中也依旧积极发挥了各种作用。因此我也更加懂得，该书承载了过去、现在和未来的分量。再次感谢韩中建交30周年纪念活动筹备委员会以及协助出版的《亚洲经济》报刊为此付出的心血。

목 차

간행사   한·중수교 30주년, 미래를 생각한다   노재헌   10
贺新书出版   纪念韩中建交30周年，思考下一个30年   卢载宪

축사   부전자전 평화의 여정을 자랑스럽게 생각하며   이홍구   15
序   子承父志投身东方和平事业令人自豪   李洪九

축사   새로운 한·중 30년, 송무백열의 관계를 기대한다   김성환   19
序   韩中恰似"松茂柏悦"勿忘建交初心   金星焕

축사   한·중수교의 과거, 현재, 미래를 담다   권영세   22
序   衷心希望韩中能够携手进行建设性合作   权宁世

卓著功勳

수교 30년,
시대를 복기하다

'새 시대'를 위한 5년의 노력, 한·중수교의 장을 열다   박철언   32
重温建交历程，期待韩中关系再续新篇章   朴哲彦

더 높은 차원의 한·중관계를 향하여   장치혁   43
韩中建交是建立高层次国际关系的历史性事件   张致赫

한·중 외교사의 가장 큰 성과, 그 속에서 만난 인연   김한규   48
我与韩中建交的缘分   金汉圭

모스크바, 베이징을 거쳐 평양으로 간다   김종휘   61
经由莫斯科、北京前往平壤   金钟辉

수교 30년, 과거를 회상하며 미래를 심는다   권병현   69
回顾建交之初，展望韩中关系未来   权丙铉

되돌아본 한·중 교류 30년, 화이부동의 노력이 필요할 때   신정승   83
韩中建交三十周年，今后仍需倍加努力   辛正承

한·중수교의 뿌리, '북방정책'을 회고하다   김학준   94
回顾北方政策及韩中建交的点点滴滴   金学俊

세월이 흘러야 알 수 있는 것, 일구견인심(日久見人心)을 생각하다   천진환   104
我与中国的不解之缘和我眼中的中国朋友   千辰焕

飮水思源   역사의 계승,
새로운 도전

만절필동(萬折必東)의 한·중 의회외교   문희상   114
"万折必东"——我眼中的韩中议会外交   文喜相

30년 한·중관계의 장성(長城)을 쌓아올리자   곽영길   124
韩中建交与两国关系的现状及未来   郭永吉

언론인의 눈으로 본 한·중관계의 과거와 현재   이하경   131
浅谈韩中关系与两国媒体交流   李夏庆

냉전의 최전방 중·한, 신냉전의 프레임 벗어나야   장충의   140
中韩应该坚决阻止"新冷战"扩散   张忠义

한·중 고등교육 협력의 현장에서   장제국   154
走在韩中高等教育合作的第一线 愿韩中友谊代代开花结果   张济国

스포츠로 만드는 '함께하는 미래'   유승민   164
体育搭建韩中交流之桥   柳承敏

국경을 넘은 예술콘텐츠가 만든 교류와 신뢰   유인택   172
超越国境的艺术内容为韩中交流和互信注入活力   柳寅泽

문화교류의 생명력 불어넣은 추사, 문화를 통한 대화의 시작   전인건 179
阮堂金正喜与韩中文化交流的必要性   全寅建

멀리 가기 위해 함께 걷는다   취 환 187
韩中文化，缘远情深   曲 欢

한·중 경제 관계, 새로운 30년을 위해   박한진 197
开启韩中经济关系未来30年   朴汉真

먼저 친구가 된 후에 비즈니스를 하라(先做朋友 後做生意)   박근태 205
先做朋友，后做生意   朴根太

3대에 걸친 중국연(緣) - 생소, 친숙, 소원 -   김충근 214
韩中建交三十载 谈谈我的中国情   金忠根

代代相傳

한국과 중국,
그 푸른 미래

한·중관계의 새로운 활력은 의회외교로부터   노웅래 228
议会外交为推进韩中两国发展提供新动力   卢雄来

점진적으로 발전해 온 한·중관계, 새로운 미래를 제안한다   박 정 239
我的中国缘，韩中关系之我见   朴 钉

대전환기 맞은 한국과 중국의 미래   황 희 250
面临大转换期的韩中关系风险与机遇并存   黄 熙

미래 30년 더욱 진화된 한·중관계를 위하여   박진범 258
未来30年的韩中交流与"交叉交流"机制   朴晋范

한·중 문화교류와 발전을 위한 제언 　　　　　　　　　허 석　270
为韩中文化交流发展建言献策 　　　　　　　　　　　　许 锡

영화 인생(Lifetimes) 그리고 음수사원(飮水思源) 　　　윤준필　278
电影《活着》与"饮水思源" 　　　　　　　　　　　　　尹俊弼

한·중 청년 사업가들의 우정 만들기 　　　　　　　　　한상준　285
患难见真情 回顾与中国青年企业家的友谊之路 　　　　韩想俊

친구가 된 청년들, 한·중관계도 '펑요우(朋友)'가 필요하다　박훈희　295
我们需要以青年为中心的"朋友"式韩中关系 　　　　　朴训熙

새로운 30년, 동반성장의 길을 모색하다 　　　　　　　남은영　302
大转换时期的韩中关系之我见 　　　　　　　　　　　南垠映

이사갈 수 없는 이웃에서 없어서는 안 될 이웃으로 　　노재헌　310
韩中应从"搬不走的邻居"成为"彼此不可或缺的邻居" 　　卢载宪

한중수교30주년기념사업준비위원회 축하의 말씀 　　　　　　320
韩中建交30周年纪念活动筹备委员会 祝贺词

한중수교30주년기념사업준비위원회 발자취 　　　　　　　　324
韩中建交30周年纪念活动筹备委员会大事记

책을 발간하며 　　　　　　　　　　　　　　　　　　　　328
出版后记

* 편집자 주 : 전체 글의 순서는 역사적 사건의 진행 순서로 배열되었습니다.

수교 30년,
시대를 복기하다

卓著功勳

역사적 탁월한 업적

'새 시대'를 위한 5년의 노력,
한·중수교의 장을 열다

• 박철언 한반도복지통일재단 이사장

죽(竹)의 장막을 두드린
1987년 8월부터 5년간의 끈질긴 노력

나는 1987년 6월 29일 노태우 대통령 후보의 「6.29 민주화
선언」 이후 새 시대를 준비하는 핵심 참모로서 북방수교정
책을 준비해야 했는데, 중국과의 수교는 반드시 넘어야 하는 산이었다. 1987년
8월 국가안전기획부 부장 특별보좌관이었던 나는 베이징에서 열린 아시아·
태평양 법률가 회의 회장(이병호 변호사)의 고문 자격으로 중국을 방문했다.
이때 챠오스(喬石) 부총리(후에 공산당정치국 상무위원 겸 당기율검사위원
회 서기, 당서열 4위)와 만나 의미 있는 대화를 시작했다.

그리고 1988년 2월 노태우 대통령은 나를 정책보좌관으로 임명하여 '북방
정책'에 대한 실무책임을 맡겼다. 그해 7월 7일 노태우 대통령은 「민족자존
과 통일번영을 위한 특별선언」을 통해 중국과의 관계 개선 의지를 천명했다.
이어 정무장관이었던 나는 1989년 7월 베이징을 방문하여 리루이환(李瑞環)

정치국 상무위원 겸 정협 주석(당서열 5위)과 만나 깊은 대화를 나누었다. 이러한 만남에는 천시퉁(陳希同) 베이징시 시장과 장바이파(張百發) 베이징시 상무부시장, 중국국제우호연락회 진리(金黎) 부회장, 예쉬안닝(葉選寧) 부회장과 고려합섬 장치혁(張致赫) 회장이 많이 도와주었다.

1990년 9월 나는 다시 KOC(Korean Olympic Committee) 고문 자격으로 중국 초청을 받아 베이징을 방문이었는데, 9월 23일 장치혁 회장과 같이 진리, 예쉬안닝 부회장과 회담하고, 저녁에는 내가 준비하여 리셉션을 열고 천시퉁 시장, 린한숭(林漢雄) 건설부 장관, 왕잔이(王展意) 교통부 차관, 리창안(李昌安) 국무원 부비서장, 장바이파 부시장, 정홍예(鄭鴻業) 중국국제무역촉진위원회(CCPIT) 회장 등 중국 요인들과 회동하였다. 그리고 9월 25일 베이징대학교에서 '한국의 경제발전과 교육'이란 주제로 특별강연을 했는데, 350여 명의 대학생과 교직원이 참석했다. 그리고 그날 베이징대학 이사장 등 간부 교수들과 간담회를 겸한 만찬을 하면서 깊은 대화를 했다. 또, 다음날에는 인민일보사를 방문하여 간부들에게 한국과 중국의 조기 수교의 당위성에 관해 설명했다.

이어 1991년 7월에는 '베이징 2000년 올림픽유치위원회' 초청으로 중국을 다시 방문하여 우샤오주(伍紹祖) 체육부 장관과 회담하고, 이어 리루이환 천시퉁·장바이파·리창안 등 요인들과 회동하여 양국 조기 수교의 당위성에 관해 깊은 공감대를 이루었다. 이 자리에서 중국 최고지도부 5명인 덩샤오핑(鄧小平) 군사위원회 주석, 양상쿤(楊尙昆) 국가주석, 완리(萬里) 전인대 상무위원장, 장쩌민(江澤民) 공산당 총서기, 리펑(李鵬) 부총리와 수교 실무를 담당하는 지도부 3명인 중국지도부 핵심인물인 텐지윈(田紀雲) 부총리, 쩌우자화(鄒家華) 부총리, 첸치천(錢其琛) 외교부장에게도 노태우 대통령의 뜻이 담긴 자세한 편지를 전해주었다. 귀국 후 노 대통령께 보고하고 며칠간 밤낮으로 작업하여 같은 해 7월 25일자에 다시 대통령의 뜻이 담긴 서한(원문 16

① 1989년 7월 리루이환 정협주석(오른쪽)과 함께 ② 1990년 9월 장바이파 베이징부시장(왼쪽), 천시통 베이징시장 (가운데)과 함께 (출처: 저자 제공)

①1998年7月，笔者与时任中国政协主席李瑞环(右) ②1990年9月，笔者与北京副市长张百发(左)以及北京市长陈希同的合照 (照片来源：作者提供)

페이지, 한글 번역 10페이지 총 26페이지)을 위 8명에게 다시 보냈다.

그 후 리루이환, 천시통 등으로부터 편지를 전달했더니 덩샤오핑 등 중국 최고지도부가 긍정적 반응을 보였으니 "조금만 더 기다려 달라"는 좋은 회답을 받았다. 같은 해 11월 13일 신라호텔에서 서울 APEC 각료회담 참석차 한국에 온 첸치천 외교부장과 비밀회동을 가졌고, 이후 외무부의 수교 실무회담은 급진전 되어 드디어 1992년 8월 24일 한·중 외무장관이 「한·중수교 공동성명」에 서명하였다.

아래는 수교 준비 당시 덩샤오핑에게 보낸 편지 요약이다.

존경하는 덩샤오핑(鄧小平) 선생님께 올립니다.
먼저 엄청난 수해로 인해 수많은 인명과 재산의 손실을 입은 귀 국민께 심심한 위로의 말씀을 올리면서 하루 속히 피해가 복구되기를 간절히 기원합니다. 또한 실용주의 정치철학을 바탕으로 개혁·개방 정책을 통한 4대 현대화 실현을 추진함으로써 중국 현대화의 기초를 이룩했으며, 12억 중국 인민을 이끄는 오늘의 중국 공산당을 있게 한 귀하의 탁월하신 지도력은 전 중국 인민의 존경을 받아 마땅할 것입니다.

저는 지난 7월 2일부터 6일까지 '베이징 2000년 올림픽 유치위원회'의 초청을 받고 귀국을 방문, 체육계 지도자는 물론 각계 인사들을 만나 귀국과 한국과의 관계 발전 방안에 대해 매우 유익한 대화를 나눌 기회를 가졌습니다. 저는 1985년 이래 모두 네 차례의 중국 방문을 통해 중국이 하루가 다르게 변화하고 있다는 인상을 받았습니다.

지리적으로 이웃해 있는 중국과 한국은 지난 수천 년 동안 역사적으로나 문화적으로 떼려야 뗄 수 없는 관계를 맺어왔습니다. 또한 금세기에 들어서 우리 양국은 제국주의 팽창 정책의 희생물이 되어 동병상련(同病相憐)의 아픔을 겪기도 했으며 공동의 적에 대항해 힘을 합해 싸우기도 했습니다. 중국과 한국은 이웃입니다. 수천 년 전 과거에도 그러했고 현재에도 그렇습니다. 그러나 우리는 그동안 이데올로기에 매달려, 아니 초강대국들의 세계 질서 구상에 얽매여 이웃을, 형제를 잊고 살아왔던 것이 현실입니다.

우리 한반도는 2차 대전의 종결과 함께 타의에 의해 분단이 되는 비극을 겪어야 했으며 이 불행은 반세기 가까운 오늘까지 지속되고 있습니다. 이 비극을, 이 불행을 하루빨리 끝내는 일은 이 시대를 살아가는 우리 겨레 모두에게 주어진 의무요, 책임이며 소원입니다. 물론 남북한의 관계는 남북 당사자가 해결해야 하지만 중국의 위치나 비중 그리고 북한과의 실질 관계에 비추어 볼 때 귀국의 역할이 매우 중요하다 할 것입니다.

저는 이 기회에 우리의 고통을 덜고 또한 중국 민족과 우리 민족이 서로 협력해가는 가운데 공동 번영을 추구함에 있어, 중국과 한국의 국교 정상화야말로 요체(要諦)임을 말씀드리고자 합니다. 중한(中韓) 간의 국교 정상화는 과거에 전혀 없었던 상황을 새로 만들어내는 것이 아니라 수천 년 지속되어왔던 선린 관계(善隣關係)의 역사를 원상으로 회복하자는 것을 의미할 뿐입니다. 저는 중·한관계의 정상화가 북한을 곤경에 빠뜨리지 않을 것이라 믿습니다. 북한의 비극은 우리가 원하는 바가 결코 아닙니다.

우리가 원하는 것은 남과 북이 서로 간의 신뢰를 축적해가는 가운데 화해하고 공존공영하면서 민족의 복지를 위해 함께 힘을 합하는 일입니다. 우리는 귀국과 북한의 돈독한 관계가 지속되기를 바라고 있으며, 귀국이 우리와도 신속히 외교 관계를 맺음으로써 동북아 전체의 공동번영을 꾀하여, 다가오는 21세기에는 동아시아가 세계사를 주도하는 중심지역으로 부상할 수 있게 되기를 희망하고 있습니다.

그리고 노태우 대통령께서는 몇 차례 미국 부시 대통령과의 한미 정상회담에서도 미국과 중국이 하루속히 모든 분야의 협력을 대폭 강화함으로써 진정한 아시아의 평화와 공동번영이 이룩된다는 점을 강조, 설명한 바 있음을 귀하에게 말씀드리는 바입니다.

이제 북한이 유엔 가입을 신청하고 일본, 미국과의 수교를 서두르고 있는 이상 중·한관계 정상화에 반대할 하등의 이유가 없으며, 귀국도 북한의 입장 때문에 부담을 느낄 필요는 없다고 봅니다. 우리는 북한의 대일, 대미 수교를 반대하지 않는다고 이미 선언했습니다. 중한 간의 수교는 오히려 북한의 대일, 대미 수교의 촉진제가 될 것입니다. 저는 또한 이 기회에 중·한수교 를 늦추면 늦출수록 경제적 피해는 남북한과 중국이 보게 되며 이득은 주변 나라들에 돌아가게 될 뿐이라는 점을 말씀드리고자 합니다.

우리 한국은 가난과 전쟁의 폐허 속에서 오직 '하면 된다'라는 한국인의 투지로 '한강의 기적'이라는 경제발전을 이룩했습니다. 저는 중국의 인적·물적 자원과 우리나라의 기술과 투자 그리고 동원 가능한 자본이 합하면 중한 경제에 다 함께 엄청난 이익을 가져올 것으로 확신합니다. 저는 이상의 판단과 믿음으로부터 양국 간의 조기 수교야말로 중한 양국에 공히 커다란 이익을 가져다주리라 확신합니다. 또한 이러한 양국의 공동 이익을 위해 우리 노태우 대통령께서는 양국 정상회담을 갖기를 희망하고 계시다는 뜻을 정중히 전합니다.

저는 이 기회를 빌려 간담상조(肝膽相照)의 심정으로 귀하에게 말씀드리고자 합니다. 저는 과거 중국 문물이 서구로 흘러들어가 오늘날 서구 문명의 출발점이 되었다는 것을 잘 알고 있습니다. 중국의 문물을 받아 융성했던 서구 열강들이 근세에 들어서는 앞다투어 중국을 괴롭혀왔다는 것도 알고 있습니다. 우리는 과거 중국 민족과 한국 민족에게 말할 수 없는 고통을 안겨준 일본이 최근 들어 막강한 경제력을 바탕으로 군사력을 급격히 팽창시키고 있다는 데 주목해야 합니다. 일본의 무차별적인 경제·군사적 팽창은 결코 동아시아의 평화에 도움이 되지 않는다고 저는 생각합니다.

저는 이번 중국 방문 중 귀국의 정계나 체육계의 여러 지도자로부터 오는 2000년의 올림픽을 베이징에서 개최할 수 있도록 유치활동 지원과 성공적 개최를 위한 협조도 요청받았습니다. 물론 지난 베이징아시안게임 때와 마찬가지로 우리 정부와 기업 그리고 국민은 가능한 범위 내에서 최선을 다해 지원할 것을 다시 다짐합니다. 특히 어려운 여건하에서 예상을 뒤엎고 서울 올림픽 개최권을 따낸, 저 '바덴바덴의 기적'의 주인공인 우리나라의 역할도 어느 정도 도움이 될 수 있다고 생각합니다. 우리가 베이징의 올림픽 유치활동을 좀 더 자유롭게 터놓고 지원할 수 있도록 하기 위해서는 양국 간의 조기 수교가 절실하다고 봅니다. 흔히 다가오는 21세기를 태평양 시대라고 말

* 필자가 노태우 대통령의 뜻을 담아 덩샤오핑에게 보낸 편지 첫 장과 끝장 (출처: 저자 제공)

* 笔者写给邓小平的信的第一页和最后一页，信中写进了总统卢泰愚的意愿。(照片来源：作者提供)

합니다만, 저는 더 좁혀 동아시아의 시대가 도래하리라 믿습니다. 지금 세계는 EC 통합을 앞둔 유럽의 경제력과 미국의 경제력, 일본의 경제력 등으로 나뉘어 있습니다만, 중국과 한국이 동아시아의 평화와 번영을 위해 한마음이 될 수 있다면 세계가 주목하는 아시아의 영광을 재현하는 정치·경제 블록을 형성해 나갈 수 있으리라 확신합니다. 이는 또한 양국의 시대적 사명이며 양국의 국민을 복지생활로 이끄는 첩경이라 생각합니다.

1991년 7월 25일 대한민국 국무위원·체육청소년부장관 박철언

중국몽(中國夢)의 자제와 새로운 한·중관계
- 발전을 위한 약간의 쓴소리 -

한·중관계가 좋은 일만 있었던 것은 아니다. 그리고 최근에는 한국에 대한 중국의 표현이 그 속내를 드러내는 듯한 일도 있는데, 나는 양국의 수교 당시의 초심을 잊지 말고 '호혜·평등'한 입장에서 자국과 상대방을 위하는 관계가 유지되어야 한다고 본다.

나는 중국 시진핑 주석이 2017년 플로리다에서 미국 트럼프 대통령과 회담 때 유감스럽게도 "코리아는 역사적으로 중국의 속국이었다", "6.25 전쟁은 중국이 승리한 항미원조(抗美援朝, 미국에 대항해서 조선을 돕는다) 전쟁이다"라고 했다는 내용을 접했다. 중국은 서쪽에서 신장웨이우얼 지역을 아우르는 '서북공정'을, 티베트에는 '서남공정'을, 그리고 동쪽으로는 고구려를 중국 역사와 영토에 포함시키려는 '동북공정'을 벌여왔다. '파룬궁(法輪功)' 수련생을 탄압하고, 홍콩을 공산화하고 남중국해를 장악함으로써 이른바 '중국몽'을 실현해 나가려고 하고 있다.

우리나라는 지난 1000년 고려·조선 시대에 중국의 지배 아래 사실상 중국의 속국처럼 살았다. 한국인이 인간답게 살 수 있었던 것은 1945년 제2차 세

계대전 종전과 더불어 미국의 도움과 70여 년간 우리 국민의 땀과 열정을 쏟은 결과이다. 이러한 의미에서 오늘날도 중국이 지정학적 위험성과 경제적 관계 때문에 한국을 속국처럼 생각한다면 한·중의 미래는 참으로 암울할 것이다.

인류의 공동선(共同善) 추구와 바람직한 한·중관계

1989년 베를린장벽 붕괴와 1990년 동서독통일, 구소련의 붕괴 이래 세계는 미국의 '1국 패권주의'가 지배하고 있다. 그리고 동북아시아에 있어 미국은 지속하여 패권 유지를 위해 중국의 태평양·인도양 진출을 억지하려 안간힘 쓰고 있다. 미국은 일본의 집단자위권 개념을 확대하여 그 힘을 실어주고 일본·한국·대만·호주·뉴질랜드·베트남·인도와의 군사적 유대를 강화하여 C자형으로 중국을 포위·견제하고 있는 상태다. 그러나 특정한 한 나라가 장기간 일방적으로 세계 질서를 주도하게 되면 세계의 조화로운 발전과 인류의 공동선(자유·평등·복지·인권·평화) 추구에도 바람직하지 못하다. 세계 권력 구조는 다원주의(多元主義)로 변해야 한다고 본다.

즉 EU가 더욱 내실화하여 제 기능을 발휘하고 동북아시아 3국(한반도·중국·일본) 연대가 아시아적 이념과 가치를 추구할 수 있어야 할 것이다. 이러한 의미에서 미국은 중국의 태평양 진출 막지 말아야 한다고 본다. 동북아에서 중국은 북한이 '완전하고 검증 가능하며 불가역적인 핵 폐기(CVID)'를 하도록 설득할 책임도 갖고 있다고 본다. 그리고 한국은 북한 체제를 인정하고, 상호 내정 간섭하지 않을 뿐만 아니라 미국·일본 등 서방국가들이 북한이 외교 관계를 맺도록 지원하고 대폭적, 구체적인 경제지원을 실천하는 「새로운 활로」를 열어 주어야 한다고 본다. 이렇게 함으로써 남북한이 화해·공존하면서 국가연합단계를 거쳐 장차 평화적으로 통일(선진복지통일국가)의 길로 나갈 수 있을 것이다.

한·중·일 3국은 지리적 인접성, 역사적 연관성이 깊을 뿐만 아니라 문화적 차원에서도 친화성을 가지고 있으므로 현 세계 질서의 주된 동력인 경제적 협력의 상호의존 차원에서 서로 협력하여 3국 간 관계 발전의 토대를 확고히 해야 한다. 3국 간에 또 그 구성원 간에 공감되는 정의가 구현되고 갈등을 민주적으로 조정하며 협력을 추진하여 느슨한 연대 관계를 형성할 수 있다면, 전체로서의 하나의 정체성을 느낄 수 있는 공동체의 형성도 가능할 것이다.

이러한 공동체의 형성은 3국 간 보편적 가치에 대한 공통의 친화성을 증대하고, 경제, 사회, 정치 등 제반 분야에서의 역내 협력을 발전시킴으로써 유럽연합(EU)처럼, 동북아시아 지역 차원에서의 지역성과 세계성을 조화시켜 동반성장을 가능하게 할 것이다. 중국은 패권 추구와 같은 '중국몽(中國夢)'에서 벗어나야 하며, 한국은 튼튼한 한·미동맹의 바탕 위에 중국과 깊은 신뢰를 형성하는 것이 중요하다고 생각한다.

한·중수교란 근현대사에서 다시 볼 수 없는 세계사의 변화를 의미했던 역사적 사건이다. 이러한 일에 종사하며 조금이나마 국가의 발전에 노력했던 지난 일을 생각해 보면 요즘 한·중관계의 불확실성에 걱정이 되기도 한다. 그러나 한·중관계란 양국의 정신이 수교 초기의 마음에 있다는 것을 잊어서는 안 될 것이다.

重温建交历程，期待韩中关系再续新篇章

朴哲彦 韩半岛福利统一基金会理事长

　　将时钟拨回1987年6月29日，正在竞选韩国总统的卢泰愚发布《6·29宣言》，我作为他的核心参谋一员，参与起草北方建交政策，但面临着与中国建立正式外交关系的艰巨任务。那一年8月，担任国际安全企划部长特别辅佐官的我为出席在北京举行的亚太法律专家会议访问中国，接受了当时的国务院副总理乔石的接见，进行了颇具意义的对话。

　　1990年9月，我以韩国奥委会(Korean Olympic Committee)顾问的身份受邀再次访问北京，与韩国的张致赫会长一起和中国国际友好联络会的金黎、叶选宁副会长进行了会谈，晚上出席了北京市长陈希同举行的欢迎晚宴。建设部部长林汉雄、交通部副部长王展义、国务院副秘书长、北京市副市长张百发、中国国际贸易促进委员会(CCPTT)会长郑鸿业等中方人士在座。

　　9月25日，我在北京大学发表了主题为"韩国经济发展与教育"的特别讲座，350多名师生听讲。当天我和北京大学干部、教授们举行了座谈会并共进晚餐，进行了推心置腹的谈话。第二天我走访了人民日报社，就韩中两国尽快建交的必要性和正当性进行了说明。

　　1991年7月，我受北京申办2000年奥运会申办组委会的邀请再次访华，和体育部部长吴绍祖，以及李瑞环、陈希同、张百发等主要人士举行会谈，就尽快建立韩中外交关系达成极高的共识。会谈中我向当时的中国最高领导人——军事委员会主席邓小平、国家主席杨尚昆、全国人大常委会委员长万里、中国共产党中央委员会总书记江泽民、国务院副总理李鹏，以及负责建交具体工作的副总理田纪云、邹家华，外交部长钱其琛等转交了饱含卢泰愚总统问候及诚意的书信。在我返回韩国后，将访华成果一一向卢泰愚总统进行了汇报，不分白天黑夜地加班加点，在7月

25日再次将饱含卢泰愚总统意愿的书信(原文16页)转交于上述8位人士。

之后从李瑞环、陈希同等人士处得知，中国最高领导人邓小平对我方的书信极为认可，并表示要我们再耐心等一阵子。同年11月13日，在首尔新罗酒店举行的APEC第三届部长级会议上，我和钱其琛举行了秘密会谈，此后两国外交部快速促成了工作会谈，进展非常顺利，于1992年8月24日正式签署了韩中建交联合公报。

韩中关系并不一直是一帆风顺，最近中国对韩国的一些看法中似乎暴露了一些内心的想法，我认为不应忘记建交当时的初心，需站在互惠平等的立场上维持与对方的关系。另外，韩中日三国不仅是地理相近、历史交往悠久的邻国，文化上也一脉相承，在当今世界秩序的主要动力——经济合作上应互相合作，巩固三国关系发展的基础。三国之间若能实现共同认可的正义，用民主方式调节矛盾促进合作，可以形成具有认同感的共同体。

韩中建交是近现代史上后无来者的改写世界史的历史事件，我参与其中贡献一些小小的力量，回忆过去的同时也为韩中关系存在的不确定性感到隐忧，但无论如何韩中两国不能忘却建交初期的精神。

더 높은 차원의 한·중관계를 향하여

• 장치혁 고려학술문화재단 회장

한·중수교는 '상호존중(相互尊重)'으로부터 시작되었다. 중국은 1985년경부터 내밀히 한국의 정치, 경제, 사회 등 제 분야의 현상을 조사 및 평가해 왔다. 그래서 한국의 발전상을 잘 알게 되었다. 1988년 올림픽 때를 전후하여 '중국국제우호연락회(덩샤오핑 직속 정부기관)'를 필두로 적극적인 수교 가능성을 검토하였다. 그 결과 덩샤오핑 선생은 박정희 대통령의 통제정치와 경제개방정책의 양립 가능성과 그 성공적 실적을 알게 되었다.

한·중 양국은 국교 정상화를 정식으로 검토하기 시작했다. '톈안먼 사태(天安門事態)'로 중국이 곤경에 처해 있을 때 노태우 대통령은 덩샤오핑 선생에게 박철언 특사를 베이징으로 보내 친서를 전달하였다. 그 내용은 중국에 대한 국제적 압박과는 달리 중국의 특수한 정치적 입장과 통제 체제를 이해한다는 것이 핵심이었다. 이로부터 한·중수교의 속도는 가속화되었고 예상보다 빠른 1992년 8월 24일 국교 정상화가 이루어졌다.

양국은 '상호존중'의 정신으로 교류와 경제협력으로 중국의 개혁·개방 정책을 촉진시켜 왔다. 역사의 수레바퀴는 돌고 돌아 30년이 지난 지금은 세상이 많이 달라졌다. 중국은 예상대로 세계 TOP 2의 강대국이 되었다. 미·중 간에 패권경쟁 시대가 왔다고 우려하는 사람들도 많다. 한반도를 둘러싼 국제관계에는 소용돌이가 치고 있다. 우리나라는 현 위치에서 앞으로 나아갈 길을 잘 정해야 할 처지가 되었다.

먼저 자기 주체성을 지키는 것은 자기밖에 없다는 사실을 알아야한다. '아관파천' 같은 우(愚)를 범하면 안 된다. 대한민국의 생존은 자유민주주의와 자유시장경제 체제에 뿌리박고 생존, 성장하고 있음을 명심하여야 한다. 앞으로 한·중관계는 30년 전 한·중수교 시작 때의 정치체제를 뛰어넘는 높은 차원의 상호존중, 친선의 원칙을 지켜나가야 한다. 실용주의적 세계화의 개혁·개방으로 남북통일까지도 바라볼 수 있게 하여야 한다. 만일에 상호존중의 틀이 무너지면 두 나라의 친선관계는 낮은 세상으로 떨어질 것이다. 이런 일이 일어나지 않기 위해서는 먼저 우리 자신이 자기의 것을 소중하게 여기는 자립정신, 문화가 있어야 한다. '모외주의(慕外主義)' 사상으로 주변 강대국들에게 기울지 말고 오직 자유와 정의에 입각한 자기의 생존수단과 경쟁력을 꾸준히 키워 나아가야 살아남을 수 있다.

앞으로 세계는 천지창조 이후 가장 큰 역사의 새 출발이 되는 변혁의 시대를 맞이하고 있다. 그 내용을 요약하면 아래와 같다.

첫째, 첨단과학기술의 발전과 그 실용화, 특히 퀀텀 컴퓨터와 양자역학의 활용 등이다.

둘째, 실물경제의 회전속도와 다원화로 시간과 공간을 활용하여 글로벌 인터그레이션의 새로운 가치 창출의 시대 도래다.

셋째, 인류 생존수단의 변화와 국가의 정체성 변화가 시작되었다.

넷째, 자국 위주의 국가주의를 벗어날 수밖에 없는 타협적 국가주의가 등장했다. 세계평화와 공존공영 등이 필요하다.

새롭게 인류역사가 시작되는 시대가 눈앞에 찾아왔다. 이러한 원대한 시각으로 한·중관계의 발전적 미래를 구상, 정립하고 양국 간의 친선이 영원히 계승되길 바란다.

한·중수교의 목적과 뜻이 평화와 번영에 있음을 다시 한번 강조하면서 한·중수교 30주년을 축하하는 바이다.

韩中建交是建立高层次国际关系的历史性事件

张致赫 高丽学术文化财团会长

　　韩中建交始于相互尊重。中国从1985年开始，对韩国的政治、经济、社会等诸领域现象进行了隐秘的调查及评估，因此对韩国的发展状况甚为了解。1988年奥运会前后，"中国国际友好联络会(邓小平直属政府机关)"带头探讨了积极建交的可能性。结果邓小平先生了解到朴正熙总统的管制型政治和经济开放政策共存的可能性，也看到了其成功业绩。

　　韩中两国开始正式讨论邦交正常化问题。"天安门事件"导致中国陷入困境时，卢泰愚总统派特使朴哲彦到北京向邓小平先生转交了亲笔信。其核心内容是，不同于国际社会对中国施压，(韩国政府)表示理解中国特殊的政治立场和管控体制。由此，韩中建交速度加快，比预想的还要快，在1992年8月24日实现了邦交正常化。

　　两国以相互尊重的精神，通过交流和经济合作促进了中国的改革开放政策。历史的车轮滚滚向前，30年后的今天，世界巨变，中国不出所料地成为世界第二大强国。也有很多人担心美中之间的霸权竞争时代已经到来。围绕韩半岛的国际关系也旋涡翻滚。韩国所面临的处境就是，应该从现在的位置出发，制定好前进的道路。

　　首先要明白，维护自我主体性的只有自己。不能犯"俄馆播迁(指1896年2月11日朝鲜王朝君主高宗李熙率领王族从日本控制的王宫逃到俄国驻朝公使馆的事件)"的错误。要记住，大韩民国的生存与成长都植根于自由民主主义和自由市场经济体制。今后的韩中关系，应该坚持30年前韩中建交时超越了政治体制的、高层次的相互尊重和友好的原则。应该通过具有实用主义性的全球化的改革开放，令南北统一也能够指日可待。如果相互尊重的框架被打破，两国的友谊关系将跌入低谷。为了不发生这种事情，首先我们要具备自己珍惜自己的自立精神与文化。不能以崇洋媚外的思想依附于周边强国，只有坚持培养立足于自由和正义的自我生存手段和竞争力，才能生存下去。

世界正迎来开天辟地以来最大的历史性新起点、一个变革的时代。其内容概括如下。

第一，尖端科学技术的发展及实用化。特别是量子计算机和量子力学的运用等。

第二，通过实体经济的快速转型和多元化、利用时间和空间创造全球一体化新价值的时代的到来。

第三，人类生存手段和国家认同感开始发生变化。

第四，出现了不得不摆脱以本国为主的国家主义的妥协性国家主义，世界亟需和平与共存共荣等。

开启人类历史新篇章的时代已近在咫尺。希望能够以远大的视角构思、打造韩中关系的未来，希望两国之间的友谊永远传承下去。

最后，我再次强调韩中建交的目的和意义在于和平与繁荣，祝贺韩中建交30周年。

한·중 외교사의 가장 큰 성과,
그 속에서 만난 인연

• 김한규 21세기한중교류협회 회장, 前 총무처 장관

 내가 보는 한·중관계는 오랜 역사 속에서 매우 밀접한 관계를 맺고 서로 배우고 존중하며 교류하는 관계다. 이는 양국이 경제와 문화적으로 독립된 입장에서 교류하며 융합되어 찬란한 문명과 문화를 창조하고 교류했던 좋은 이웃과 같은 국가 간 관계를 말한다.

제2차 세계대전 후 냉전기 한국전쟁에서 부정적으로 조우했던 한국과 중국의 관계 단절은 노태우 대통령이 1988년 서울올림픽 성공을 위해 '북방정책'을 추진하면서 본격적으로 국교 정상화가 추진되며 회복되었다. 당시 국회의원이던 나는 올림픽 지원특별위원회 위원장직을 맡아 미수교 국가들도 올림픽에 참가시켜야 하는 국가정책에 따라 당시 적대국인 중국과 구소련이 올림픽에 참가하도록 해당 지도자와 소통하는 일을 맡게 되면서 한·중관계와 한·소관계 개선에 본격적으로 뛰어들게 되었다.

그중 나의 중점 목표는 사회주의 국가인 구소련 및 중국과의 국교 정상화였는데, 그중에서도 중국이 나의 목표가 되었다는 것은 향후 나의 인생 여정을 보아도 스스로 부정할 수 없는 운명적인 일이다. 이러한 이유로 나는 구소련 담당자들로부터 강한 항의를 듣기도 했는데, 이것이 운명인가 보다!

모두의 노력으로 1988년 서울올림픽이 성공적으로 마무리된 후, 나는 1990년 7월 중국 정부의 요청에 노태우 대통령의 특명을 받아 여·야 국회의원 다수와 함께 중국 베이징을 방문하게 되었다. 당시 중국 정부는 중국방문단 단장인 나에게 정중하게 베이징아시안게임 개최를 위해 승용차와 복사기 지원을 공식으로 요청했다. 이 내용은 방문단을 통해 노태우 대통령에게 전달되었고, 노태우 대통령과 강영훈 국무총리의 적극적 지원과 협조는 베이징아시안게임이 성공리 마칠 수 있는 큰 힘이 되어 한·중관계는 더욱 공고해지고, 양국 수교의 길은 더욱 가까워졌다. 이런 측면에서 한·중수교에 가장 큰 도움은 실제로 중국의 어려운 상황을 적극적으로 도운 베이징아세안게임에 대한 한국의 지원과 그 결정이 아닌가 한다.

한·중관계는 이러한 협력 등이 큰 밑거름이 되어 1992년 8월 24일, 한국 외무부 장관 이상옥과 중국 외교부장 첸치천(錢其琛)이 베이징 시내 영빈관 댜오위타이(釣魚臺)에서 '상호 불가침, 상호 내정불간섭, 중국의 유일한 합법정부로 중화인민공화국 승인, 한반도 통일문제의 자주적 해결원칙' 등을 담은 6개항의 「대한민국과 중화인민공화국 간 외교 관계수립에 관한 공동성명」을 발표함으로써 역사적인 한·중수교가 이뤄졌다. 한국과 중국은 이로써 1945년 이후 47년 동안 지속해 온 적대관계를 청산하고 국교를 정상화한 것이다. 나는 역사적인 이날 베이징시의 초청으로 한국인으로서는 유일하게 베이징 시청에서 태극기 계양식에 참석했고, 또한 양국우호와 친선교류 등 관계 개선 행사에 빠짐없이 참석하고, 한·중관계가 호혜와 협력의 관계로 발전하도록 꾸준히 힘을 더했다.

한국 정상의 중국 방문은 한·중수교 후인 1992년 9월 28일 노태우 대통령께서 한·중수교 후 처음으로 중국을 방문하여 양상쿤(楊尙昆) 국가주석을 만나고, 9월 29일에는 장쩌민 중국공산당중앙위원회 총서기와 회담을 하면서 진행되었다. 그리고 무역·투자보장 협력 등 각종 협정 체결로 양국의 경제와 교류협력은 더욱 가속화되고 확대 발전하게 되었다. 그다음 한·중관계의 발전은 1995년 11월 13일부터 17일까지 김영삼 대통령 초청으로 중국 장쩌민(江澤民) 국가주석이 방한하여 국회의사당에서 '한·중 상호 이해를 강화하여 공동번영을 촉진하자'라는 연설을 필두로, 한·중 양국은 '호혜·평등, 상호보완, 진정한 협력, 공동발전, 경제협력 강화'의 '평화공존 5개 원칙'을 발표하면서 진행되었다. 이는 한·중 양국이 신뢰를 우선으로 교류하여 아시아 태평양지역과 세계 평화에 공헌하자는 내용으로 이에 양국관계는 또 한 단계 성장을 이루게 된다.

그리고 IMF 구제 금융으로 마이너스 성장을 보이던 1998년 11월 11일부터 15일까지 한국 김대중 대통령께서 국빈으로 방중하여 장쩌민 주석과 '협력동반자관계'를 구축하고, 중국 국제무역촉진회 등 경제인들과 면담하여 양국의 경제협력 필요성과 공감대를 이루면서 양국관계는 더욱 발전하게 된다. 여기서 한·중 양국은 한국의 경제위기가 아시아의 위기로 전이되는 도미노 현상을 경계하며 국가 간 협력에 의한 동반 상승을 강조하게 되었다. 이렇게 한·중관계는 한국의 주도적 노력과 중국의 호응으로 상호 협력이 매우 신속하고 활발하게 진행되었다.

2000년부터 지금까지 내가 봉사하고 있는 '21세기한중교류협회'는 이러한 한·중 양국의 활발한 교류 과정의 연속선상에서 만들어진 것이다. 2000년 10월 17일 중국의 주룽지(朱鎔基) 총리가 아셈정상회의 참석차 국빈방문 중 그 바쁜 일정을 조율하여 서울 신라호텔에서 한국 경제4단체 초청 오찬회를 가졌다. 여기서 주 총리는 "한·중은 천시(天時)와 지리(地利), 인화(人和)의 장점을 모두 갖추고 있기에 양국 지도자는 공동 관심 사항인 지역안정과 경제안보, 경제발전 및 세계의 중요문제 등에 대화와 협력 강화의 필요성을 역설하면서, 양국 국민의 우호를 확대하고 모든 분야에서 교류와 협력을 꾸준히 심화하여 새로운 21세기에는 서로 신뢰하고 포괄적으로 협력하는 건강한 한·중 파트너십(partnership)을 만들기를 제안한다"라며 건의했는데, 이 협회는 이러한 건의를 기초로 만들어지게 된 것이다.

주룽지 총리는 방한 일정을 끝마치고 귀국 직전 전용기 이륙시간을 지연시키면서까지 관심과 열정을 보이면서 서울 신라호텔에서 21세기한중교류협회 발기인 모임에 참석했다. 한·중 공공외교의 모태가 된 이 첫 모임에 중국 측 인사로는 탕자쉬안(唐家璇) 외교부장을 비롯한 6개 부처 부장(장관)이 참석했고, 한국에서는 강영훈 전(前) 국무총리, 박세직 전 국가안전기획부 부장, 김수환 전 국회의장, 신상우 전 국회부의장, 공로명 전 외무부 장관 등 15명이 참석했다. 이러한 상황에서 21세기한중교류협회는 반(半)관반민 입장의 공공외교 기구로 탄생하게 되었다. 그리고 중국 정부는 중국인민외교학회를 공식 파트너로 지정하고 한국에는 21세기한중교류협회가 외교부 설립인가를 받아 양국의 정식창구로 서로 교류하며 지금까지 운영되고 있다.

이러한 인연으로 나는 중국을 수백 회 이상 왕래하여 중국 지도자와 우의를 다지면서 한·중관계 발전과 유지를 위해 꾸준히 노력해 오고 있고, 이러한 활동이 나의 일상이자 인생 목표가 되었다. 아마, 내가 다음 생에 다시 태어나더라도 이러한 나의 한·중관계 인연은 계속될 것으로 본다. 한국이 북방외교를 추진할 때 많은 사회주의 국가를 포함한 미수교국 정상들을 만났지만, 지금 그들은 나의 사진첩에 남아 있을 뿐 내가 아직도 자주 기억하고 연락하고자 하는 친구들은 중국의 오랜 벗들이다.

이러한 이유로 21세기한중교류협회는 2016년 한·미가 고고도미사일방어 체계인 '사드(THAAD)' 설치 발표 후 한·중 양국 갈등이 최고조되고 정부 간 외교 채널이 꽉 닫혔을 때도 우리는 중국을 방문하여 주요 영도자들을 면담하며 양국 국익을 위해 대화하도록 독려하는 활동도 할 수 있었다. 오랜 신의와 교류에 근거한 공공외교를 적극적으로 펼친 것이 파국으로 치닫는 양국 관계에 적지 않은 역할을 할 수 있다는 사실은 신의에 근거한 공공외교의 중요성이 강조되는 실제적 교훈이다. 이러한 상황에서 보듯이, 수교 준비과정과 수교 후 과정 그리고 21세기한중교류협회의 활동과 나의 인생을 되돌아보니, 나도 한·중관계의 희로애락(喜怒哀樂)을 겪으며 벌써 30여 년이 지났다. 아직도 나에게 힘과 꿈이 있다면, 그것은 바로 내가 북방외교에 근거해 한·중수교와 교류에 노력한 이유는 모두 한반도의 평화적 통일을 목적으로 했다는 점에서, 한반도의 평화적 환경과 소통은 유라시아대륙과 한반도가 연결되고 동북아가 유라시아와 태평양을 잇는 진정한 허브가 되어 역내 국가가 서로 협력하며 평화적으로 발전하는 시대가 도래하는 데 노력하는 것이다.

한·중수교 이전 양국의 교류내용을 보면, 전두환 대통령 재임 기간인 '1983년 중국 민항기 불시착 사건', '1985년 중국 어뢰정 표류 사건'이 한·중수교를 위한 사전 접촉에서 촉매 역할을 했다고 본다. 이러한 양국의 접촉은 1986년 서울아시안게임, 1988년 서울올림픽, 1990년 베이징아시안게임 기간 교류와 협력을 통해 최종 수교로 이어졌다고 할 수 있다. 한·중수교는 당시 냉전체제 붕괴라는 국제정세의 변화에 발맞춰 우리 정부가 추진한 '북방정책'의 결실이었고, 이에 대한 애정과 노력은 모든 대통령과 지도자의 염원이겠지만, 노태우 대통령의 관심과 열정이 시대와 부응했다고 할 수 있다. 올해 불행하게도 한·중수교 30주년 기념식을 보지 못하고 영면하셨지만, 그분의 뜻이 언젠가 통일의 꽃으로 피어나 그 씨앗이 한반도와 동북아로 퍼졌으면 좋겠다.

한·중은 수교 협상 과정에서 양국 사이의 공식 협상 채널에서는 도저히 풀 수 없는 난관도 많았는데, 이때는 막후 라인을 통한 물밑 접촉으로 문제를 풀어나가야 했다. 이러한 측면에서 한·중수교에는 공공외교인 스포츠외교가 결정적으로 도움이 됐다. 이러한 판단의 근거로 수교 전 사회주의 국가 중국이 1986년 서울아시안게임과 1988년 서울올림픽에 최대규모의 선수단을 파견했다는 것은 큰 의미가 있다고 할 수 있다.

당시 중국 장바이파(張百發) 베이징시 상무부시장이 '86서울아시안게임'을 보러 한국에 왔었는데, 그가 1990년 '베이징아시안게임'에서도 실질적 총책을 맡았다는 것은 스포츠외교에는 자본주의와 사회주의 없이 모두 중요한 정부의 정책과 연결된다고 볼 수 있다. 내가 본 바에 의하면, 장바이파 상무부시장은 경기관람보다는 서울아시안게임의 대회 운영과 시스템을 배우는 데 더 열중했다. 그는 못다 배운 것은 '88서울올림픽'에서 다시 배우겠다면서 돌아가더니 약속대로 2년 후에 한국에 와서 88올림픽 행사를 세밀하게 조사하고 한국과 협력할 준비를 하고 돌아갔다.

당시 민자당 국회의원으로서 '88장애인올림픽' 실무부위원장을 맡고 있던 나는 그해 동시에 치러질 장애인올림픽 준비로 분주했는데, 민간외교관이 됐다는 자세로 장바이파 등 공산국가에서 온 귀한 손님들을 성심껏 챙기며 실제로 북방외교에 최선을 다했다. 그런데, 돌이켜보면 나는 피부색이 같고 문화가 유사한 중국에 특별한 공을 들였던 것으로 생각된다. 아마 이것은 나와 중국의 인연이자 한·중관계의 지정학적 역사성 때문이 아닌가 한다.

한·중수교 당시 중국의 경제와 사회발전 상황을 보면, 1978~79년부터 개혁·개방 정책을 추진하던 사회주의 중국은 1990년 베이징아시안게임을 잘 치르고 싶었지만, 대회 진행 방법도 몰랐고 시설과 물자도 턱없이 부족했었다. 중국 정부는 초조했고, 그래서 국제대회 참가 사상 가장 많은 선수단을 이끌고 한국을 방문하게 된 것으로 추측된다. 나중에 들었지만, 당시 덩샤오핑(鄧小平) 주석이 "서울에서 열리는 '86아시안게임'에 적극적으로 참여하여 베이징아시안게임을 위해 많이 배워 오라"는 특별지시를 내렸다고 한다. 게다가 급진적인 개혁·개방 정책으로 1989년 '톈안먼 사태'를 겪은 후, 중국 정부는 코앞으로 다가온 '베이징아시안게임'을 성공적으로 치러야 한다는 초조

함과 절박함을 갖게 된 것이다.

이러한 측면에서 1990년 베이징아시안게임은 중국에 있어서 안으로는 국민화합을 위한 계기이자 밖으로는 국제여론을 전환시키기 위한 이벤트로 시의적절한 국제행사였다. 중국 지도자는 아시안게임을 통해 국제적인 위신도 회복하고 국내적으로 민심도 바로잡아보려는 복안이 있었던 것으로 보인다. 그러나 처음 치르는 국제행사를 준비하는 것 자체가 쉽지 않았을 것이다. 1990년 여름, 중국 정부는 결국 더는 미룰 수 없다는 판단에서 대국의 체면을 무릅쓰고 한국 정부에 공식자문을 요청하게 된다. 이에 따라 한·중수교 공공외교에 힘쓰고 있는 나는 다시 베이징아시안게임 지원단 단장 자격으로 1990년 7월 중국으로 전격 파견되었다.

당시 베이징에 가보니, 아시안게임을 위한 경기장 시설 등 하드웨어는 어느 정도 준비가 돼 있었지만, 소프트웨어는 미진한 부분이 많아 보였다. 이러한 상황에서 중국은 우리의 올림픽 운영시스템을 그대로 전수해주기를 바라면서 특별히 우리의 방문을 비밀로 할 것도 부탁했다. 아무래도 북한의 눈치가 보였던 것이라 볼 수 있다. 또한, 덩치 큰 나라에서 작은 나라에 대놓고 처음으로 지원을 요청해야 하는 처지라 자존심 문제도 있었던 것 같아 그 사정이 충분히 이해됐다. 나는 베이징에서 중국 측 관계자들과 밤낮으로 대회 시스템 점검, 경기장 시설 점검, 경기장 밖의 분위기 파악에 이르기까지 세밀한 부분까지 신경 쓰며 성의를 다해 지원했다.

실제로 중국 정부는 우리에게 협조 품목을 아예 지정해서 요청했는데, 구체적으로 경기 운영에 필요한 컴퓨터 프로그램과 승용차 200대, 복사기 100대를 요구했다. 승용차는 넓은 베이징(행정구역 서울의 28배) 시내 곳곳에 흩어져 있는 경기장의 교통수단으로 필요하고 복사기는 경기 결과 등을 신속히 전달키 위해 필요한 것이라고 설명했다. 이에, 내가 귀국하여 좋은 결과를 주도록 노력하겠다는 긍정적인 답을 주니 중국 측은 상당히 기뻐하는 모습이었다.

당시 중국 담당자들은 내 말을 듣더니 "감사하다"고 하면서 "은혜를 꼭 잊지 않겠다"라고 했다. 아울러, 이번 협력이 양국이 화합·발전해 나가는 계기가 됐으면 한다고 했다. 이러한 교류 과정에서 내가 만난 중국의 많은 지도자 중에서 베이징아시안게임 관계로 나와 친분이 깊어진 베이징시 상무부시장 장바이파는 당시 나의 긍정적인 답변에 준비했다는 듯이 "한동안 고생하셨으니 한 사흘 푹 쉬었다 가세요. 저희가 성심껏 모시겠습니다"라면서 우리 일행을 백두산(중국명 장백산)으로 민간항공기를 준비하여 안내했다. 당시, 중국의 국내 항공기는 에어컨 가동이 되지 않는 경우도 많아 이러한 특별한 성의를 보였다고 한다. 중국인들의 섬세한 배려가 드러나는 부분이었다.

나는 귀국 후 이러한 각종 내용을 정부에 보고하여 모두 긍정적인 답을 중국에 주었고, 정부는 바로 실천에 옮겼는데 한국 대기업은 올림픽 기간 때보다 더 많은 지원을 했던 것으로 알고 있다. 내가 중국에서 돌아온 뒤에 당시 강영훈 국무총리와 상의했는데, 나는 "어차피 도와줄 바엔 화끈하게 돕자"라고 제안 말씀을 드렸다. 그래서 강 총리의 노력으로 승용차회사와 기업체들을 통해 200여 대의 승용차를 중국 측에 바로 제공했고, 100대의 복사기는 서울시 예비비로 신도리코에서 구매해 보내주었다. 대기업들도 이런 기회를 통해 중국과 인연을 맺기 시작한 것으로 보인다. 이러한 사례를 보면, 스포츠외교는 결국 국가 간 관계에도 도움이 되고 이것이 경제교류에 직접 많은 도움이 된다고 생각한다. 이에 당시 노태우 대통령을 포함한 한국 각계 지도자들의 세심하고 적극적인 노력은 역사에 남아야 한다고 생각한다. 공식적으로 그리고 드러나지 않은 한국 정부와 대기업의 도움으로 중국은 그해 10월 베이징아시안게임을 성공적으로 치를 수 있었고, 이것이 한·중수교에 많은 영향을 미쳤을 것이다.

이러한 여러 인연으로 나는 베이징아시안게임에 특별귀빈으로 초청받았다. 이후 양국을 오가며 수많은 고위인사와도 교류하며 친분을 쌓게 되었다. 이러한 교류를 통해 나는 비로소 중국인의 '꽌시(關係)' 문화에 대해 깊이 알게 되었다. "아, 중국 사람은 은혜를 입었으면 몇 곱절로 갚으려고 노력하는 민족이구나". 당시 한·중관계를 돈독하게 하는 과정에서 잊어서는 안 될 사람이 있는데, 장바이파 베이징시 상무부시장과 그의 비서 겸 통역이었던 김홍연 여사다. 이 두 분은 수교 이전인 1980년대 후반부터 수교가 이뤄질 때까지 한국과 중국의 국익을 위해 민간차원에서 비공식적인 교량 역할을 성심껏 해주신 분들이다. 나는 지금도 이 두 분의 헌신적인 노력에 감사하고 있다.

중국은 한·중수교를 실제로 성사시킨 노태우 전 대통령에 감사하는 마음을 갖고 있었는데, 이러한 이유로 노 전 대통령 역시 퇴임 10년 후인 2002년 11월에 한·중수교 10주년을 맞아 중국 정부 초청으로 중국을 다녀왔다. 노 전 대통령은 회고록에서 "당시 장쩌민 국가주석을 비롯해 첸치천 부총리, 다이빙궈(戴秉國) 공산당 연락부장, 탕자쉬안(唐家璇) 외교부장, 짜오난치(趙南起) 정치협상회의 부주석 등을 만나고 최고의 환대를 받았다"라고 적고 있다.

또한, 한·중수교 15주년에는 한·중수교의 기초를 닦은 전두환 전 대통령이 중국인민외교학회 초청으로 중국을 다녀왔고, 방문 기간 많은 중국 지도자를 만나며 최고의 환대를 받았다. 이것은 한·중 교류에서 인적 교류가 얼마나 중요한지를 말해주는 것이다.

수교 당시 중국 지도자인 장쩌민 주석도 한·중수교는 '대단한 성공작'이라고 얘기했다. 장쩌민 주석은 수교의 공로자는 수교를 결정한 덩샤오핑 주석과 그것을 실행한 한국의 노태우 대통령이었다고 회고록에 적을 정도로 그고마움을 표시했다. 하지만, 한·중수교는 북한에는 큰 충격이었다고 한다. 당시 김일성 주석이 중국에 강력히 항의했지만, 한·중수교의 길은 이미 엎질러진

물이었다. 중국은 직간접적으로 남한과 수교를 멈추거나 적어도 늦춰 달라는 북측 최고 지도자의 간곡한 요청을 무시했고, 한·중수교 이후 북·중관계는 악화했으며, 북한 김일성 주석은 1994년 갑자기 사망하고 아들 김정일에게 그 정권은 이양되었지만 북·중의 소원한 관계는 오랜 기간 지속되었다.

내가 이끄는 21세기한중교류협회는 지난 21년간 정치·외교·경제·국방안보·언론 등 모든 분야에서 공공외교 측면에서 양국 민간교류의 수준을 한 차원 끌어올리는 일을 해오고 있다. 1980년대 후반부터 중국 공산당과 잦은 접촉을 해오는 과정에서 나는 정말로 많은 중국 고위층과 관련 인사들을 만났는데, 이들과 인연을 아직도 소중하게 생각하고 있다. 그중에 아직도 자주 생각나는 인물이 있다. 초창기 만난 분으로는 장바이파 전 베이징 상무부시장으로 이미 고인이 되었지만, 아직도 그에 대한 감회가 생생하다. 그는 지칠 줄 모르는 활동력과 통 큰 결단력의 소유자다. 그리고 한국을 잘 알고 이해한 사람으로는 톈지윈(田紀雲) 전인대 제1부위원장(전 부총리), 주량(朱良) 전 중국 공산당 대외연락부장이다. 톈지윈 제1부위원장은 1993년 6월 한국 황낙주 국회부의장의 초청으로 중국 고위층으로는 처음으로 한국을 방문하고 한국 국회와 첫 교류를 시작하신 분이고, 주량(朱良) 중국 공산당 대외연락부장은 중국 공산당과 한국 민주자유당이 1993년 9월 교류를 시작하게 하신 분이다. 또한, 한·중수교 이후 1993년 서울 63빌딩에서 한·중 양국 간 처음으로 한의(韓醫)와 양의(洋醫)의 협진체제에 대해 포럼을 개최한 자오동완(趙東宛) 전인대 교육과학문화위생위원회 위원장도 잊을 수 없는 분이다. 그는 한국을 너무 잘 알기에 우리와 교류할 때 필요한 내용을 잘 숙지하고 있었다. 그리고 중국의 성(省) 정부 지도자로서는 처음으로 공식초청을 받아 방한한 산시성(山西省) 후푸궈(胡富國) 공산당 서기는 현재까지도 꾸준히 교류하고 있는 본인의 가장 절친한 친구이다.

개인적 소감에 의하면 한·중수교는 한국과 중국 지도자의 현실적 필요와 미래에 대한 비전이 만들어낸 한국과 중국의 외교사에서 가장 중요한 성과라고 생각한다. 돌이켜 보면, 한국은 한·중수교를 통해 경제적으로 그리고 대북한 문제에서 정책을 펼칠 수 있는 넓은 공간을 확보하였고, 중국은 사회주의 개혁·개방 정책의 성공을 위한 시간을 벌고 시행착오를 줄일 수 있는 학습이 되었다고 본다.

오랜 기간 어렵게 그러나 시대의 부응에 따라 성사된 한·중수교는 이제 갓 30년이 지났다. 나는 앞으로의 10년의 안정적인 한·중관계 발전을 통해 한반도의 평화적 통일이 꼭 이루어질 것으로 기대하고 있다.

끝으로 항상 감사하게 생각하는 것은 한·중수교 후 지난 30년간 양국 간 어려운 시기를 맞이할 때 마다(예를 들며 동북공정, 천안함 사건, IMF 금융위기와 금융스와프 문제, 사드 문제 등) 양국 국익 차원에서 가교역할을 해준 중국인민외교학회, 국무원 신문판공실, '쑹칭링(宋慶齡)기금회'에 깊은 감사를 드린다. 또한, 한·중수교를 통해 '북방정책'을 이루려했던 故 노태우 대통령에게 발전적인 한·중관계가 있게 해주신 것에 감사드린다.

我与韩中建交的缘分

金汉圭 21世纪韩中交流协会会长、前韩国总务处长官

中韩交往历史悠久，通过持续的紧密沟通，双方建立起了互学互鉴、尊重和友好交流的关系。中韩是搬不走的近邻，双方基于各自立场，在经济、文化等各项领域展开交流与合作，创造出了灿烂的文明和果实。

第二次世界大战后的冷战时期，韩中关系经历了一段隔阂的"空窗期"。直到前总统卢泰愚推行"北方政策"，1988年汉城(今首尔)奥运会的举办成为推动两国邦交正常化的关键契机。当时作为国会议员的我被委任为奥林匹克支援特别委员会委员长，根据国家政策负责邀请还是敌对国家的中国、前苏联参会，并与相应国家高层展开沟通，汉城奥运会最终在多方的共同努力下圆满落幕。

1990年7月，受中国政府邀请，在获得卢泰愚总统特批后，我率领朝野议员组成的访华代表团前往北京，中方向我们郑重提出协助举办北京亚运会的请求，我向中方约定一定会给他们满意的答复。回国后，我向卢泰愚总统汇报了此行的成果，并说明了中方的难处。还记得当时我向时任韩国国务总理姜英勋说，"既然要帮，那就痛痛快快地帮吧"。

在卢泰愚总统和姜英勋总理的大力支持下，我们向北京亚运会提供了经费支援，这期间也离不开企业的积极配合，韩国现代汽车集团向北京亚运会组委会赠送了数百辆现代汽车。同年10月，亚运会在北京成功举办，成为发展韩中关系、加快建交的重要契机。从这一点上来看，韩中建交可以说是艰难时期互帮互助的结晶。

韩中建交谈判过程中，存在着许多无法通过正式谈判渠道解决的难题，而文体活动在这时充分发挥了公共外交的关键作用。1986年、1988年中国分别派大规模代表团前来参加汉城亚运会和汉城奥运会，韩国体育代表团也派出700余人参加了

北京亚运会。

　韩中建交是两国领导人基于现实需要和未来展望创下的最重要的外交成果。回望过去，韩国由此在经济方面和对朝问题方面获得了推行政策的广阔空间，中国则在成功推行社会主义改革开放政策方面争取到了时间、少走了弯路。

　两国响应时代号召、历经艰难险阻成功建交。如今两国已携手走过三十载，期待未来十年能够通过稳定的韩中关系，最终实现韩半岛和平统一。

모스크바,
베이징을 거쳐 평양으로 간다

• 김종휘 前 외교안보수석비서관

 30년 전 한·중수교는 노태우 정부의 북방외교를 완성하는 큰 역사(役事)였다. 1989년 초 동맹국 미국에게도 알려주지 않고 진행했던 한·헝가리 수교가 시발점이었다면, 1990년 여름 미국 샌프란시스코의 고풍스런 호텔에서 열린 노태우-고르바초프의 한소 정상회담은 북방외교의 절정이었다. 임기 5년 차 8월 24일 성사된 한·중수교는 그 매듭짓기였다. 30년 넘게 흐른 지금 돌이켜보면 당연한 선택과 수순으로 여길 수 있다. 그러나 소비에트의 해체, 베를린 장벽의 붕괴가 도둑처럼 찾아오기 전이었다. 노태우 정부가 동맹국 미국과 호흡을 같이 하며 새로운 안보 질서의 맥을 정확히 짚고 안개 속에서 길을 찾아가는 과정이었다.

노태우 대통령과 나는 청와대에서 수시로 고르바초프가 등장한 이후 균열이 생긴 냉전 질서에 관해 대화했다. 임기 동안 '새 질서'가 생길 것인지, 그렇다면 그건 무엇일지를 이야기 나눴다. 노 대통령은 만리장성 사진을 앞에 두고 "언젠가 내가 저곳에 설 수 있도록 해보자"고 내게 말했고, 한국-서유럽 항

공노선을 거론하면서 "저 소련의 상공을 우리 항공기가 날 수 있다면 비행시간을 2시간 이상 줄일 수 있다"며 한·소련 수교가 불러올 의미 있는 변화를 떠올리곤 했다.

　노 대통령은 외교안보수석이었던 내가 양복저고리도 입지 않은 채 보고를 들어가더라도 언제나 격의 없이 맞아주셨다. 이런 업무 방식은 빠르고 과감한 정책구상과 실천에 큰 원천이 되었다. 한·소, 한·중수교 과정에서도 외교안보수석은 정식 보고 메모 하나 없이 구두 보고를 기본으로 대통령과 소통했다. 1주일에 열 번, 스무 번은 독대했던 것으로 기억한다. 대통령은 큰 꿈을 머리와 가슴 속에 담고 계셨고, 5년을 청와대에서 곁을 지켰던 외교안보수석과 셀 수 없는 지시와 대화가 오갔다.

소련이 먼저냐, 중공이 먼저냐

노태우 정부는 공산 진영의 양대 세력인 소련, 중국과 임기 내 수교를 맺겠다는 목표가 있었다. 담대했으나 무모해 보였을 수 있었다. 그래서 정부 내부에서 시기상조라는 이유를 앞세운 반대도 많았다. '무장공비 땅굴, 아웅산·KAL기 폭파테러'로 얼룩진 북한과의 군사적 적대를 하루 빨리 종식시키려면 평양의 후견인이었던 두 나라의 팔을 묶기 위해서 무엇을 해야 할까. 이런 질문에 대한 답은 국교 수립이었다. 모스크바, 베이징과 수교를 맺고 정상회담을 갖는다면, 그래서 삼성·현대·LG·SK와 경제협력을 할 수 있다면, 그들의 북한에 대한 탱크와 전투기 제공이란 안보위협 요소를 없앨 수 있지 않을까 하는 희망이 있었다.

　그 다음 질문은 과연 소련이 먼저냐, 중국이 먼저냐였다. 6·25 전쟁을 통해 총부리를 겨눴던 소련과 중국이 북한의 반대에도 불구하고 한국과 국교 정상화를 한다는 것은 1980년대 말 6공 초기 시점에선 꿈같은 이야기였다.

그러나 노 대통령은 벽에 걸린 세계 지도를 틈틈이 들여다보면서 생각에 잠기곤 했다. 나는 그 시절 대통령의 곁에서 그 모습을 지켜봤다.

6공화국 노태우 정부에게 제한적이나마 외교역량이 있다면 우선순위를 정하고 그 가능성에 매진하는 게 올바른 순서였다. 대통령과 나는 '소련이 먼저'라는 결론에 도달했다. 1988년 여름 청와대 안보보좌관이던 나는 비공개로 모스크바로 초청을 받아 열흘가량 머물렀다. 많은 일들이 있었지만, 이곳 지면에선 간략히 결론만 정리하겠다. 소련은 가난했고, 체제는 낡았으며, 고르비(고르바초프)의 등장으로도 넘어설 수 없는 비효율이 나라를 집어삼키고 있었다. 1980년대 중반 3저 호황을 딛고 일어서 서울올림픽까지 성공적으로 개최한 대한민국이었다. 작지만 매력적인 우리가 소련이 원하는 걸 줄 수 있을 것이라고 판단했다. 노 대통령도 같은 생각이셨다.

현실적으로도 소련이 더 가능한 상대였다. 중국과 소련은 1960년 분쟁시절부터 경쟁적으로 북한을 지지했다. 그러나 역사적, 지리적으로 유라시아 대륙 동쪽 끝 한반도에 더 큰 관심을 갖고 있는 국가는 중국이었다. 또한 평양-베이징의 거리도 가깝지만 두 공산정당 수뇌부는 6·25 전쟁 때 피를 나눈 이후 더없이 끈끈했다. 단기간 내 공략이 불가능해 보였다. 북한이 한·중수교에 더 격렬히 저항할 것으로 봤다. 1차 목표는 소련이었다. 소련이 더 쉬웠고, 중국이 더 어려워 보였다.

[사례] 두 나라가 한국과 수교하게 될 것임을 평양에 알릴 때 김일성이 보여준 반응도 차이가 있다. 초반에 예측했던 것과 달리 3년의 세월이 흐르면서 베를린 장벽까지 무너진 순간 김일성은 수교에 격렬히 반대하지 못했다. 중국 비밀외교문서가 공개되고, 첸치천(錢其琛) 중국 외교부장의 회고록에서 이를 확인할 수 있었던 비화들이다.

세바르드나제 소련 외교장관은 1989년 1월 평양을 찾아가 김일성을 만나

한·소 간 수교 기류를 설명했다. 김일성은 "만일 모스크바가 헝가리식으로 서울과 관계 정상화하겠다면 모스크바 주재 북한대사관 이외 공식사절단을 전원 철수하겠다"고 말했다. 철수 카드였고, 김일성 방식의 위협이었다. 세바르드나제 장관의 답변은 "한국과는 어떠한 형태의 정부 접촉도 하지 않겠다"는 것이었지만, 이 약속은 지켜질 수 없었다. 나는 김일성-세바르드나제 만남 후 4개월 뒤 미국과 한국에서 고르바초프의 오른팔 아나톨리 도브리닌 대통령 고문을 만났다. 술잔을 기울이며 정상회담의 방식과 의전 문제를 논의했고, 6월 전 세계를 놀라게 한 샌프란시스코 노태우-고르비 정상회담을 기획하고 있었다. 세바르드나제는 샌프란시스코 정상회담 3개월 뒤인 1990년 9월 평양을 다시 방문했다. 그러나 기다린 것은 김일성의 문전박대였다. 4주 뒤인 9월 30일, 한국과 소련은 국교 정상화에 합의했고, 노태우 대통령은 그해 12월 크렘린 궁에서 고르바초프와 2번째 정상회담을 가졌다.

한·중수교 방침을 김일성에게 설명한 것은 첸치천 외교부장이었다. 첸치천은 한·중수교 1개월 전인 1992년 7월 공군 전용기를 타고 평양으로 향했다. 그는 이미 결정난 사안이었지만 "검토 중"이라는 정도로만 설명했다. 김일성은 "지금 한반도는 미묘하다. 한·중수교 시기를 늦춰달라"고 요청했다. 냉전 붕괴로 궁지에 몰린 김일성으로선 한·소수교, 끌려나온 남북한 유엔 동시 가입, 이에 이은 또 다른 외교적 카운터블로(counterblow)를 피하고 싶었을 것이다. 첸치천은 "대신 북한이 미국·일본과 관계 개선하도록 중국이 돕겠다"고 말했다. 같은 날 김일성은 되돌릴 수 없었던 흐름을 깨닫고 "중국이 그렇게 결정했다면 그렇게 합시다"라며 짧게 답했다. 환영만찬도 없었던 짧은 평양 방문이었다.

한·소수교에 주력하는 1989~90년에만 해도 중국 지도부는 북한을 돕겠다는 뜻을 반복해서 공개적으로 드러냈다. 그 과정에 노 대통령은 한·중수교는 청와대보다는 외교부가 중심이 되도록 할 것을 지시했다. 당장은 급하지도 않았고, 잘 성사될 것으로 보지도 않았다. 한·소수교 이후에도 대통령과 외교안보수석에게 그 우선순위가 밀렸다. 남북한 유엔 동시 가입, 용산 미군기지 반환, 평시 작전권 환수, 남북 총리회담이 제1과제였다.

당시 중국은 양상쿤 국가주석, 장쩌민 공산당 총서기, 리펑 국무원 총리가 큰 역할을 나눠맡고 있었다. 하지만 결국 막후의 덩샤오핑 체제였고, 공산혁명 1세대 원로의 역할이 컸다. 베이징 핵심부의 진짜 기류는 민간기업인이 파악했다. 대통령 사돈기업인 SK의 이순석 사장이 비밀창구 역할을 했다. 중국 공산당과 국가조직 고위층보다는 그들의 자제와 사적인 연결을 맺고 있었다. 중국 핵심부의 한국에 대한 인식, 수교 가능성을 간접 교류를 통해 청와대는 먼저 파악했다. 이순석 사장이 중국 출장을 가기 전, 다녀온 후 내게 메시지를 전달해줬다. 그렇게 5~6번 만났다. 한·중수교 이후에 이순석 사장은 공로를 인정받아 서훈(수교훈장 숭례장)을 받았다.

일부 유력인사의 회고록에는 내가 중국에 비밀특사로 갔다는 대목이 나오지만 사실과 다르다. 몽골에 특사로 가기 위해 베이징에서 비행기를 갈아탄 적은 있지만, 당시 한·중수교의 진척 상황에 비춰볼 때 중국 고위인사는 만나려고 시도하지도 않았고, 실제 만나지도 않았다.

결정적인 계기는 APEC 관련 회의가 열렸을 때 중국 첸치천 외교부장이 서울에 왔을 때다. 청와대로서도 상황이 무르익었다고 판단해 노태우 대통령을 만나는 걸 주선했다. 우리도 희망했지만 첸치천도 희망했다. 노 대통령의 당시 발언이 기억에 선하다. "한·중 양국은 역사적으로 잦은 교류와 접촉으로 요새처럼 멀리 떨어진 게 비정상 아니냐. 충남 어딘가 가면 중국의 닭 울음소리가 들린다는 말이 있다고 들었다. 앞으로 관계를 정상화하자"고 말씀하셨다.

이때를 계기로 양국은 한·중수교를 목표로 한 비공개 접촉을 시작했다. 청와대 의전수석 출신 노창희 외교부 차관, 나중에 주중대사가 된 권병현(한·중수교 예비교섭대표)이 우리 쪽 대표단에 있었다. 수교를 앞두고 마지막 서울에 왔을 때 내가 워커힐 호텔 뒤편에 마련한 공간에서 비공개 만찬을 제공했다.

노 대통령이 베이징을 방문할 때 중국은 3명의 실력자들이 모두 한국 대통령과 정식 만남을 희망했다. 양상쿤(국가 주석), 장쩌민(공산당 총서기), 리펑(총리)은 어느 누구도 놓칠 수 없는 역할이 있었고, 청와대로서도 권력을 분점한 중국 정치의 특성상 어느 한쪽 그룹도 소홀히 할 수 없어 기꺼이 모두 만났다.

30년이 흐른 지금 남북관계는 북핵 문제가 여전히 풀리지 않고 있다. 노태우 정부 시절에 만든 역사적인 「남북기본합의서」가 무용지물이 되는 상황에 봉착한 것이다. 매우 안타깝다. 당시 노 대통령은 북방외교의 종착점이 평양임을 명확히 하셨다.

"지금 평양에 가는 길은 막혀 있지 않느냐. 우리는 모스크바와 베이징을 통해서 평양으로 우회하는 길을 선택한 것이다. 최선은 아닐 수 있어도 1990년대 지금으로선 차선의 길이다"고 말하곤 했다. 어디서부터 꼬여버렸는지 말하는 것조차 의미가 없어진 2022년 한·중수교 30년을 맞아 노태우 대통령의 「북방외교」가 품고 있는 비전과 방법론의 담대함이 재조명되길 기대한다.

经由莫斯科、北京前往平壤

金钟辉 前外交安保首席秘书官

　　30年前的韩中建交是完成卢泰愚政府的北方外交的重大历史性事件。

　　如果说1989年初没有告知同盟国美国就进行的韩匈建交是开始，那么1990年夏天在美国旧金山酒店举行的卢泰愚与戈尔巴乔夫的韩苏首脑会谈则是北方外交的高潮。而在卢泰愚任期第5年的8月24日，韩中建交则标志着北方外交成功地告一段落。

　　卢泰愚总统和我经常在青瓦台就戈尔巴乔夫上台以来被打破的冷战秩序进行讨论。我们讨论了在总统任期内是否会出现"新秩序"，如果会出现，会是什么样子。卢泰愚总统曾经在万里长城照片前对我说"希望有一天我也能站在那里。"在谈论韩国-欧洲航线的时候他还说过"如果我们的飞机能在苏联上空飞行，那么飞行时间可缩短2个小时以上。"提及韩苏建交将带来的有意义的变化。

　　当时卢泰愚政府的目标是在任期内与共产主义阵营两大强国——苏联和中国建交。这一目标可能显得胆大而鲁莽。因此，政府内部以"为时尚早"为由提出了很多反对意见。我们曾希望若三星、现代、LG和SK集团能够和共产主义国家展开经济合作，或将消除共产国家向朝鲜提供坦克和战斗机的这一安全威胁因素。

　　那么接下来的问题就是，究竟是先苏联，还是先中国。而总统和我得出了"先苏联"的结论。中国和苏联自从1960年韩国战争(朝鲜战争)以来就先后支持了朝鲜。但从历史和地理的角度来看，中国则更值得关注。另外，平壤和北京的距离虽然很近，但两个共产党首脑在韩国战争时期共同挥洒血泪后，两国变得无比亲密。当时，韩中建交似乎不可能在短期内实现。苏联看起来更容易，而中国看起来更难。

　　在准备韩中建交的过程中，韩国民间企业家首先掌握了北京的想法。其中，SK

的社长李顺石起到了秘密窗口的作用。青瓦台通过间接交流方式掌握了中国领导层对韩国的认识，以及实现建交的可能性。

韩中建交的决定性契机是召开亚太经合组织(APEC)相关会议时，中国外交部长钱其琛来到首尔的那一刻。当时，青瓦台也判断形势成熟，安排卢泰愚总统会见中方官员。以此为契机，两国开始了以韩中建交为目标的非公开接触。

韩中建交后卢泰愚总统前往北京时，中国的三位权势最大的领导人都打算与韩国总统举行正式会晤。杨尚昆(国家主席)、江泽民(共产党总书记)、李鹏(总理)是具有决定权的关键人物，而且对青瓦台来说，根据中国政治的特性，任何一方都不能疏忽，所以韩方也决定会见所有人物。

在2022年韩中建交30周年之际，希望卢泰愚总统领导的北方外交所蕴含的智慧再次受到关注。

수교 30년,
과거를 회상하며 미래를 심는다

• **권병현** 한·중문화청소년협회 회장, 미래숲 대표, 유엔 사막화 방지협약(UNCCD) 녹색
  대사, 前 주중 대한민국 대사

 올해 30주년을 맞는 한·중수교는 양국관계에 '상전벽해'의
변화를 가져왔다. 중국은 글로벌 차원에서 G2 국가가 되
고 한국은 선진국이 되었다. 동아시아의 지형, 나아가 세계
정세에 의미 있는 변화를 가져오고 있다. 나는 한·중수교
는 이 새 변화 과정에서 한 역사적 변곡점이 아닐까 생각해
본다. 이 역동적인 변화가 가져오는 새로운 질서의 형성 과정을 우리는 지금
지켜보고 있다. 또한, 선진국이 된 한국이 앞으로 어떻게 생존하고 번영하는
지를 고민해 보게 된다.

한·중수교는 시대의 흐름

수교의 주역은 한·중 양국의 국민(인민)이었고 그 원동력은 민심이었으며
다시는 거스를 수 없는 시대의 흐름이었다. 그러나 한·중수교의 결단과 이
역사적 사건이 불과 4개월간의 비밀협상 끝에 이뤄진 것은 중국에는 덩샤오

핑 웅이, 한국에는 노태우 대통령이 시대의 흐름을 읽고 이상옥, 첸치천 외상을 비롯한 전문 외교 협상단을 믿고 권한을 완전히 위임해 준 탁월한 지도력이 있어 가능했다. 한·중수교가 이루어지는 데는 위에 언급된 양국의 지도자외교관들 외에도 많은 지도자, 정치가, 외교관, 기업가, 학자 등 수많은 분이다양한 경로와 역할과 방법으로 공헌하였음을 더 말할 필요도 없다. 그러나이 역사적인 수교의 원동력은 한·중 양국 국민(인민)의 공통된 뜻이었고 역사의 거스를 수 없는 흐름이었다고 증언하고 싶다.

한·중수교는 가장 큰 축제

오랜 한·중관계에서 1992년에 이루어진 한·중수교는 한·중 양국과 양국 국민 모두에게 호혜적인 결과를 가져온 가장 큰 축제였고, 30주년을 맞는 지금이나 앞으로도 그렇다고 믿는다. 한·중수교 이후 근 한 세기에 걸친 장애와수난을 극복하고 다시 옛날처럼 자유로이 왕래하고 교류하게 된 것을 수교교섭의 현장에 있었던 나는 가장 기쁘게 여기고 있다. 오랫동안 동양문명의중심 무대를 지켜 왔다고 자부하던 중국과 가장 가까이 있던 한국은 근현대한 세기에 걸친 수난 속에 양국관계가 단절되고 이어 냉전체제 아래에서 한국전쟁에서 맞서 싸운 최악의 시기를 겪었다. 그리고 수교 이후 이전에 예상치 못했던 엄청난 변화가 일어나고 있다. 역기능보다는 순기능이 더 많은 변화이다. 양국관계의 발전과 양국 국민(인민)간의 호혜적인 우호선린 관계가복원되는 것을 보면서 지금 문명의 중심 무대로 복귀하고 있는 중국과 한국을 지켜보는 것이다. 한·중 양 국민이 긴 역사의 오랫동안 인류 문명의 중심무대에서 서로 협력하며 이끌어 왔듯이 앞으로 인류의 평화와 위기의 지구환경을 위하여 함께 이바지하는 꿈도 꾸고 있다.

한·중수교는 당시 한국외교의 최대 과제

나는 1973년을 잊을 수 없다. 당시 박정희 대통령은 대 공산권 문호 개방 외교라는 소위 「6.23 선언」을 발표하고 한국 외교부는 동북아 2과(중국과)를 창설한다. 나는 이 신설된 동북아 2과(중국과)의 창설 요원이었고 곧 중국과 과장이 되었다. 1973년 덩샤오핑 옹이 복권되는 것을 보고 이 복권이 중국과 대내외의 장래에 의미 있는 변화를 가져올 획기적 사건이란 정세 보고서를 작성해, 박 대통령에게 보고했던 기억이 생생하다. 덩샤오핑 옹은 한·중수교를 주도한 지도자라고 나는 믿는다. 마오쩌둥 주석의 지도하에서 달성한 '통일 중국'을 유지하면서, 덩샤오핑 지도하에서 설정한 "개혁·개방 - 경제발전을 통한 현대화"라는 장기적 국가목표를 달성하기 위하여 한·중수교가 '무해양득(無害兩得), 즉 중국 통일과 경제발전에 득'이라 보고 있었다. 1992년 한·중수교는 이러한 덩샤오핑 지도자의 지도 이념에 따라 탈냉전 시대의 대세를 타고 북한 측의 반대에도 불구하고 극비리에 시작되었다. 중국 측에서 한·중수교의 문을 조용히 열고 있을 때 노태우 당시 대통령이 이 천재일우의 기회를 놓치지 않고 '북방외교'를 적극적으로 추진한 것이다. 또한, 중국 측에 '첸치천' 외교부장, 한국 측에 '이상옥' 외교부 장관이란 탁월한 외교사령탑이 이끌고 그 휘하에는 잘 준비된 전문 직업 외교관들이 '한·중수교'라는 역사적 사명을 준비해 갔다. 그러나 이 역사적인 수교의 원동력은 한·중 양국 국민(인민)의 공통된 뜻이었고 역사의 거스를 수 없는 흐름이었다고 거듭 증언하고 싶다.

1992년 4월 22일에 '비상 대기하라'라는 연락을 받고 기다리다가 5월 6일 장관실에서 이상옥 장관과 단독 면담했다. 당시의 특수한 상황에서 대한민국 외무부 장관의 구두(口頭)로 된 '한·중수교 교섭 훈령'이었다. 이 장관은 5월 14~15일 베이징 1차 예비회담 후 한두 번 예비회담을 더 개최하되 6월 중 서울에서 한 번 개최한 후 될 수 있는 대로 7월 24~26일 또는 9월 중에 수교 교섭을 완료하도록 수교 타결 일정을 제시해 주었다. 또한, 교섭의 첫째 의제로 '양국관계 정상화를 위한 방안' 둘째 의제로 '기타 방안'으로 하고 '아무런 전제 조건 없는 수교 조기 달성'이란 목표도 제시했다. 외교관으로서 본연의 사명을 다하여 국가적 대국적 중장기적 견지에서 국가와 국민의 이익이 최대가 되도록 최선을 다하고 의연히 대처할 것과 특히 보안에 엄중 조치를 명했다. 신정승 중국과장이 보좌할 것이며, 김석우 외교부 아주국(亞洲局) 국장이 장관과 필자 사이에 연락을 담당한다고 했다.

이상옥 장관은 이 엄청난 훈령을 30분의 짧은 시간에 압축해서 내게 내리면서 평범한 직원 면담으로 보이도록 했다. 훈령의 비중에 비하여 나에게는 너무 짧으며 무겁고도 많은 사항이 위임된 훈령이었다. 비밀유지가 생명이었기 때문에 안사람에게도 이야기하지 말 것을 당부했다. 한·중수교는 당시 한국외교의 최대 과제였다. 청천벽력 같은 훈령이고 '007' 같은 'Mission Impossible' 작전명령이었다. 한·중 양국은 가장 가까운 이웃으로 수천 년에 걸쳐 동양문명의 우월성을 믿어 의심치 않고 함께 누리면서 그 중심에서 특수 관계를 지켜 왔다. 그러나 양국은 다 같이 19세기 후반부터 밀어닥친 서방 세력과 서양문명의 거센 파도에 휩쓸려 근 한 세기에 걸쳐 수난의 역사를 다 같이 겪은 후 냉전과 남북한 분단 속에 한국전쟁을 치렀다. 이 파란만장의 역사를 청산하고 새로운 한·중관계를 단시일 내에 여는 국교 정상화였다.

'첫 단추'를 제대로 끼우자

본인이 제시한 첫 키워드(Key word)였다.

수천 년에 걸친 한·중 선린 우호 관계를 다시 복원하는 과제와 상당 기간 비대칭 관계에 있었던 현실과 근 한 세기에 걸친 외교 공백기를 청산하고 새로이 양국관계를 여는 이 '첫 단추를 제대로 끼우는' 일이 가장 중요한 임무임을 알았다. 이는 한·중수교 교섭에 임하는 필자와 교섭팀에 내려지는 첫 번째 소명이며 역사와 국민에게 부끄럽지 않고 후회 없도록 다짐하는 수교 팀의 엄숙한 결의였다.

이 '첫 단추'란 키워드(Key word)는 한·중수교 교섭의 전 과정을 관통하는 핵심적 정신이었다. 수교 교섭이 개시된 직후 나는 중국이 가지고 있는 가장 핵심적인 관심 사항이 대만 문제, 즉 하나의 중국 문제임을 쉽게 확인할 수 있었다. 나는 하나의 중국 정책에 대한 '대상'으로서 한반도의 평화 유지와 한국의 평화적 통일에 대한 중국의 절대적이고 명백한 지지를 가장 중심적인 전제 조건으로 삼았다. 수교 의정서 제3조와 제5조에서 하나의 중국 정책과 한반도 평화통일의 조기 실현에 대한 상호지지가 분명하게 명기되었다. 수교 교섭을 사실상 마무리 짓는 제3차 실무교섭 장소를 베이징이 아닌 서울로 제안하고 보안의 위험을 무릅쓰고 관철한 것은 새로운 역사의 '첫 단추'를 제대로 끼우고자 했기 때문이다. 한·중수교 교섭이 양국을 오가며 제대로 이루어졌고, 특히 수교 교섭의 내용이 사실상 한국에서 마무리되었다는 기록을 남기고자 했다. 아울러 중국의 교섭팀에 한국의 위상과 발전상을 보여주고 당당한 입장에서 첫 출발을 하고자 했다.

작전명 '동해'

이어 '동해'라는 수교 협상 암호명을 붙였다. 비밀유지에 만전(萬全)을 다 하고자 했다. 나는 시골에 계신 아버지 노환을 핑계로 휴가를 냈고, 신정승 과장은 병원에 입원한 것으로 병가를 냈다. 이후 동빙고동 안가에 들어가 협상 준비에 몰두했다. 김석우 국장은 평소와 다름없이 업무를 보다가 자정이 넘어서 안가로 달려왔다. 외교부 장관의 지시를 우리에게 전달하고, 진행 상황을 장관님께 보고했다. 간혹 이 장관이 혼자 또는 청와대 김종휘 외교 안보 수석과 함께 주말 또는 밤늦게 와서 현장 지도도 했다. 안기부는 K차장 등 극소수의 특수 조직으로 이 극소 핵심 조직을 보이지 않는 곳에서 비호하며 돌아가게 도와주고 있었다. 이 비밀 움직임을 쫓고 있는 북한과 대만, 그리고 외국 정보기관과 이 세기의 특종을 찾는 기자들의 예리한 눈과 추적을 따돌리고 한·중수교라는 엄청난 과제를 조기 타결해야 하는 교섭단의 사명 성패를 초조하게 지켜보는 사람은 한·중 각 측에서 핵심 지도자를 포함한 극소수였다.

한국 언론은 당시 무소불위의 정보망과 영향력을 행사하며 "출입 기자가 모르는 한국외교 비밀은 없다"고 자부하던 시절이라 더욱이 한국 대통령선거를 앞두고 수교 교섭 비밀이 누설되면 감당하기 어려운 책임이 뒤따르는 문제였다. 보안 유지를 위해 제1, 2차 협상장소를 베이징으로 정했다. 협상을 위해 중국을 오가기도 쉽지 않았다. 대표단은 모두 세 팀으로 나누어 베이징으로 이동했다.

암중모색의 수교 교섭에 수많은 장애물

그러나 보이지 않는 '한·중수교'의 과녁을 암중모색하는 양국의 소수 실무 교섭단에 근 한 세기에 걸친 양국 간의 골절된 역사를 극복하고 한·중관계를 정상화해야 하는 수교 교섭의 장애물은 크고도 많았다. 한국은 대만과의 관계를 깨끗이 청산하고, 중국은 북한 일변도의 혈맹관계를 재정비하며, 또 아직도 깊이 남아 있는 한국전쟁에서 입은 국민의 상처는 어떻게 씻어 낼지…… 극비 속에 조기 타결을 해야 하는 실무 교섭단의 중압감은 감당하기 벅차도록 컸다.

첫 대면의 중압감

5월 13일, 나는 혼자 홍콩을 거쳐 드레건 에어(Dragon Air, KA)로 베이징 공항에 도착했다. 중국 측 교섭 대표인 중국 외교부 장루이제(張瑞杰) 대사가 비행기 타랍 밑에서 리빈(李賓) 한국 처장(장팅이엔 대사 후임으로 제2대 주한 중국대사)과 싱하이밍(邢海明) 통역(현 주한 중국대사)과 함께 맞아 주었다. 1차 회담에 참석하는 한국 대표단 5명 중 한팀은 동경을 거쳐 베이징으로, 다른 팀은 서울에서 천진으로 3갈래로 나누어 5월 13일 비슷한 시간에 베이징에서 합류했고 현지에서 한 명이 조용히 합류했다. 베이징에 들어가자마자 바로 댜오위타이(釣魚臺)에 들어가 사실상 연금되었다. 첫 협상에 들어가 장루이제(張瑞杰) 대사와 중국 측 실무대표단을 만났다. 상황을 보니 중국 측은 준비가 되지 않은 것 같다는 느낌을 받았다.

한·중수교주(酒) 마오타이(茅臺酒)

분위기도 경직되고 어색할 수밖에 없었다. 소통을 위해 뭔가를 해야겠다는 생각이 들었다. 탁자에 놓인 마오타이주(茅臺酒)를 밤늦게까지 마시며 돌파구를 찾고 싶다는 신호를 중국 측에 간접적으로 보냈다. 책임자를 불러 달라고 요청하자 이튿날 저녁 무렵 중국 측 수석대표였던 쉬둔신(徐敦信) 외교부 부부장과 실무를 담당하는 장팅엔(張庭延) 아주사(亞洲司) 부사장이 장루이제(張瑞杰) 대사 등 중국 측 대표단과 함께 만찬을 베풀었다. 최고급 중국요리에 마오타이의 독특한 향기도 곁들여 중국 측도 조금씩 마음을 열기 시작했고, 협상도 서서히 진전되었다. 자신들이 원하는 것들을 솔직하게 이야기하기 시작했다. 한결 부드러운 분위기로 전환시키며 첫 대면의 중압감을 다소 부드럽게 할 수 있었다. 참고로 나는 사전에 키신저 회고록을 읽고 저우언라이와 키신저의 미·중 간 수교 담판에서 항저우(杭州) 시후(西湖)에서 '마오타이(茅臺) 외교'를 활용했던 저우언라이 수상의 지혜를 미리 공부하고 갔다. 그 후 마오타이는 '한·중수교 술(酒)'이란 별명으로 수교 교섭팀 간에는 특별히 애용되었다.

수교 20주년을 기념해서 구이저우성(貴州省)의 마오타이 회사에서 한·중 건교자(建交者, 수교자) 마오타이를 한·중수교 교섭 사진을 곁들여 특별 제조해서 수교 관련자들에게 선물로 돌렸다. 당시 나는 중국 내몽고 쿠부치 사막에 나무를 심고 있었는데 CCTV 기자가 '한·중 건교자(建交者) 마오타이' 여러 상자를 사막 식수 현장으로 가져와 교섭 당시를 회고하면서 즐겁게 나누어 마신 추억이 있다.

하나의 중국과 한반도의 평화적 통일 원칙, 대만 문제와 한국의 특수성

대만 문제가 중국 측의 가장 핵심적 관심사였고 걸림돌이었다. 중국 측은 하나의 중국원칙 수용, 대만과의 단교, 양자 조약 폐기, 대사관 철수를 요구했다. 나는 한국과 대만 관계의 특수성을 고려하여 중국이 더욱 유연한 인식으로 협상에 임해 줄 것으로 요청했다. 중국이 '하나의 중국'을 인정해야 다른 의제를 다룰 수 있다고 확고하게 요구한 데 대해 내가 한국의 독립과 건국 과정에서 대만 정부에 입은 은혜와 의리를 저버릴 수 없다는 특수성을 요구하는 과정에서 양측 입장은 팽팽히 맞섰고, "한국 측 입장이 아직 준비 안된 것 같으며 준비될 때까지 기다리겠다"며 거친 몸짓으로 회담 결렬을 암시할 때 나는 모골이 송연해지는 것을 체험했다. 결국, '하나의 중국 원칙(One China Policy)'하에 한국은 대만과의 최대한의 비공식 관계를 갖는 데 합의하고 중국의 '한반도의 평화적 통일'에 대한 지지를 받아냈다. 이에 공동성명의

수교문서 서명 후 양국외상과 수교팀 등(92.8.24) (출처: 저자 제공)
图为韩中两国签署建交联合公报后两国外长握手致意(92.8.24)。(照片来源：作者提供)

세 번째 항목에 "하나의 중국만 있고 대만은 중국의 일부라는 중국의 입장을 존중한다"라는 조항이 포함되어 있지만, 다섯 번째 항목에 "중화인민공화국은 한반도가 한민족에 의해 평화적으로 통일되는 것을 지지한다"라는 조항이 명시되어 있다.

회담 초반부터 대만 문제로 결렬 직전까지 대치하며 중국 측의 강경 입장에 맞서서, "한국과 대만과는 특수 관계이며 대만 문제에 앞서 또는 동시에 여러 문제를 해결해야 한다"라는 입장을 견지했던 것은 한·중수교 교섭의 '첫 단추를 제대로 끼우자'는 역사적 사명을 의식했기 때문이다.

25년을 준비한 한·중수교

나는 한·중수교를 25년 동안 준비한 셈으로, 1967년에 미국에 연수 가서 중국을 연구했다. 당시 우리나라에서는 중국 정치와 관련한 출판 서적 상당

수가 금서(禁書)로 지정되어있어 미국에서 중국과 관련된 서적과 보고서들을 찾아 읽기 시작했다. 컬럼비아대학에서 주중국 미국 총영사를 역임했고, 주소련 미국 대사를 지내며 『20세기 중국』을 집필한 에드먼드 클럽(Edmond Club) 교수의 강의를 청강했다. 1969년부터는 스칼라피노(Robert A. Scalapino) 교수, 찰머스 존슨(Chalmers Johnson) 교수 등과도 교류하며 중국에 대한 다양한 견해를 접할 수 있었다. 특히 클럽 교수에게 중·소분쟁이 중·미 간 적대관계보다 더 심각하며, 곧 미·중관계 개선이 될 것이라는 강의를 들으며 한반도에 새로운 전기가 마련될 것을 직감하고 대비해야겠다고 생각했다. 그리고 1972년에 한국에 들어와서 외교부에 중국과 창설을 준비하여 이듬해에 동북아 2과(중국과)가 창설되고, 곧 과장이 되어 김하중, 이태식, 김재섭 등 나중에 장·차관을 지내고 4강 대사를 지낸 인재들을 과원으로 뽑아 앞으로의 중국 관계에 준비해 갔다. 그 후로 일본 참사관, 태국 공사를 거쳐 아주국 심의관, 아주 국장을 역임하면서 언젠가는 열릴 중국의 문을 두드릴 수 있기를 바랐다.

한·중수교라는 임무를 마무리한 후, 외교관으로서는 하고 싶은 일을 했다는 안도감이 들었다. 한국과 중국 관계가 다시 이어진 계기를 마련했다는 자부심이 있었다. 외교관으로서 당연히 해야 할 일이었지만, 정상상태로 돌려놓았다는 든든함과 안도감은 말로 표현할 수 없을 정도로 벅찼다.

새로운 한·중관계와 지구 미래에 대비 - 미래숲

한·중수교 이후 나는 본인이 가야 할 여생에 대해 좌고우면하지 않았다. 우선, 역사 복원에 대한 사후 서비스(after care)와 지구 환경 회복에 여생을 보내고자 했다. 한·중수교라는 새 생명이 탄생하는데 내가 조산원의 역할을 했다면 그 생명이 제대로 잘 자랐으면 하는 바람은 당연하다고 본다. 한·중수교라는 새 생명이 지속할 수 있도록 미력하나마 이바지하는 것이 제 후반 인생의 주요 부분이라고 생각한다. 인간이 지구를 과도하게 써버린 나머지 20세기 후반부터 지구 환경이 지속 가능하지 않게 되었다는 사실을 알고부터는 특히 20세기를 주도했던 나의 세대는 미래 세대에게 큰 빚을 지고 있다는 걸 뒤늦게 알았다. 나를 포함한 내 세대가 과도하게 남용한 지구, 그 가운데는 미래세대가 미래에 두고두고 써야 할 지구의 지속 가능한 미래 자산을 수탈한 '불편한 진실'이 나를 사로잡고 있다.

나는 공직을 퇴임하고부터는 미래 세대들에게 진 빚을 행동으로 갚아야 한다고 믿고 '미래숲'이라는 NGO를 만들어 미래세대들과 '녹색 봉사단'으로 사막에 나무를 심고 있다. 녹색, 나무, 미래세대, 사막, 지구 등 별로 관심을 끌지 못하는 과제지만, '미래숲'을 통해 지구의 사막화 온난화 등 우리의 보편적 이슈를 특히 미래 세대들에게 심어주고 싶다. 이대로는 안 되고 새로운 문명이 탄생해야 지구도 인류도 공생할 수 있을 것이라 믿는다. 중국은 한국과 함께 동방 문명을 이끌며 문명사의 주류에 있다. 동방 문명은 '천인합일(天人合一)' 즉 자연과 인간이 하나가 되는 문명이다. 이 문명의 주류에서 현실에 안주하다가 서구 문명의 발전을 충분히 의식하지 못했고, 이로부터 문명의 전환이 일어났다. 서구 산업화 기계문명은 인류사상 가장 잘 산다는 세상을 가져왔지만, 인간 대 자연의 양극화와 인간 대 지구의 양극화 등을 초래했다.

이대로는 공멸의 길로 나아갈 수밖에 없으므로 반드시 해법을 찾아야 할 것이다. 인간과 자연이 공존하고 현세대와 미래세대가 다 같이 공존할 수 있는 지속 가능한 문명을 이끌어 갈 새로운 길을 찾아야 한다. 사막화 방지, 지구 토지환경의 복원, 기후변화, 지속 가능한 발전 등이 그것이다. 특히 나의 세대는 미래 세대에게 큰 빚을 지고 미래 세대들에게 행동으로 빚을 갚아야 한다는 것은 당연한 의무다. 이 길이 새로운 문명을 모색하고 주도해야 한다는 생각을 가지게 된 것이다. 중국과 한국이 손잡고 다 함께 문명의 중심 무

반기문 UN 전 사무총장 내외분이 '사막의 내나무 심기'사업에 참여했다. (출처: 저자 제공)
图为联合国前秘书长潘基文及夫人在沙漠中植树。(照片来源：作者提供)

대로 복귀하는 길도 바로 '지구 살리기'라는 의제와 맥락과 닿아 있다고 생각
한다. 그래서 현대 문명이 망쳐버린 지구를 살리기 위해 한·중 양국의 미래
세대들이 앞장서서 전 세계 미래세대들과 손잡고 '천인합일(天人合一)', 즉 사
람과 자연이 공생하는 지속 가능한 지구를 위한 새로운 문명 창조에 앞장서
나가고 있다.

　한·중 양국 청년들이 주축이 된 '녹색 봉사단'이 동쪽으로 계속 확대해 나
가는 거대한 유라시아 사막에 지난 20여 년간 나무를 심고, 맨 동쪽 쿠부치
사막 동단에 '한·중 녹색장성'을 쌓고 사막화에 빼앗겼던 '룽토과이(內蒙古
自治區達拉特旗庫布其沙漠)' 마을을 되찾아 '사막에 내 나무 심기' 운동을 벌
이고 있다. 이 미래세대의 운동을 이제 '유엔'이 주목하며 함께 나서서 글로벌
운동으로 번지고 있다.

　"지구는 땅이고 지금 땅이 문제입니다. 바야흐로 새로운 문명이 동트고 있
습니다."

回顾建交之初，展望韩中关系未来

权丙铉 韩中文化青少年协会会长、社团法人"未来林"代表、前韩国驻华大使

迎来建交30周年的韩中两国都发生了巨大变化。中国与美国形成G2，韩国则跻身发达国家阵营。这为东亚、甚至世界局势带来了意义深远的变化。在这一新的变化过程中，韩中建交可以说是历史的转折点。

1992年的建交为两国及两国国民带来互惠的成果，在韩中历史久远的交往中是值得浓墨重彩的一笔，无论是现在还是将来，这一点我都信不疑。韩中建交后，我们克服了近一个世纪的障碍和困难，终于像以前一样可以自由地往来和交流，这对于站在建交谈判现场的我来说，颇感欣慰。

1992年4月22日，我被韩国政府指示紧急待命，5月6日我在长官办公室与李相玉(时任韩国外交部长官)进行单独面谈。在当时的特殊情况下，他口头下达了韩中建交谈判训令，指示我交涉的首个议题为"两国关系正常化方案"，第二项议题为"无条件尽快建交"。他叮嘱我作为外交官要肩负使命，要为了国家和国民利益尽全力，并叮嘱我严守安保机密。

李相玉长官这具有历史意义的训令被压缩在短短的30分钟的时间内，看上去与普通的员工面谈并无两样，却令我感到肩膀上的负担无比沉重。与中国建立外交关系是当时韩国外交面临的最大课题，韩中两国是近在咫尺的邻国，也在数千年的东方文明中维持了交往。但从19世纪后期起，在西方势力和西方文明的冲击下，经历了一个世纪的苦难历史，经历了冷战和韩朝分裂，但我们决定放下历史纠葛，创造新的韩中关系。

书写历史新篇章的韩中建交经历了许多曲折，完成建交任务后，作为外交官我有种如释重负的感觉，为韩中关系创造新的契机也令我感到非常自豪，当然未来仍面临许多难以预测的任务，但将两国关系推向正轨带给我的安慰和踏实感难以用

语言来形容，至今想起来还令我心潮澎湃。

韩中建交后，我对自己的余生没有任何犹豫和彷徨，在我从公职上退下来之后，我觉得到了用行动向下一代"还债"的时候了，我开始建设名为"未来林"的非政府组织（NGO），与下一代组成绿色服务团，在广袤的沙漠中植树造林。绿色、树木、下一代、沙漠、地球这些往往被人忽略的课题，我想通过"未来林"来为地球变暖等我们共同面临的问题贡献一份力量。

되돌아본 한·중 교류 30년,
화이부동의 노력이 필요할 때

• 신정승 동서대학교 동아시아연구원장, 前 주중 대한민국 대사

 ## 한·중 수교 30년

올해는 한·중 양국이 수교한 지 30주년이 되는 해이다. 수
교 이래 양국관계는 때에 따라 어려움을 겪기도 하였고, 현
재 중국에 대한 한국인들의 부정적 인식이 높아진 상태에
있긴 하지만 전체적으로 한·중관계가 보면 크게 발전해 온 것은 분명하다.
특히 과거 우리가 중국을 '중공(中共)'이라고 호칭하고, 반면에 중국에서는
우리를 남조선(南朝鮮)이라고 부르면서 서로 왕래가 없었던 시대와 비교하
면 지난 30년간 엄청난 변화가 있었음을 알 수 있다.

1992년에 한·중수교가 이루어지게 된 것은, 한·중 양국이 양국관계 정상
화의 필요성을 느끼고 이를 위한 노력을 했기 때문이지만, 당시의 시대적 배
경도 중요한 역할을 하였다. 당시 국제정세는 1990년 독일 통일로 상징되는
냉전체제의 붕괴로 인해 미국 일극 체제의 국제질서가 형성되었고, 경제 자
유주의에 따른 세계화와 더불어 협력의 흐름이 진행되면서, 대부분 국가가

국제정세의 안정에 힘입어 경제발전을 적극적으로 도모하는 형국이었다. 중국은 1978년 개혁·개방 정책을 시작하였지만, 당시 정치적으로는 '톈안먼 사태' 등 혼란이 있었고, 경제 수준은 낮았기 때문에, 미국 등 서방세계에서는 중국이 지금과 같은 전략적 경쟁의 대상이 되리라고는 생각하지 못했다. 그러므로 미국도 한국의 대(對)중국 접근을 지지했으며, 1990년 키신저가 중국을 방문하는 길에 한국을 들러 한·중관계 개선을 위해 도움을 주고자 했던 것은 이를 말해 준다.

이런 국제정세를 배경으로 한국은 1988년 서울올림픽의 성공적 개최에 이어 노태우 대통령의 「7.7선언」에 따른 '북방정책'이 결실을 보면서 1991년 봄에는 민간형식이지만 사실상 외교기능을 수행하는 한·중 간 민간대표부가 설치되었고, 1991년 가을 '남북한이 유엔에 동시 가입'하게 됨에 따라 뉴욕의 유엔안보리 소회의실에서 비공식이지만 한·중외교장관 회담이 최초로 개최되었다. 이어 1991년 말 서울에서 개최된 APEC회의에 첸치천(錢其琛) 중국 외교부장이 참석하여 노태우 대통령을 예방하기에 이르렀으며, 그 이듬해에는 중국 측의 제의로 수교 교섭이 진행되어 1992년 8월에는 마침내 한·중수교가 이루어졌다. 개인적으로는 민간대표부 설치 실무교섭을 맡았던 것을 포함해서 상기와 같은 한·중관계 정상화 과정에 직접 참여할 수 있었던 것을 대단한 행운으로 여기고 있다.

한국은 당시 중국과의 수교 목적으로서 대략 세 가지를 생각하였다. 첫째, 정치적인 면에서 노태우 정부의 '북방정책'에 따라 북한의 도발을 방지하고 한반도의 평화와 안정을 도모하며, 궁극적으로 통일을 위한 기반을 마련하는 것이었다. 물론 이에는 그간 중국이 취했던 북한 지지 일변도의 정책을 바꾸어, 남북한을 동등하게 대하며, 한반도의 평화적 통일에 대한 지지와 더불어 북한의 비핵화에 대한 협력을 확보하는 것이 포함되어 있다. 둘째는 중국과의 관계 개선을 통해 중국의 방대한 시장에 진출함으로써 한국 경제의 새로운 성장동력을 마련하여 국력을 키우자는 것이었다. 지금도 그렇지만 당시에도 대외무역이 한국의 경제 성장에 차지하는 비중은 매우 컸으며, 미국이 한국과의 교역에서 적자가 늘어감에 따라 한국상품에 대한 규제조치를 강화하고 있었기 때문에 한국의 대미수출도 크게 신장하기 어려운 상황이었다. 셋째는 국제무대에서의 한국의 전방위 외교활동에 있어서 유엔안보리 상임이사국인 중국의 협조를 확보하는 것이 필요하다는 판단이었다. 한국의 전방위 외교활동은 한반도의 평화와 안정을 유지하고 한국의 경제적 발전을 추구하기 위한 것이지만, 이를 통해 국제사회에서 한국의 발언권과 위상을 높이는 것으로서 이것은 노태우 대통령이 '북방정책'을 추진하게 된 주요 이유 중의 하나이기도 하다.

한·중수교 이후 지난 30년을 돌이켜 보면, 두 번째와 세 번째 목적과 관련해서는 그 결과에 대해 대체로 긍정적인 평가를 받는 것으로 보인다. 실제로 경제적인 측면에서 보면, 현재 중국은 한국의 최대 무역상대국이자 수출대상국으로서 수교 당시 63억 불이었던 양국 간 무역액은 2021년 말 현재 3천억 불로 크게 증가하였다. 제도적인 측면에서도 양국 간 FTA는 물론 양국 경제 관계의 바탕을 이루는 다양한 양자 협정들이 체결되었으며, 이와 더불어 양국 국민 간의 상호 방문도 급격히 증가하고 서로에 대한 문화적 호기심도 적지 않게 충족되었다. 국제사회에서의 전방위 외교에서도 반기문 유엔사무총장 선거나 한국의 유엔안보리 비상임이사국 선출 등 유엔을 비롯한 다양한 국제기구나 'G20, APEC, ASEAN+3, EAS' 등 다자협력체 활동에서 한·중 간 적지 않은 협력이 이루어졌으며, 해외에서도 양국의 공관들이 상호 친밀감을 유지하며 필요한 협력을 해왔다.

첫 번째 목적인 정치와 안보 분야에서도 발전이 없었다고는 하기 어렵다. 최근에는 '코로나-19'로 인해 화상으로 진행되고 있지만, 양국 정상 간 회동이 그간 빈번히 이루어져 왔으며, 고위 외교당국자들 간의 교류도 활발하게 진행해 온 것도 사실이다. 1992년 수교 이전에 한·중 간 홍콩을 통한 간접 무역이나 국제무대에서의 양국 인사들 간의 비공식 접촉 등은 있었지만 공식적으로는 중국에 있어서 북한과의 관계만 존재했으며, 이런 점에서 한·중수교 이후 중국이 한국과 북한에 대해 공식적으로는 대등한, 실질적으로는 한국과의 관계가 월등히 커졌다는 점에서 본다면 한·중수교로 인해 중국의 북한 일변도 정책에 수정이 이루어진 것은 당시 큰 의미가 있었다. 한반도의 평화와 안정유지라는 측면에서도 수교 이후 현재까지 한반도에서 남북 간의 본격적인 무력 충돌은 없었다는 점에서, 특히 중국이 북한의 무력도발에 대해서는 이를 지지하지 않을 것이라는 입장을 일관되게 견지해 온 것은 한·중수교의 기여(寄與) 부분이라고 할 수 있다.

이와 같은 결과에도 불구하고, 정치와 안보 분야에서의 성과에 대해서는 관점에 따라 다소 온도 차가 존재한다. 현재 한·중 간에는 여전히 상호 정치적 신뢰가 부족한 상태에 있으며, 특히 북핵 문제를 해결하고 한국 주도의 한반도 통일에 있어서 중국의 협력을 기대했던 사람에게는 실망감도 적지 않은 것으로 보인다. 이는 지난 30년간 한·중관계 발전에도 불구하고, 북한은 여전히 중국에 있어서 전략적 가치가 크고, 북한의 핵 개발과 한국에 대한 무력 위협을 멈추지 않았으며 이에 따라 한·미동맹이 강하게 작동해 왔다는 것이 그렇게 된 주요 이유라고 할 수 있다. 이에 더하여 한국으로서는 한·중수교에 대한 대가로 대만과의 단교에 따라 적지 않은 아픔을 겪기도 하였다.

한편, 첸치천(錢其琛) 외교부장의 자서전인 《외교십기(外交十記)》에 따르면 덩샤오핑은 한국과의 관계 개선은 얻을 것은 많지만 잃을 것은 없다고 하면서, 한국과의 경제협력에 따른 이익과 더불어 대만과의 단교를 통해 대만을 고립화시킬 수 있다는 점을 언급한 것에서 중국이 한·중수교를 하게 된 이유를 알 수 있다. 이런 점에서 중국은 한·중수교로 인해 애초 원했던 것을 상당 부분 이루었다고 하겠지만, 미·중 간의 전략적 경쟁이 심화하고 있는 상황에서 한·미동맹은 여전히 한국 대외정책의 중추를 이루고 있으며, 한국이 선진국 수준으로 발전함에 따라 이념과 체제 면에서 중국과의 이질감이 한국 내에서 점차 부각 되는 것은 중국이 우려하는 부분일 것이다. 아울러한·중수교로 인해 중국과 북한 간의 관계가 적어도 2000년 김정일의 방중까지는 상당히 소원했고, 이후에도 비록 지난 수년간 김정은의 4차례에 걸친 중국 방문과 2019년 시진핑의 평양 방문에 따라 북·중 간에 전통적인 우호 관계를 회복했지만, 상호 불신이 존재해 왔다는 것은 한·중수교에 대한 대가(代價)라 하겠다.

향후의 한·중관계

시대와 국제환경이 변함에 따라 앞으로의 한·중관계에는 크고 작은 문제들이 적지 않게 등장하게 될 것으로 보인다. 이런 문제들은 크게 두 가지로 나눌 수 있는데, 하나는 미·중 간 전략적 갈등이 향후 상당 기간 지속할 것이고, 외부환경에 따라 북핵 문제도 앞날을 예측하기 어렵다는 것이며, 다른 하나는 한·중 간 경제적 상호 보완성이 약화하고 있고, 양국 국민의 상대방에 대한 부정적 인식이 확대되고 있는 등 한·중 양자 간의 모순이 증대되고 있다는 점이다.

먼저 중국의 부상으로 인한 동아시아에서의 미·중 간 전략적 갈등이 심화하고 있으며, 이것이 한·중관계에 부담으로 작용하고 있다는 부분인데, 이것은 과거 한·중수교 시에는 누구도 생각지 못했던 상황의 변화이다. 과거 한·중관계를 측면에서 지원 내지는 방관했던 미국은 현재 트럼프 행정부에서 시작된 자유롭고 개방적인 인도·태평양 전략을 강조하면서 중국에 대한 다양한 형태의 전략적 압박을 가하고 있으며, 동맹국이면서 자유민주주의와 시장경제라는 가치를 공유하는 한국이 이에 적극적으로 협력해 줄 것을 기대하고 있다. 반면에, 중국은 한국이 중국의 핵심 이익을 존중해 줄 것을 바라고 있으며, 한국이 미국에 치우치지 말고 한·중 공통의 현실적 이익을 확대해 나가자는 메시지를 보내오고 있다.

북핵 문제는 수교 당시에는 북한과 IAEA(국제원자력기구)와의 협력이 순조롭게 진행되고 있었기 때문에 깊게 다루어지지는 않았지만, 현재는 동북아 정세에 있어서 주요 변수로서, 북한의 핵과 탄도미사일 위협은 계속 확대되고 있고 북핵 협상은 지지부진한 상태에 있다. 대화를 통해 북핵 문제를 평화적으로 해결한다는 기본 방향에서 현재 한·중 간 의견 차이는 없어 보이지만, 향후 북핵을 둘러싼 북·미 간 갈등이 심화할 때는 대북 제재 강화 문제를 두고 한·중 간에 이견이 발생할 가능성이 있다. 반대로 북·미 간 대화가 진행되어 한반도 평화체제 구축 문제가 제기될 경우, 한·미동맹과 주한미군의 존재를 둘러싸고 한·중 간 갈등이 표출될 가능성이 존재한다.

그간 한·중 양국 모두 수교 이후 국력과 국제적 위상이 제고됨에 따라 양국 간 모순이 발생하고 있다는 점도 양국이 관심을 가져야 할 부분이다. 중국의 국력 신장에 따라 그간 잠재되어 있던 중국인들의 대국 의식이 표출되고, 양국 간 교류에 있어서 비대칭성이 나타나고 있다. 반면에 한국에서는 한국이 경제력, 기술력과 문화적 역량을 보유한 중견 선진국 입장에서 더욱 당당하게 대외정책의 시야를 넓히고 중국에 대해 할 말은 해야 한다는 여론이 높아지고 있다. 또한, 양국 모두 인터넷 등 정보통신 매체가 크게 발전되어 있는 상황에서 민족주의가 강해지기 때문에, 김치나 한복의 원조 논쟁에서 보듯이 한·중 간에 문화적 갈등이 부각될 가능성도 무시할 수 없다.

양국 간 경제협력 면에서는 중국의 산업기술 경쟁력이 크게 향상됨에 따라 상호 간 보완성이 강했던 양국 간 무역이 점차 경쟁적인 것으로 성격이 변화하고 있으며, 중국 내에서의 인건비 상승과 기업활동에 대한 규제 강화로 인해 대중국 투자의 매력이 감소되고 있다는 것이 과거와 다른 점이다. 이와 더

불어, 사드 문제에서 보았듯이 정치 안보적 이슈가 한·중 간 경제 관계에 연계되는 일이 발생하였다. 어떤 나라들 사이에도 마찬가지이지만, 한·중 간에 정치 안보적 이해관계가 일치할 수는 없으며, 미·중 간 갈등이 격화되는 상황에서 이와 같은 정치적 문제들이 향후 한·중 간에 다시 발생할 가능성이 있으므로, 앞으로 한·중관계의 안정적 발전을 위해서는 정치 안보적 이슈가 양국 간 경제협력에 될 수 있는 대로 연계되지 않도록 양국이 지혜를 발휘할 필요가 있을 것이다.

최근의 여론조사 결과들을 보면, 양 국민 간 상대방에 대한 부정적 인식이 크게 높아졌다는 점도 걱정되는 부분이다. 물론 이렇게 된 이유 중의 하나는 2020년 초부터의 '코로나-19' 사태로 인해 양국의 의지와는 달리 최고 지도자의 방문이 이루어지지 못했고, 일반 국민 간의 상호 왕래도 사실상 정지되어 있기 때문일 것이다. 그렇지만, 한국 문화상품에 대한 수입 규제를 포함한 사드 사태의 후유증이 계속 남아 있고, 중국으로부터의 미세먼지와 '코로나-19' 확산에 대한 불만이 여전히 존재하고 있으며, 중국의 국내 문제에 대한 해외로부터의 부정적인 정보들도 한국인들의 중국에 대한 인식에 다소 영향을 미치고 있는 것으로 보인다.

이러한 분위기에 따라 최근 한국 내에서는 한·미동맹 강화를 주장하는 목소리가 커지고 있으며, 적지 않은 사람이 안보는 미국, 경제는 중국이라는 '안미경중(安美經中)'의 이분법에 따른 주장을 하고 있기도 하다. 그렇지만 현실적으로 볼 때 경중의 차이는 있어도 미국과 중국은 한국의 안보와 경제에 있어서 모두 중요하며, 이 두 나라는 한반도의 비핵화 및 지역의 평화와 안정이라는 목표를 공유하고 있다는 점에서, 한·미동맹과 '한·중 전략적 협력동반자관계'는 양립되어야 할 것이다. 1992년 수교 당시와 마찬가지로 핵문제를 포함한 한반도의 평화와 안정을 위해서는 여전히 한·중 간 협력이 필요하며, 지속적이고 안정적인 경제적 발전, 그리고 나아가 지역 내지 글로벌 거버넌스 문제에 있어서 양국 간 협력이 도움이 될 것이라는 점에서는 변화가 없기에 한국과 중국은 이웃 나라로 앞으로도 양국 간 우호 협력관계를 계속 발전시켜 나갈 필요가 있다. 이런 맥락에서 양국 정부가 작년 8월, 1.5 트랙에서의 「한·중관계 미래발전 위원회」를 출범시켜 한·중관계의 지난 30년을 되돌아보고, 향후 양국관계의 지속적이고 안정적인 발전을 위한 방안에 대해 논의하게 된 것은 매우 바람직스러운 일이다.

다만, 지리적으로 인접한 이웃 국가 간에는 이해관계가 복잡하게 얽혀 있기 마련이어서, 앞으로 한·중 간에도 크고 작은 문제들이 발생하는 것은 불가피하며, 그러므로 향후 한·중관계의 기본적인 방향은 호혜 평등을 바탕으로 협력은 확대하되, 이견은 적극적인 소통을 통해 우호적으로 원만히 관리해 나간다는 자세가 중요할 것이다. 특히 한국과 중국은 이념과 체제면에서 차이가 있고 미·중 간의 갈등이 심화하고 있는 시기이기 때문에, 양측이 상호 다름을 존중하는 가운데 전략적 소통을 중층적으로 강화하면서 서로 이해하고 협력하려는 '화이부동(和而不同)'의 노력을 할 필요가 있다. 한·중 간 경제적 상호 보완성을 적절한 수준에서 계속 유지해 나가는 노력도 물론 중요하다.

한·중 양국 정부는 2021~2022년을 한·중 문화교류의 해로 선포했고, 정부 간 협의체인 한·중 인문교류 촉진위원회는 올해까지 160개 사업을 추진키로 합의하였으며, 양국 민간에서는 수교 30주년을 축하하기 위한 다양한 행사들을 준비하고 있다. 아무쪼록 이러한 문화교류 사업들이 올해 이후에도 다양한 분야에서 더욱 확대되어 양국 국민 간 상대방에 대한 이해와 친밀감이 제고될 수 있기를 기대하고 있다. 이와 관련, 양국 정부는 상호 간 정치적 이견이 발생해도, 양국의 지방 도시 간이나 민간차원의 교류와 협력이 지장을 받지 않도록 노력할 필요가 있을 것이며, 그것이 '화이부동'의 정신에도 부합된다고 하겠다. 특히 현재 양국의 젊은 세대들에서 상대방에 대한 부정적

인식이 높다는 점을 고려한다면, 다수의 양국 청년들 간 활발한 교류를 통하여 서로 이해와 유대감을 높이고 미래의 한·중 협력에 대한 공감대를 넓히기 위한 보다 다양한 프로그램들이 마련될 필요가 있다. 이와 관련, 인문교류도 전통문화에 더하여 양국의 젊은 세대들이 공감할 수 있는 새로운 문화적 소재들을 발굴하고 이를 적극적으로 활용하는 것이 바람직스럽다.

韩中建交三十周年，今后仍需倍加努力

辛正承 东西大学东亚研究院院长、前韩国驻华大使

韩中两国1992年建立外交关系是两国出于对外交关系正常化必要性的共识，同时也是在当时的时代背景下促成的。1990年冷战体制的崩溃开启了美国单极时代，经济自由主义带来全球化，合作成为主旋律，大部分国家都致力于发展经济。中国从1978年开始实行改革开放政策，但那时仍在政治、经济方面存在诸多不稳定因素。

韩国当时和中国建交的主要目的大致可以总结为以下三点：第一，从政治上来看，卢泰愚政府的北方政策欲维持韩半岛的和平稳定，防止朝鲜的军事挑衅，为统一奠定基础；第二，通过与中国发展友好关系打开中国市场大门，为韩国经济寻找新的发展动力；第三，韩国在国际舞台上展开多方位外交，和联合国安理会常任理事国中国进行合作显得尤为重要，可以借此提高韩国在国际上的地位和话语权，这也是卢泰愚政府北方政策的核心。

回顾过去的三十年，我认为在第二和第三点上取得了可喜的成果，从经济方面来看，中国已经是韩国最大的贸易对象国和出口地，双边贸易规模从建交当时的63亿美元增长至2021年的3000亿美元。在国际外交上，潘基文当选联合国秘书长，韩国成为联合国安理会非常任理事国，以及在各方国际机构、多边合作体制中，韩中两国进行了各种方式的合作。

随着韩中两国国力和国际地位的不断提高，两国也时有摩擦，以前奉信"韬光养晦"的中国人的大国意识开始显露，在两国交流中逐渐出现不对称的现象。而韩国国内也开始出现作为发达国家，韩国也应对中国堂堂正正地表达自己看法的舆论。在辛奇和韩服等文化溯源问题上的争论也令人无法忽视。

韩中两国政府将去年和今年指定为韩中文化交流年，将政府间的交流扩大至民

间交流。我认为即使两国政府存在政治上的分歧，也不应影响到两国地方及民间领域的交流和合作，尤其是两国年轻人对于对方的负面看法有所增加，更应活跃青年交流来增进相互了解，形成共识，为此两国有关机构有必要形成合作机制。

한·중수교의 뿌리,
'북방정책'을 회고하다

• 김학준 단국대학교 석좌교수, 한중수교30주년기념사업준비위원회 고문

머리말

대한민국과 중화인민공화국이 국교를 수립한 때로부터 30년이 지났다. 대통령 공보수석비서관 겸 대변인으로 두 나라가 1992년 8월 24일 자로 수교한다는 사실을 공식 발표했던 본인으로서 글자 그대로 감개무량하다. 이에 그 배경과 과정을 회상해 보고 현황을 살핀 뒤 미래를 전망하고자 한다.

'북방정책' 발생의 기초

한·중수교의 뿌리는 노태우 대통령이 정력적으로 추진했던 '북방정책'이다. 그렇기에 우리는 노 대통령이 어떤 발상에서 '북방정책'을 입안하고 추진했는지 먼저 살피지 않으면 안 된다.

노 대통령은 1987년 12월 16일에 실시된 대통령 선거전에서 자신이 대

통령에 당선되면 '북방정책'을 추진해 그때로써는 우리나라와 국교가 없었던 소련과 동유럽 국가들 그리고 중화인민공화국 등 공산주의 국가들과 수교함으로써 우리나라 외교의 행동반경을 넓히고 그러한 틀 안에서 북한과의 관계를 크게 개선해 통일의 기틀을 마련하겠다고 약속했다. 이 발상이 새로운 것은 아니었다. 예컨대, 미국의 외교관 모튼 애브라모위츠(Morton Abramowitz)는 1971년에 출판한 소책자(Moving the Glacier: The Two Korean and the Powers, London: The International Institute for Strategic Studies)에서 한국 정부에 서독 정부가 동독 정부를 포함한 공산권을 상대로 '동방정책'을 추진하듯 북한을 상대로 '북방정책'을 추진할 것을 권고했다. 구체적으로, 애브라모위츠는 '남북한의 상호 인정' 그리고 남북한과 주변 4강, 곧 미국·소련·중국·일본 등 6개국의 '동북아시아안전회의' 개최를 제의했다. 이러한 제안의 실현을 통해 한반도에서의 평화와 안전이 유지될 수 있을 것으로 그는 기대했다.

노 후보의 제안이 애브라모위츠의 구상을 되풀이한 것은 아니었다. 서해안 지역에서는 일본과의 국교 수립과 그것에 따른 한·일 협력의 증대가 동해안 지역을 경제적으로 '발전'시킨 사실에 주목하면서, 중국과의 국교 수립과 그것을 통한 한·중 협력의 증대가 서해안 지역을 경제적으로 활성화할 것이라는 기대가 성장하고 있었다. 이것보다 중요하게, 1970년대에도 그러했지만, 특히 1980년대에 들어와 남북통일에 대한 열망은 높아져 통일운동이 대학가에 퍼지고 있는 현실을 그는 직시하고 있었다.

여기서 그는 1988년 2월 25일의 대통령 취임사에서 '민족자존의 시대'를 열겠다는 포부를 밝히기에 이르렀다. '북방정책'의 성공을 통해 분단시대를 마감하고 통일시대를 엶으로써 한반도를 여전히 세계사의 변방으로 머물게 할 것이 아니라 동아시아의 중심국가로 키우겠다는 뜻이었다.

'북방정책' 성공의 국내적 요인

노 대통령의 포부가 현실을 무시한 과욕에서 나온 것은 아니었다. 국내적 여건이 그 포부를 뒷받침하고 있었다.

첫째, 민주화의 개시였다. 그의 전임자인 전두환 대통령의 강압적 통치에 반대하는 시민운동이 전국적 수준에서 정점에 도달했던 때, 이른바 6월항쟁이 전두환 정부의 붕괴를 끌어내기 직전의 시점이던 1987년 6월 29일에, 그는「국민 대화합과 위대한 국가로의 전진을 위한 특별선언」을 발표함으로써 대통령 직선제 개헌을 위한 여·야 협상을 끌어낼 수 있었고 그 결과로 마련된 헌법에 따라 1987년 12월 16일에 치른 대통령선거에 당선됐다. 1988년 2월 25일에 제13대 대통령으로 취임한 이후 자유화, 민주화의 길을 단계적으로 밟았다. 이것은 국제사회에서 대한민국에 대한 긍정적 인식을 높였다.

둘째, 경제의 경이적인 성취였다. 대외적으로 '가난한 나라' 또는 '미국의 원조에 의존해 사는 나라'라는 인상을 주던 한국의 경제는 1988년 이후 지속적 성장을 과시해, '10대 무역 대국' 또는 '12대 무역 대국'으로 꼽히기에 이르렀고 1인당 국민소득도 놀라운 수준으로 늘어났다. 이로써 국내경제가 파탄에 이르렀던 소련이 한국을 자신에 경제지원을 베풀 수 있는 나라들 가운데 하나로, 그리고 개방 정책으로 돌아선 중국이 한국을 경제협력의 대상국들 가운데 하나로 고려하기에 이르렀다.

'북방정책' 성공의 국제적 요인

노태우 대통령의 뜻은 세계사의 진운(進運)으로부터 큰 도움을 받았다. 1981년 1월에 취임한 미국의 레이건 대통령은 소련을 비롯한 공산체제의 붕괴를 유도함으로써 냉전 시대를 끝내기 위해 압박정책을 썼으며, 소련에서 1985년

3월에 출범한 고르바초프 체제는 그러한 압박 속에서 살아남기 위해 개혁·개방노선을 단계적으로 밟으며 미국과의 관계를 개선할 뿐 아니라 아시아로 접근하고 있었다. 이러한 흐름을 읽으면서, 노 대통령은 1988년 7월 7일에 남북한의 '6천만 동포'와 국제사회를 상대로 발표한 「민족자존과 통일번영을 위한 특별선언」을 통해 남북한이 '화해와 협력'의 시대를 열 것을 제의하면서 동시에 '소련과 중국을 비롯한 사회주의 국가들과의 관계 개선'을 추구할 것을 다짐했다.

1988년 9월 17일부터 10월 2일까지 서울에서 열린 제24회 올림픽의 성공은 노 대통령의 '북방정책'에 큰 힘을 실어주었다. 1980년의 모스크바 올림픽과 1984년의 로스앤젤레스 올림픽 모두 동서냉전의 희생물이 되어 반쪽 올림픽으로 끝난 데 비해, 서울올림픽은 12년 만에 처음으로 전 세계 160개 나라에서 약 1만 3천 명의 젊은이들이 자리를 함께함으로써 글자 그대로 인류의 축제를 이룬 것이다. 여기에는 물론 소련과 동유럽 국가들 그리고 중국이 참가해 이념의 벽을 낮춰주었다.

이러한 배경에서, 1988년 9월 20일에 개막한 제43회 유엔총회는 '한반도에서의 평화·화해·대화의 촉진'이라는 의제를 채택했고, 노 대통령은 10월 18일에 '한반도에 평화와 통일을 여는 길'이라는 제목으로 연설하면서 「7.7선언」을 재확인하고 동시에 중국을 비롯한 사회주의 국가들을 상대로 관계 개선을 제의했다. 특히 중국에 대해, "나는 우리나라와 오랜 이웃인 중국이 반세기에 걸친 단절의 벽을 넘어 교류와 협력관계를 넓혀가고 있는 것을 뜻깊게 생각합니다."라고 말했다. 이어 그는 "동북아에 지속적인 평화와 번영의 공고한 바탕을 구축하기 위해 미국과 소련, 중국과 일본, 그리고 우리 남북한으로 '동북아평화협의회의'를 열 것"을 제의했다.

'북방정책'의 진전

그 사이 '북방정책'은 구체적 성과를 보여주었다. 그 한 사례가 헝가리와의 국교 수립 합의였다. '소련제국'의 하나였던 헝가리는 1988년 9월 13일에 한국과 상주대표부 개설에 합의한 것이다. 두 나라는 1989년 2월 1일에 상주대사관을 개설한다.

'북방정책'에 대한 노 대통령의 열정은 1989년 1월 17일에 열린 「1989년도 연두 기자회견」에서 거듭 나타났다. 그는 미국과 일본을 비롯한 전통적 우방과의 협조를 강화하면서 동시에 "소련·중국·동유럽 사회주의 국가들과 적극적인 관계를 증진하여 통일의 환경을 성숙시키는 '북방정책'을 적극적으로 추진할 것"을 다짐한 것이다.

공산권의 붕괴 외 독일의 통일

그사이 세계사는 격변을 경험했다. 1989년 11월 9일에 동독국민은 동독이 동독국민의 해외 탈출을 막기 위해 쌓아 올린 베를린장벽을 무너뜨렸다. 이것은 유럽에서 공산정권의 연쇄 붕괴를 알리는 신호였으며, 1989년 12월 3일 부시 미국 대통령과 고르바초프 소련 대통령이 몰타에서 냉전의 종결을 선언했다. 곧이어 1989년 12월 25일에 루마니아 국민이 민중봉기를 통해 독재자 니콜라에 차우세스쿠(Nicolae Ceausescu)와 그의 아내를 처형하고 민주정부를 세웠다. 이러한 격변 속에서, 1990년 10월 3일에 동독이 서독에 합류해 들어감으로써 동서독의 통일이 실현됐다.

노태우·고르바초프 샌프란시스코 정상회담과
한·소수교 그리고 한·소선언

노태우 대통령의 '북방정책'은 1990년 6월 5일에 샌프란시스코에서 열린 고르바초프 소련 대통령과의 정상회담에서 새로운 장(章)을 맞이했다. 이 회담은 두 나라 사이 최초의 '정상회담(頂上會談)'으로, 서방세계의 주요 매체들은 그것을 '노태우의 외교적 쿠데타'로 부르면서 "소련이 사실상 자신의 오랜 동맹인 북한을 포기하는 것"으로 해석했다. 두 나라의 관계 개선은 빨라졌다. 9월 30일에 두 나라는 외교 관계 수립에 합의했으며, 노 대통령은 12월 13~17일에 모스크바를 국빈방문하고 「한·소관계의 일반원칙에 관한 선언」에 서명했다.

남북총리회담의 성사,
남북기본합의서와 한반도비핵화선언의 채택

'북방정책'이 열매를 맺어가면서, 북한의 태도에도 변화가 일어났다. 한국이 제의한 남북고위급회담(남북총리회담)에 응해, 이 회담은 1990년 9월부터 1992년 9월까지 서울과 평양을 오가며 여덟 차례 열렸다. 그 결과, 1991년 12월 13일에 「남북기본합의서」가 채택됐고, 1992년 1월 31일에 「한반도의 비핵화 에 관한 공동선언」이 채택됐다.

남북한의 유엔 동시 가입

한국과 소련의 관계 개선은 고르바초프의 방한으로 이어졌다. 그는 1991년 4월 20일에 제주도에서 노 대통령과 회담하면서 한국이 제안한 남북한 유엔 동시 가입안을 북한이 반대하는 경우 한국의 단독가입을 지지할 것을 약속했다. 이것은 중국에도 영향을 미쳤다. 중국은 한국이 단독가입을 신청하는 경우 유엔안전보장이사회에서 거부권을 행사하지 않을 것이라는 뜻을 전달했다. 이에 따라, 한국 외무부는 오는 제46차 유엔총회에 가입원을 제출하겠다고 공식으로 발표했다. 곧이어 북한은 자신 역시 가입원을 제출하지 않을 수 없게 됐다고 발표했다. 결국, 남북한은 1991년 9월 17일에 유엔에 동시 가입했다.

한·중수교와 노 대통령의 방중

한·소수교와 남북한 유엔 동시 가입에 이어 한·중수교가 이뤄졌다. 1992년 8월 24일, 한국과 중국은 두 나라가 이 날짜로 수교한다고 공식 발표했는데, 이것은 노 대통령이 정력적으로 추구해온 '북방정책'의 정점 도달이었다. 그는 9월 27~30일에 중국을 국빈 방문하고 중화인민공화국 양상쿤(楊尙昆) 주석과 리펑(李鵬) 총리, 그리고 중국 공산당 장쩌민(江澤民) 총서기와 회담했다.

이후 오늘날까지 30년에 걸쳐 두 나라의 관계는 여러 방면에서 빠르게 발전했다. 특히 경제 부문에서 관계는 매우 밀접해져, 중국에는 한국이 수입 1위, 수출 3위의 나라가 됐다. 한국에서 볼 때, 대중 수출은 한국 GDP의 10% 정도이며, 한국 수출 전체의 약 25%에 가까운데, 이것은 대미·대일 수출을 합친 것보다 많다.

맺음말

돌이켜보면, 노태우 대통령의 5년 임기 안에 대한민국은 '북방정책'을 통해 북한과의 관계에서는 물론 대외관계 전반에서 커다란 변화를 보여주었다.

외교적 '영토'는 지난날에는 생각하기 어려울 정도로 넓어졌고, 대한민국 국민은 세계의 모든 지역에서 자랑스럽게 활동할 수 있게 됐다.

오늘날의 시점에서, 두 가지만 말하고자 한다. 첫째, 1993년 3월 이후 발생한 북핵위기로 말미암아 「남북기본합의서」와 「한반도의 비핵화에 관한 공동선언」이 사실상 실효된 것이 무척 아쉽다. 그러나 그 두 역사적 문서에 담긴 정신을 남과 북이 앞으로 지향해야 할 길을 밝히고 있다. 둘째, 한·중관계를 어떻게 유지할 것인가의 문제다. 지난 정부에서 한·중관계에 역점을 두느라 한·미관계를 소홀히 한 인상을 주었다. 이에 대한 반발로 새 정부에서는 한·미관계에 역점을 두어 한·중관계를 소홀히 하는 것이 아니냐 하는 우려가 제기되고 있다. "미국이냐 중국이냐?"가 아니라 '미국과 중국!' 모두를 종합적으로 고려해야 할 것이다.

回顾北方政策及韩中建交的点点滴滴

金学俊 檀国大学客座教授、韩中建交30周年纪念活动筹备委员会顾问

　　韩中建交的基础是卢泰愚总统大力推进的北方政策。卢泰愚在1987年12月16日的总统选举中承诺，将推进北方政策，与当时的苏联、中国、东欧国家等共产主义国家建交，扩大韩国外交的行动范围，改善南北关系，建立统一的框架。也就是说，通过北方政策的成功，结束分裂，开启统一时代，将韩半岛培养成东亚的中心国家，而不是世界的边缘国家。

　　因为有国内条件支撑着卢泰愚，所以他的抱负并非是无视现实的妄想。

　　第一，民主化的开始。卢泰愚于1987年发表了《6.29宣言》，从而与在野党达成协议，实行总统直选制度修宪，并于1988年2月实现政府和平换届。根据韩国宪法，他在1987年12月16日举行的总统选举中当选，1988年2月25日就任第13任总统后，逐步实现自由化和民主化之路。这提高了国际社会对韩国的正面认识。

　　第二，经济成就。曾给人一种"贫穷国家"印象的韩国自1988年以后经济持续增长，并成为贸易大国，人均收入也以惊人的速度增长。这使得国内经济濒临破产的苏联将韩国视为可以为其提供经济支持的国家之一，而实行改革开放政策的中国则将韩国视为可开展经济合作的国家之一。

　　卢泰愚对北方政策的热情在1989年1月17日举行的新年记者招待会上便可知晓。他在加强与美国、日本等传统友邦合作的同时，决心"积极发展与苏联、中国、东欧等社会主义国家的友好关系，进而推进成熟统一环境的北方政策"。

　　继韩苏建交和与朝鲜同时加入联合国后，韩国又与中国建交。1992年8月24日，韩中两国正式宣布建交，这是卢泰愚追求的北方政策的最终目标。之后，他于9月27日至30日对中国进行国事访问，会见了时任杨尚昆主席、李鹏总理和江泽民总书记。此后的30年里，两国关系在各方面迅速发展。特别是在经济领域关系密切，韩

国成为中国进口和出口第一位和第三位的国家。从韩国的情况来看，对华出口占韩国GDP的10%左右，接近韩国出口总额的25%左右，超过对美、对日出口额总和。

回顾过去，在卢泰愚总统的5年任期内，韩国通过北方政策显示出整体外交关系的变化。外交范围扩大到过去难以想象的程度，韩国国民可以在世界所有地区自豪地进行活动。

세월이 흘러야 알 수 있는 것,
일구견인심(日久見人心)을 생각하다

• 천진환 김구재단 부이사장, 前 LG중국본부 사장

내가 중국에 관심을 갖게 된 것은 연세대 정치외교학과를 졸업한 후 당시 중화민국 외교부장(외무장관) 선창환(沈昌煥) 외교부장의 초청으로 나와 내 동기동창인 김달중(전 연세대 교수)과 같이 대만으로 유학을 가면서부터이다. 그리고 나는 유학과 동시에 사상계(思想界)의 장준하 선생님의 권유로 사상계의 중화민국 특파원이 되어 바쁜 나날을 지냈다. 또한, 집안 어른들과의 친분관계로 김신 주중화민국 한국대사님 관저에서 지내면서 근대사의 한·중관계에 대해 그분으로부터 많은 것을 배울 수 있었다. 당시 대만은 한국보다 잘 사는 곳으로, 한국이 이곳으로부터 배울 것도 많았다. 바쁜 생활 중에 중국어와 중국인들의 관습을 배우며 나도 중국문화에 젖어들었다. 그 당시 그들의 대인 기품과 베풀 줄 아는 모습 그리고 특히 기독교로 무장한 장개석 총통의 부인인 쑹메이링(宋美齡) 여사는 나에게 매우 깊은 인상을 주었다. 중국 사회와 정치 관련 배움, 중국인들의 생활습관을 현장에서 배우는 삶의 체험 그리고 기독교에 대한 나의 믿음은 이렇게 지금까지 이

어지고 있다.

원래 나는 대만에서 석사학위를 마치고 미국 네브라스카대학에서 중국 정치 전공으로 박사과정을 밟고 교수가 되고자 하였다. 그러나 미국 유학 중에 고 이양구 동양시멘트 회장님과의 만남을 시작으로 박사과정만 마치고 인생이 바뀌게 되었다. 나는 이러한 계기로 한국에 돌아와 동양시멘트에서 첫발을 내딛게 된다. 이후 1984년 LG상사 상무이사로 자리를 옮겼고 그 후 LG상사 대표이사 사장, LG그룹 중국지역본부장을 거치며 직장생활을 마쳤다. 대만에서의 유학 생활, 미국에서의 유학 생활, 그리고 홍콩에서 그룹의 동남아지역본부장 생활, 베이징에서의 생활은 모두 이렇게 연결되었다. 특히 베이징 LG중국본부에서 일하게 되면서 베이징대학 국제관계학원 량소우더(梁守德) 교수를 만나게 되어 그곳에서 남은 학위를 마칠 수 있게 되었다. 반백의 노년에게 새로운 활기를 불어넣어 주신 은사님께 지금도 감사한 마음으로 살고 있다.

기업에서 은퇴 후에는 모교 연세대학교 국제학대학원 특임초빙교수로 임명되어 중국 경제 및 중국 비즈니스를 5년간 강의하고 동시에 중국 전문가 교육과정을 맡아 운영하다가 인천대학교 홍철 전 총장의 권유로 인천대학교 중국학연구소를 설립하여 6년간 초대소장을 맡기도 하였다. 대학에서 강의하고 싶었던 나의 꿈이 결국 은퇴 후에 이뤄진 것이다. 이러한 것들이 모두 인연이 되어 대학에서 후학을 가르치는 일에도 종사할 수 있었고, 다시 김구재단과 베이징대학 국제관계학원과 연결하게 된 것도 작은 보은이 아닌가 생각한다. 결국, 회사 일과 교학 업무를 같이 한 것이니 이 모든 것이 하나님 뜻이라고 믿는다. 하여튼 중국과 미국 문화권에서 공부하며 기업과 대학에서 일할 수 있었다는 것은 축복이라 믿는다. 내가 이렇게 중국과 인연을 맺고 공부하고 가정을 이루고 관련한 일을 하게 된 것은 20년간 이화대학교 가정학과에서 학과장을 역임하시고 다시 연세대학교로 옮기셔서 우리나라에

서는 처음으로 가정대학을 설립하신 초대학장 최이순 교수님이 나의 인생의
사표가 되었기 때문이다. 그분이 바로 내가 가장 사랑하고 존경하는 장모님
이시다. 장모님으로부터 받은 사랑을 아내에게 제대로 돌려주지도 못하고
평생 고생을 시키는 것 같아 자주 마른 눈물이 흐른다. 장모님과 아내를 위
해 하나님께 기도하는 이유도 다 그렇다!

　지금 나의 생활은 대만, 미국, 홍콩, 베이징의 다양한 삶의 경험을 거쳐, 이
제는 한국에서 다시 빙그레그룹 김호연 회장님의 부인이신 김미 박사(김구
선생님의 손녀, 베이징대학 국제관계학원 박사)와의 과거의 인연으로, 대만
유학시절 인연의 연장과 같이 김구재단에서 봉직하고 있다. 백범 김구 선생
님이 조국광복을 위해 중국에서 고군분투한 애국충정을 기리는 관련 연구를
포함하여 전 세계에 이 뜻을 전하는 것이 재단의 일이고, 이 부분에서 국제적
교류를 담당하는 것이 나의 업무다. 현재 아이비리그 대학을 포함하여 대만
그리고 중국의 베이징대학에도 관련 연구기금을 지원하고 있는데, 이러한 이
유로 나와 중국의 인연은 지금까지 계속되고 있다.

　나는 내가 베이징에서 근무하는 동안, 중국 현지 직원들을 많이 채용하고
이들의 국제화 교육에 전념하면서 한국 역사와 기업 관련 교육을 받게 했다.
중국의 일류대학을 나온 많은 젊은이가 LG에 들어와 자랑스럽게 배우고 일
하는 것은 나에게는 큰 기쁨이자 기업으로써는 미래 지향적 투자라고 생각
했다. 이러한 일을 하는데 천정학 LG인화원 출신과 단국대학교 김진호 교수
를 비롯한 관련 교육 전문가들의 도움이 매우 컸다. 그러나 1997~98년 한국
의 금융위기는 중국에 진출한 한국기업에 위기가 되었다. 결국, 톈안먼(天安
門) 근처 건국로(建國路) 도로변에 건설하고 있던 LG트윈 빌딩 건설도 위기
에 봉착하게 되었다. 이러한 어려운 상황에서 중국인들의 도움으로 공사를
다시 시작하게 된 것은 중국인들의 상업적 지혜와 더불어 그들이 중시하는
신의도 중요한 역할을 했던 것이라 본다. 이전에 잘 알고 지내던 중국인들이

이 공사가 꾸준하게 진행되도록 홍콩의 자금까지 동원하며 지원했기 때문에 베이징 수도 중앙에 LG트윈타워가 들어서게 된 것이다.

내가 중국에서 지내는 동안 나는 많은 사람에게 식사 대접을 했고, 때론 내가 직접 가지 못해도 대신 직원을 보내 식비를 계산하게 했다. 이때 사귄 친구 중에는 나보다 20살 이하의 젊은이도 많았다. 그래도 대만에서 배운 중국 사회 관습을 눈여겨보면서 나는 항상 이들에게 따듯하게 대해주었고, 그들과 만나 환담하는 것도 좋아했다. 이러한 중국 사회에 대한 나의 학습은 중국인들과의 인연으로 이어지고 이것이 상호 신뢰로 싹터 결국 사업에 도움을 받게 되는 일이 많았다는 것은 누구나 있는 일 같겠지만, 중국인은 자신을 알아봐 주는 사람에게 신의를 지킨다는 것은 시간의 문제일 뿐 고금을 통해 변화가 없는 것으로 보인다. 그중에 기억도 남고 아직도 가끔 안부를 전하는 젊은 친구들이 있다. 그중 하나는 베이징강철대학(鋼鐵大學; 현재 과학기술대학) 교수의 아들인 무쥔(穆軍)이라는 친구다. 이 친구는 항상 책 읽기를 좋아해서 늦잠을 자기는 하지만 머리가 매우 좋은 사람이고 중국사회에서 해결하기 어려운 문제에 대한 해결방법 등 많은 자문을 했다. 지금도 자주 만나 여러 대화를 하는데 요즘은 '코로나-19' 방역으로 서로 직접 만나지 못하고 지내 아쉽다. 또 다른 한 친구는 한팡밍(韓方明)이라는 젊은 친구로 당시 무쥔과 같이 내 사무실에 자주 놀러 오던 총명한 친구다. 베이징에서 대학을 다니고 박사과정까지 마친 한 박사는 고향인 차하얼(察哈爾)을 브랜드로 차하얼학회를 만들어 한·중교류에 많은 역할을 하는 사람으로 성장했다. 이 두 친구는 배우기를 좋아하는 특징을 갖고 있기도 했지만, 중국인 전통문화가 되어버린 불교에 남다른 관심을 보이던 친구들이다.

결국, 공부하기를 좋아하고 두루 사람 사귀기를 좋아하며 종교적 수양이 있는 사람은 결국 무엇인가 성취하는 것 같다. 내가 중국인들과 경험한 일화는 말로 다 풀기가 어렵다. 내가 어려울 때 도와준 친구도 있고, 혹은 개인적으로 내가 좋아 자주 찾아오는 환담하기 좋아하는 친구 등, 상당히 많은 부류의 사람을 만났다. 그러나 중국인과의 교재는 시간의 여유를 두고 천천히 사귀며 신뢰를 형성하는 것이 중요하다는 것을 나도 한참 후에 깨닫게 되었다. 단기적 목적보다는 사람을 장기적으로 그리고 항상 평상심을 유지하며 오래 만나다 보면 언젠가 친구의 옥석이 구분된다는 것이다. 내가 만난 사람이 아주 많고 옛 추억을 되돌아보면 나도 많은 실수를 하지 않았나 하는 생각이 들기도 한다. 당시에 조금 더 관심을 두고 그들과 오랜 교류를 통해 진심이 통하는 단계로 갔다면 나는 좋은 친구를 더 많이 얻을 수 있었을 것이다. 중국 말에 "말(馬)은 길이 멀어야 말의 힘을 알고, 사람(人)은 시간이 지나야 그 친구의 진심을 안다"는 말이 있다. 사람은 오래 사귀어 봐야 한다는 얘기다. 이것을 확장해 보면, 한·중관계도 국가 간 관계 외에도 '인간 대 인간의 관계'라는 면을 고려하면 더 자주 만나며 소통하면 어려운 문제도 조금 쉽게 해결할 수 있지 않나 본다.

중국인들과 만남 그리고 한국기업과 대학에서의 생활로 나와 나의 중국과의 인연은 아직도 이어지고 있다. 김구 선생님 가족과 같이 '조국 사랑'을 전 세계에 펼치고 다니는 것도 교회에 나가 하나님을 찾는 것도 나와 그 긴 여정을 같이 해 준 아내가 있어서 가능했던 일이다. 그리고 세계를 돌아다니며 공부하던 자식들이 손자와 손녀를 낳아 대를 잇는 것도 모두 하나님께 감사하며 지내야 하는 일이라고 본다. 이런 여러 일을 회상해 보면 나는 중국인에게도 많은 신세를 지고 살아왔다. 그들을 도와준 것도 있지만, 그들과의 교류를 통해 이룩하고 연결된 일이 지금까지 이어진 것을 보면 한국인과 중국인은 오랜 소통 속에서 서로의 희로애락을 느끼며 변화하고 성장해 온 것으로 보인다. 미국을 포함한 서구의 사상과 문화가 한국에 들어와 많은 시간이 지나도 전통적 한국인의 유전자 속에는 한반도문화의 특성으로 대륙문화와 해양문화가 융합되며 나타나지만, 여기서 육지로 연결된 대륙과 한반도의 인연은 앞으로도 반복적으로 지속할 것이다.

한·중수교는 나에게 중국이라는 미지의 세계에서 한국기업이 자리 잡고 발전할 수 있는 업무를 할 기회를 주었다. 그 과정에서 중국 사회에 한국기업이 공헌한 내용도 적지 않다. 수많은 공장 건설과 업무, 교육과 인재 양성, 이런 활동이 중국 개혁·개방이 꾸준하게 성장할 수 있도록 도왔다고 생각한다. 즉, 한·중수교는 한국과 중국 양국에 모두 도움이 된 30년이라고 생각한다. 국제정치적으로 새로운 바람이 불고 그 바람이 가라앉는 데는 시간이 걸린다. 시대의 변환이라는 것이 사람의 힘으로만 된다고 보지는 않는다. 앞으로 30년이라는 시간에 중국도 많은 변화를 하게 될 것이고, 대한민국도 아주 많이 변화할 것이다. 국제사회라는 지구환경에서의 국가 간 활동의 조합도 적지 않은 변화가 있을 것이다. 국가 간 관계, 기업 활동과 무역과 관광, 이러한 모든 문제가 사람 사이의 협상을 통해 진행되고, 믿음을 통해 미래를 만들 수 있다는 것을 고려하면 한국과 중국은 서로에 대한 신뢰를 더 회복하고 국제사회를 보며 양국관계를 형성하면서 장기적 시각으로 젊은이들에 대한 투자와 기회를 확대해야 할 것이다.

한·중수교 30주년이 이룩된 그 날을 생각하고 우리 개인의 과거를 보면 앞으로 무엇이 우리에게 더욱 중요한지 잘 이해할 수 있을 것이다. 우선, 대한민국 젊은이들의 교육과 취업 그리고 미래비전이 한·중관계를 포함한 한국의 대외관계를 결정하게 된다는 면에서, 교육과 산업 30년의 꿈을 젊은이들에게 투자하는 것은 국가발전에 큰 도움이 될 것이다. 그리고 이들이 올바른 대외관을 갖도록 합리적인 국제교류를 늘리는 것은 매우 중요한 과제다. 지난 30년이 주마등처럼 스쳐 간다. 미래를 보고 현재를 사는 대한민국이 되었으면 한다. 남을 잘 알고 교류할 수 있는 지적 네트워크의 빅데이터가 그 어느 때보다도 지금 우리 사회에 필요하지 않을까 하고 생각해 본다.

我与中国的不解之缘和我眼中的中国朋友

千辰焕 金九基金会副理事长、前LG集团中国区总裁

　　我在中国工作生活的时期，曾经招待不少人吃饭，有时因为忙即使我去不了也会派员工去帮对方买单。那时候交的朋友很多比我小将近20岁，用我在台湾学到的接人待物习惯，我热情待人并很喜欢和他们畅谈。我对中国社会的学习让我与很多中国人结下不解之缘，互相积累起信任最终在事业上也成就了彼此。在我看来，中国人对于赏识自己的人非常守信用讲义气，这一点似乎从来没有改变过。其中我和好几位年轻朋友一直保持着联系。

　　其中一位是北京科技大学教授的儿子穆军，这位朋友爱好读书，虽然喜欢睡懒觉，但头脑非常聪明，我在中国遇到棘手问题的时候，他总是充当我的"军师"，我们经常见面聊天，最近因为新冠疫情无法见面令人遗憾。另外一位是经常来穆军办公室玩的朋友，名字叫做韩方明。这位聪明过人的朋友当时在北京大学博士毕业后，创立了察哈尔学会，为韩中交流发挥了重要作用。这两位朋友都十分好学，尤其对佛教抱有较大兴趣。可以说喜欢学习交友，并抱有宗教信仰的人最终取得了成就。

　　我和中国朋友的故事很难用三言两语来描述，既有在我困难时雪中送炭的朋友，也有我相见恨晚经常见面的朋友。和中国人交朋友不能操之过急，应在慢慢了解对方的过程中积累信任，这是我之后才悟出的道理。比起短期内抱有目的性接近，保持平常心长久建立起的友谊才是真朋友。

　　我在中国结交的朋友很多，现在有时候回忆起当时，可能我也犯下了不少失误。中国有一句话"路遥知马力日久见人心"，这句话同样也适用于国与国之间，国家关系说到底也是人与人的关系，应经常见面沟通，这样才有利于解决问题。

　　韩中建交对我来说是打开了一个未知的新世界，为韩国企业提供了可以扎根发

展的机会。在这一过程中，韩国企业对中国社会也作出了不小的贡献，建设工厂、培养人才，为中国的改革开放经济发展提供帮助。我认为韩中建交后的30年对于两国来说都是大有裨益的30年。

如今国际政坛刮起了新风向，待风平浪静仍需一段时间。所谓时代变更仅靠个人力量难以实现，今后的30年中国和韩国还将面临着新的变化。国际社会中的国家间的合作也将发生变化，外交、企业活动、贸易、旅游，所有问题都通过人与人之间的协商进行，通过互信创造未来，韩国和中国也应恢复对彼此的信任，从长远来发展两国关系，这将为两国的年轻人提供更多的投资和发展机会。

回望韩中建交的30年，同时会看我们每个人的过去，会更加明白今后对我们来说究竟什么更重要。首先，韩国年轻人的教育、就业、未来发展对包括韩中关系在内的对外关系起着决定性的作用，如何使他们拥有正确的对外观念，增加合理的国际交流至关重要。过去三十年弹指一挥间，希望韩国可以活在当下、放眼未来，韩国现在比任何时候都需要了解他人并与之交流的大智慧。

역사의 계승,
새로운 도전

飮水思源

물을 마시는 사람은 우물 판 사람의 업적을 생각함

만절필동(萬折必東)의 한·중 의회외교

• 문희상 한중수교30주년기념사업준비위원회 명예위원장, 前 대한민국 국회의장

중국과의 인연: 만절필동(萬折必東)

1992년 8월 24일, 지금으로부터 30년 전에 한국과 중국은 외교관계 정상화를 선언했다. 노태우 정부의 '북방외교'와 덩샤오핑 지도부의 '개혁·개방' 노선이 서로 연결되며 교류의 물길을 열었다. 한·중 교류의 과정은 늘 순조롭기만 했던 것은 아니다. 그러나 어려움이 있어도 중국 대륙(大陸)을 가로지르는 황하처럼 굽이치고 굽이치며 30년의 세월을 흘러오고 있다.

필자는 2019년 5월 국회의장으로서 중국에 공식 방문했을 때까지 총 28차례에 걸쳐 중국에 방문했다. 젊은 시절부터 베이징, 상하이와 같은 대도시는 물론이고 시안, 둔황, 우루무치 등 실크로드 여정도 다녀온 바 있다. 중국의 대도시를 방문하여 그 규모에 놀란 적도 있지만, 실크로드 여정 속에서 바라본 대륙의 모습은, 내가 중국의 지리, 역사, 문화 등을 온몸으로 체험할 좋은 기회였다. 특히, 실크로드 여정에서 마주했던 황하의 모습에서 인생사 만절

필동(萬折必東)이라는 공자 말씀을 이해할 수 있었다.

황하는 대륙의 젖줄이며, 고산지대, 사막, 평원 등 여러 지형을 일만 번 굽이치며 동쪽으로 향한다. 공자는 이런 황하를 일컬어 "황하가 일만 번을 굽이쳐 흘러도 반드시 동쪽으로 향한다(黃河, 其萬折也必東)"고 했다. 이를 줄여 만절필동(萬折必東)이라고 한다. 모든 일이나 관계는 모두 난제가 존재하지만, 일련의 시간이 누적되며 역사의 흐름을 이루고 굽이치며 한 방향으로 나아가게 된다. 본인은 '만절필동'이라는 명언을 평생 가슴에 새기고 있다. 심지어, 2019년 2월, 당시 국회의장으로서 미국 워싱턴 D.C.의 국회의사당을 방문했을 때 낸시 펠로시(Nancy Pelosi) 미 하원의장에게 서예 작품을 직접 써서 전달한 적 있는데 그때 쓴 글씨가 바로 '만절필동(萬折必東)'이었다.

최근 한·중관계를 생각해보면, 다양한 분야에서 갈등이 확대되고 양국 국민 간 정서가 악화되고 있는데, 이런 안타까운 상황을 보면서 '만절필동'의 뜻을 다시 꺼내어본다. 미시적으로는 작금의 상황이 '디커플링(decoupling)'으로 향하는 것 같지만, 거시적으로 보면 결국 한·중 양국의 관계는 기존의 양적 발전에서 질적 발전으로 점차 성숙해지는 단계에 있다고 볼 수 있다.

대한민국은 남북 분단국가로서 '미·중·일·러 4강(四强)'으로부터 직접 영향을 받고 있다. 한국에게 있어 가장 중요한 관계는 물론 한·미동맹관계이다. 한·미동맹은 근간이고 여기에 한·미·일 공조는 매우 중요하다. 본인도 2019년 2월 당시 야당 원내대표(나경원 전 의원)와 함께 낸시 펠로시 미 연방 하원의장을 만나 한·미동맹의 중요성을 여러 차례 강조했다. 그러나 우리가 주의할 점은 미·중 갈등이 있다고 하여 우리가 중국을 배제하는 정책으로 갈 필요는 없다는 것이다. 한국이 한·미동맹을 근간으로 한·미·일 공조를 강화해나간다면, 북·중·러도 우리를 무시할 수 없는 구조이다.

한국은 미국 주도의 샌프란시스코 체제와 한·중·일 공동의 동북아 지역평화의 두 굴레 속에서 주변국들과 공조를 강화하는 한편 우리의 평화와 국익을 추구해나가야 한다. 이런 관점에서 근본을 잃어버리면 안 되겠지만, 미·중 양쪽 다 끌어안는 외교를 지켜나가야 한다. 본인이 중국을 중시했던 이유도 미·중 양자택일을 위한 것이 아니라 평화와 번영의 미래를 위한 '만절필동'의 길을 지키기 위함이다.

한·중관계는 우여곡절이 있었지만 30년의 세월 동안 다양한 분야에서 협력하고 있다. 한국에 있어 중국은 1) 경제적인 중요성, 2) 남북관계, 3) 동북아 전반의 관계, 4) 환경문제 등에 걸쳐 중요한 협력 파트너이다. 2008년, 한·중 양국의 관계는 전략적 협력 동반자 관계로 격상되었으며 향후 동아시아 역내 이슈를 포함해 그 협력 범위가 더 넓어지고 있다.

그러나 한·중 양국 간에는 그 정치체제의 상이함이 존재하고, 한반도 문제를 둘러싼 이견도 존재한다. 본인은 정치인으로서 의회외교를 활성화하며 이런 견해차를 좁히고자 했다. 대표적으로 중국은 한국과 달리 '당-국가체제'로서 중국 공산당이 국가의 체제를 영도하는 시스템이다. 나는 2005년 9월 열린우리당 의장으로서 방중하여 열린우리당과 중국 공산당이 '자매결연'을 맺었던 일이 있었는데, 이는 이런 노력의 일환이었다. 2019년 5월 대한민국 국회의장으로서 공식 방중한 것도 정부 간의 난제를 '의회외교(議會外交)'로 풀어보고자 한 본인의 결단이었다.

2005년 9월 열린우리당 의장으로서 방중

2005년 9월 22일부터 24일까지 2박 3일간의 일정으로 중국 베이징에 방문했다. 당시 본인은 열린우리당 의장으로서 중국 공산당의 초청을 받아 한·중 의회외교 협력 강화를 위한 사명을 갖고 베이징 땅을 밟았다. 22일 도착 후, 본인은 베이징 조어대에서 당시 류원산(劉雲山) 중국 공산당 선전부장과 함께 한국 열린우리당-중국 공산당 간의 합의각서를 교환했다. 중국 공산당은

2004년 17대 대한민국 국회 개원 이후 열린우리당에 교류협력을 위한 합의각서 체결을 먼저 요청했었고, 당 지도부와 당원의 상호방문을 포함한 다양한 교류 지원의 내용을 담았었다.

우리나라 정당 역사에서 중국 공산당과 교류협력 합의각서를 체결한 것은 처음 있는 일이었으며, 한·중 정당 교류의 새로운 모멘텀을 만드는 사건이었다. 앞서 설명한 것처럼 중국은 '당-국가체제'의 국정운영 시스템을 갖고 있어 중국 공산당은 민주주의 체제 내의 다당제 정당과는 다른 체제이다. 한·중 양국의 서로 다른 정치체제에서 양국이 정당정치, 나아가 의회정치 분야에서 서로 교류하고 연락할 수 있다는 것만으로도 한·중관계의 진일보한 발전을 이룬 성과였다고 평가하고 싶다. 1992년 8월 24일 이상옥 당시 한국 외무장관이 첸치천 중국 외교부장과 양국 외교 수립에 관한 공동성명에 서명

2005년 9월 23일 후진타오 국가주석의 환대를 받던 문희상 열린우리당 의장 (출처: 저자 제공)
2005年9月23日，时任开放国民党议长的文喜相受到时任中国国家主席胡锦涛的热情接待。(照片来源：作者提供)

하고 교환했던 조어대(釣魚臺)에서 한·중관계에 있어 또 다른 의미 있는 일을 실현한 순간이었다.

23일, 베이징 인민대회당에서 후진타오(胡錦濤) 당시 중국 국가주석의 환대를 받았다. 2005년 9월 19일, 제4차 6자회담의 회담 타결을 통해 「9·19공동성명」을 이끌어냈다. 중국은 6자회담의 의장국으로서 회담 타결을 위해 노력해주었고, 본인은 열린우리당 의장으로서 노무현 당시 대통령의 '감사의 뜻'을 후진타오 국가주석에 전달했다. 본인은 6자회담의 공동선언 이행을 위해 앞으로도 지속해서 협력해나가자는 원칙을 제시하기도 했다. 또한, 한국은 성공적인 올림픽 개최 경험이 있는 국가로서 2008년 베이징올림픽의 성공적인 개최에 적극적으로 협조하겠다는 의사도 전달했다.

현재의 시점에서 돌이켜보면, 2005년 그 시기가 한·중관계에 있어 황금기였던 것 같다. 「9·19공동성명」 발표 직후, 중국 공산당의 초청으로 진행되었던 본인의 방중 일정은 환대의 연속이었다. 한·중 간의 정당교류도 더 확대될 것이고, 한반도 문제에도 진전이 있을 것으로 보였으며, 「9·19공동성명」에 따른 동북아 지역협력도 더 강화될 수 있을 것만 같았다.

사건은 쌓이고 시간은 흐르며 역사라는 흐름은 굽이치고 굽이쳤다. 그간에 난제들은 산적했지만 한·중관계는 만절필동하고 있었다.

2019년 5월 대한민국 국회의장으로서 방중

2019년 5월 6일부터 8일까지 2박 3일간의 일정으로 중국 베이징에 방문했다. 본인은 국회의장으로서 중국에 공식 방문했다. 이번 일정은 개인적으로 쉽지 않았다. 심혈관계 긴급시술을 받아 정상적인 몸 상태가 아니었지만, 중국과의 약속을 지키기 위해 방중을 강행했다. 이번 방문 목적은 크게 세 가지였는데 첫째, 신임 양국 의회 정상 간 첫 만남을 통한 의회외교 복원, 둘째, 한반도 평화 프로세스에서 중국의 역할 강조, 셋째, 사드보복 이후 경제, 통상, 환경 분야 등 공통 현안에 대한 공동 대응 방안을 마련하는 것 등이었다. 어느 하나도 쉽지 않은 현안이었기에 굳은 결심으로 임했다.

이 방중 일정 동안 나는 당시 국회의장 격인 리잔수(栗戰書) 전국인민대표대회 상무위원장과 양제츠(楊潔篪) 중앙정치국 위원 겸 중앙외사공작위 판공실 주임 왕치산(王岐山) 국가부주석 등을 만나 깊이 있는 면담을 진행했다.

리잔수 전국인민대표대회 상무위원장과 당시 대화 나눴던 것이 기억난다. 리잔수 위원장은 내게 "여의도 포청천"이라는 별명이 있다는 것을 알고 있다며 분위기를 화기애애하게 이끌었다. 중국 서열 3위인 리잔수 위원장은 특히 심혈관계 시술을 받고 바로 방중한 본인에게 "고맙다", "감동이다"라는 말로 환대의 말을 덧붙였는데 아프길 잘했구나 하는 생각마저 들었다.

본인은 리잔수 위원장에게 몸이 불편하더라도 현재의 시점이 너무 중요해서 왔다는 것을 강조하며 한·중 의회외교의 복구, 한반도 평화 프로세스에서의 중국 역할, 사드문제 해결, 미세먼지 분야에 대해 일일이 제안 및 논의했다. 남북 이슈에 있어서 한·미·일 간에 갈등이 존재하지만, 신뢰의 기본적인 틀을 유지하는 것은 중국뿐임을 강조했고, 북한을 설득해 신뢰를 회복하는 데 앞장서 추진해달라 당부했다.

한·중 간에 가장 민감한 이슈였던 사드에 관해서는 리잔수 위원장도 매우 신중한 모습을 보였다. 토씨 하나라도 틀리지 않도록 사드 관련한 중국 입장문을 준비해 그대로 읽었다. 중국의 입장에 대해 듣고 나서, 본인은 "한반도 비핵화 문제가 해결되면 저절로 끝날 문제이다"며 원론적으로 대응했다. 미세먼지 문제도 논의했다. 리잔수 위원장과 논의하여, 한·중 의회가 미세먼지 관련해 통과한 법률을 상호 교환 및 검토하고 공동 대처 가능 방안을 모색하자고 합의했다. 첫술에 배부를 수는 없지만, 양국 간의 입장을 서로 직접 대화를 통해 확인했다는 것만으로도 일단 큰 의미가 있다고 생각했다.

2019년 5월 7일, 문희상 국회의장과 리잔수 중국 전국인민대표대회 상무위원장 (출처: 국회뉴스 ON)
2019年5月7日，国会议长文喜相与中国全国人民代表大会常务委员会委员长栗战书会面。(照片来源：
国会新闻ON)

　　2019년의 방중 일정은 2005년 때와 비교해 어려움이 많았다. 중국의 국력
상승에 더해 한·중 간에 사드문제가 겹치면서 베이징 정계의 공기가 달라졌
음을 체감할 수 있었다. 이런 난관이 존재하여도 국회의장으로서 리잔수 전
국인민대표대회 상임위원장과의 회담을 통한 '의회외교'를 진행했던 것은 당
시 하나의 맥락이 있다.

　　개인 컨디션은 좋지 않았지만, 국회의장으로서 2019년 2월 미국 방문, 5월
중국 방문, 러시아 및 발트 3국을 방문하며 의회외교 활동을 이어갔다. 이와
별도로 2017년 5월에는 문재인 정부의 일본 특사로 다녀왔던 것도 포함하면
전방위로 주변 강국 외교에 힘을 써온 셈이다. 모든 일정을 마무리하고 2019
년 6월 28일 본인은 국회의장으로서 의회외교포럼 출범식에 참석해 15명의
중진의원에 임명장을 수여했다. '외교입국(外交立國)'이라는 기치 아래 의회
외교를 보다 활성화하며 국제 인적 네트워크를 넓게 확장하고, 국내 정책 입
법에도 외교 사안에 관한 내용을 적극적으로 반영하기 위한 목적이 크다.

　　한·중관계도 마찬가지로 의회외교포럼을 하나의 플랫폼으로 하여 의회

차원에서 초당적 협력과 입법 분야 협력을 통해 해결해가는 시스템을 착근하고자 하는 것이었다.

맺음말

2005년 열린우리당 의장, 2019년 대한민국 국회의장으로서 중국에 공식방문해 의회외교를 전개하는 과정을 설명하면서 본인과 중국의 관계를 설명해보았다. '만절필동'의 과정이지만 우리가 잊어서는 안 될 것이 있다. 하나는 '무신불립(無信不立)'이다. 개인과 개인, 국가와 국가, 개인과 국가 간의 관계에서의 핵심은 결국 '신뢰'라는 것이다. 또 다른 하나는 '화이부동(和而不同)'이다. 서로 같지는 않지만 조화를 이루어 함께한다는 정치의 요체를 짚어낸 혜안이다.

2005년 방중에는 상이한 정치체제이지만 당과 당의 협력각서를 교환한 것도 결국 무신불립, 화이부동의 원칙에서 진행한 것이며, 2019년 좋지 않은 컨디션으로 방중 길에 나선 것도 상호 간에 쌓은 신뢰를 지키기 위한 것이다. 몇 개의 표면적인 사건에 매몰되지 말고 서로의 신뢰를 군건히 지켜나가며 서로가 다름을 인정하는 지혜가 필요한 요즘에 반추하고 또 반추할 가치가 있다고 생각한다.

본인은 40년 넘는 정치 활동을 토대로 만절필동의 세월을 살아왔다고 생각한다. 한·중수교 30주년을 맞은 2022년에 '장강후랑추전랑(長江後浪推前浪)'이라는 중국의 유명한 문장을 떠올려보게 된다. 중국 장강의 뒷물결이 앞물결을 밀어낸다는 뜻이다. 한·중관계도 미래의 30년을 설계해야 할 시점에 한·중 청년층을 중심으로 양국 정서가 악화일로에 있다는 것은 정말 안타까운 일이다. 이제는 한·중의 새로운 세대가 '온고지신(溫故而知新)'의 마음으로 새로운 30년이라는 뒷물결의 동력을 보여주길 응원한다.

"万折必东"——我眼中的韩中议会外交

文喜相 韩中建交30周年纪念活动筹备委员会名誉委员长、前国会议长

孔子曰："(黄河)其万折也必东"，引申出"万折必东"一词，寓意万事不管遭遇几多曲折，总会按照历史的规律向着一个方向前进，这句话我一直铭记在心。

韩国和中国的关系又何尝不像黄河一样，在30年的历史岁月中蜿蜒曲折地向前发展呢？近来的韩中关系让我再次想起"万折必东"这句话。从微观上来看，最近的两国关系貌似向着"脱钩"的方向渐行渐远，但从宏观上来看，我认为韩中两国关系正从现有的量的发展朝着质的发展进行转变，进入更加成熟的阶段。

韩国应在由美国主导的旧金山机制和韩中日共同参与的东北亚地区和平机制下谋求和平及国家利益，因此需同时包容对华和对美外交。我认为重视发展对华关系并非意味着在中美之间选其一，而是遵循"万折必东"的规律维护我们的发展道路。

我作为政治家，一直致力于通过展开议会外交来缩小韩中两国之间的分歧。我曾于2005年9月以开放国民党议长身份、2019年5月以大韩民国国会议长身份两次正式访问中国，身体力行地践行议会外交。

▲ 2005年9月首次访华

2005年9月22日至24日，我对中国北京进行了为期三天的访问。当时我是以开放国民党议长身份，受当时的中共中央政治局委员、书记处书记、中宣部部长刘云山的邀请踏上了北京的土地。在北京钓鱼台国宾馆，我与刘云山部长就加强两党之间的合作交流交换了协议备忘录。韩中两国虽政治体制不同，但通过议会外交扩大两国交流，具有深远的意义。

23日，我在北京人民大会堂受到了当时中国国家主席胡锦涛的接见。中国当时作

为六方会谈的主席国，为9·19共同声明的签署付出了巨大努力。我当时向胡锦涛主席转达了卢武铉总统的诚挚谢意，并提出了努力履行9·19共同声明的合作原则。

回顾过去，2005年可以说是韩中两国关系发展的黄金期，我在访华期间受到了各界的热烈欢迎，韩半岛及东北亚区域等一系列合作似乎都很顺利。此后尽管时间流逝、形势变幻，历史潮流蜿蜒曲折，也遭遇了重重难关，但韩中关系始终"万折必东"。

▲ 2019年5月第二次访华

2019年5月6日至8日，我以国会议长的身份再次对北京进行了为期三天的访问。此次访华对我个人来说并不容易，当时我刚刚做完心血管紧急手术，健康状态不佳，但为了遵守与中国的约定还是踏上了访华之路。

我仍清楚地记得当时和中国全国人大常委会委员长栗战书进行交谈的情景。栗战书委员长在交谈中得知我不顾身体坚持访华，多次跟我说"非常感谢"、"很受感动"。我强调此次来访时机重要，并向中方提出恢复韩中议会外交、呼吁中方在推动韩半岛和平进程上发挥重要作用，妥善解决萨德争端，在防治大气污染领域进行合作等建议。

与2005年那次相比，2019年这次访华无疑遭遇了不少困难。我切身感受到北京政界的氛围发生了变化。在重重困难下，我作为韩国国会议长与栗战书委员长的会谈为两国的议会外交创造了合作空间。

【结语】

我在上文中对2005年和2019年两次对中国的正式访问进行了介绍，同时也是对我和中国之间关系的介绍。在这所有过程中，我认为最重要的是"无信不立"。信任是一切关系的基础，也是"万折必东"的重要原动力。韩中关系不能被一些细枝末节牵绊住，而应沿着两国交流的历史洪流奔涌向前。

30년 한·중관계의 장성(長城)을 쌓아올리자

• 곽영길 아주경제그룹 회장

'한중수교30주년기념사업준비위원회'가 조직된 이후 아주
경제는 꾸준하게 한·중관계 관련 행사에 협력해 왔다. 그
리고 이제 한·중관계의 과거와 현재 그리고 미래를 파노라
마처럼 바라볼 수 있는 한·중수교 30주년 기념 책을 출판
하는 과정에서 아주경제는 동아시아문화센터와 같이 관련
기사도 보도하며 책이 더욱 가치 있게 탄생할 수 있도록 노력해왔다.

한·중관계의 전후 과정과 그 이후의 발전을 모두 가까이서 지켜보며 지냈
고, 지금도 이와 관련된 언론 기업을 경영하고 있는 나에게 그 소회가 남다른
것은 말할 나위도 없다. 순천이라는 고향에서도 대학 생활과 직장생활에서
도 거대한 대륙 중국은 나에게 꿈이자 현실이었다. 이러한 생각이 동양철학
과 중국 관련 책을 탐독하는 것은 물론이고 직장생활을 하면서도 언젠가 중
국에 들어갈 수 있는가를 생각하며 지내게 했다. 이것이 운명이 되어 중국과
관련된 언론사를 창업하였고 이것이 씨앗이 되어 이제는 종합언론매체를 이
끌고 있다. 인생이란 것이 개인의 노력에 따라 새로운 미래를 만든다고 하지

만, 운명적인 것이 없다고 할 수는 없다고 본다. 전주고를 나와 고려대학을 다니면서도 나는 이러한 동양적 사고로 중국이라는 큰 대륙의 문화와 경제적 가치를 높이 보아왔다.

한·중수교는 한국과 중국이 서로의 필요에 따라 만난 현실 정치적인 것도 있지만, 과거 역사의 복원이라는 의미에서 동양의 가치관 확대와 교류라는 의미에서도 가치가 있다고 본다. 특히, 중국 경제의 부흥과 발전은 동아시아뿐만 아니라 세계 경제구조를 바꿔놓았다는 점에서 우리는 경제적 측면을 무시할 수 없을 것이다. 비록, 미·중 패권경쟁에 따라 그 정치 경제적 구조가 역내외로 복잡하게 움직이고 있지만, 중국의 개혁·개방과 경제발전으로 동아시아 전체 경제가 연행형으로 발전하고 있다는 것은 우리가 무시할 수 없는 동아시아지역의 국제적 부상이라 할 수 있다. 세계에는 유럽과 북남미, 대양주 및 아프리카도 있지만, 동북아와 동남아를 포괄하는 동아시아의 경제발전은 아마 중국의 개혁·개방정책의 성공과 그 학습효과가 크지 않았나 한다. 국가체제의 변화라는 것이 국제정치사에서 그리 쉽게 일어나는 것은 아니지만, 사회주의 국가에서 시장경제를 성공시킨다는 것은 인류 역사에서 조금 더 자세히 볼 필요가 있을 것이다. 나는 이러한 사고로 중국인들의 유전자(DNA)에는 상인의 지혜와 경제적 행복을 위해 노력하는 가족 지향적 가치관이 유전되어 오는 것은 아닌가 한다. 여하튼, 체면과 예절을 중시하며 국가와 가정을 중시하는 한국과 중국은 앞으로도 서로 배우며 그 관계를 돈독하게 해야 할 이유가 있다고 본다. 이것은 서로 가정을 기초로 생각하는 동양적 사고와 가족과 국가를 하나로 보는 국가(가국, 國家, 家國)의 문화적 유전자가 공존하기 때문이라고 본다. 이러한 내용을 보면 양국은 전쟁보다는 평화와 안정, 그리고 행복을 위해 살아온 전통이 존재한다는 것이다. 비록 자국의 안정과 경제적 영향력 확대를 위한 침략전쟁이 있었기는 하지만, 성을 만들고 자국의 안위를 지키기 위한 경제활동에 중점을 두었다는 면에서 양국은 농경사회를 중심으로 국민의 행복을 중심으로 국가를 경영해 왔다고 볼 수도 있다. 여하튼, 양국의 관계는 전통적으로 경제와 문화의 유대를 기초로 발전해 왔다는 것을 보면, 한·중 양국의 경제와 문화의 협력과 교류는 앞으로도 꾸준하게 발전해 나가야 한다고 본다. 대립과 마찰 그리고 외부적 강압은 상대방 국민을 힘들게 하고 결국 자국민의 행복에도 영향을 미친다는 면에서, 한국과 중국의 국민이 언젠가 '네 안에 내가 있고, 내 안에 네가 있는 진정한 좋은 이웃 국가의 참된 친구'가 되어야 한다고 본다.

1992년 8월 24일 한·중수교가 이루어진 시기, 나는 언제라도 빨리 중국에 들어가야 한다고 생각했다. 어려서 꿈꾸던 중국에 직접 들어가 현재 중국의 현황을 직접 보고 싶었다. 결국, 나는 문화일보 특파원으로 중국에 가서 여러 곳을 둘러보면서, 1993년 1월 1일 문화일보 신년특집으로 「대룡(大龍) 중국(中國)이 몰려온다」라는 전면기사를 썼다. 베이징, 상하이, 그리고 장쑤성(江蘇省)을 둘러보며 중국 경제의 현주소를 살펴보았다. 나는 중국은 내부갈등 문제를 해결하고 빠른 속도로 경제발전을 하게 될 것이며, 경제발전에는 만만디(慢慢的)가 없을 것이라고 했다. 상업적 유전자가 있는 중국인들은 사회주의 체제에서도 경제적인 문제에서는 정말로 빠르게 움직였다. 내 예상은 적중했다. 그렇게 빠르게 경제정책을 추진하던 중국은 1997~98년 아시아 금융위기에 자국 경제력을 활용하며 동아시아 국가들을 도우며 자신들의 영향력을 강화해 나갔고, 2008년 베이징올림픽에서는 중국 정부의 경제발전과 그 성과를 전 세계에 드러냈다. 1992년 '남순강화(南巡講話)'를 시점으로 개혁·개방이 본격적으로 추진되었다는 것을 보면 지금으로부터 30년 전의 일이다. 30년 만에 중국 전역에 고속전철을 연결하고 지방 농촌을 도시로 바꾼 것이다. 비록, 빠른 경제발전으로 그 부작용이 없는 것은 아니겠지만, 지구상에서 가장 많은 인구와 개발되지 않은 큰 영토를 갖고 있던 중국의 변화는 '상전벽해(桑田碧海)'라는 말이 무색할 뿐이다. 이 1992년이 바로 한국과 중국이 수교한 시기다. 중국이 30년 동안 바뀐 것에 비하면 이 30년간 한국의 발전속도는 중국의 발전속도에 미치지 못한 것은 사실이다. 그러나 14억 인구가 상업적 유전자로 부자가 되기 위해 노력하는데 우리 인구는 중과부적(衆寡不敵)이었다고 본다. 그러나 중국에 투자하고 서로 교역하면서 우리에게도 경제적 이익이 없었던 것은 아니다. 이러한 것을 고려하면, 한국은 중국 경제발전에 한국의 장점을 활용하여 꾸준하게 경제성장을 할 수 있는 전략을 갖고 있어야 한다고 본다.

이렇게 한국과 중국은 수교하여 서로에서 도움이 되는 관계로 발전해 왔다. 그리고 서로를 보며 경쟁의식도 갖고 한편으로 교류하기도 하고 한편으로 자국의 군사 및 경제안보를 위해 대립하기도 했다. 이러한 양국관계는 역사적 관계에서 봐도 그때와 별 차이는 없다고 본다. 그러나 우리에게 대한민국이 건국된 이후 중국보다 산업화와 도시화를 먼저 이루고 경제적으로 발전하며 과학기술, 경제, IT, 문화 등으로 중국에 영향을 미친 것은 과거의 역사에서는 보기 드문 일이 아니었나 한다. 즉, 한·중 양국이 경제와 문화의 발전을 이루는 과정에 서로 경쟁하면서 교류하고, 학습하면서 서로 시기하는 것은 당연한 일이라고 본다. 그러나, 좋은 이웃은 경제적 문화적 그리고 안보적인 입장에서도 서로를 잘 다루는 방법을 알아야 한다고 본다. 이것이 좋은 이웃 관계라고 생각한다.

나는 아직도 일찍 일어나 동양철학을 공부한다. 그리고 한국과 중국이 서로 좋은 관계로 꾸준하게 발전할 방법은 무엇인지 항상 고민하며, 좋은 방법은 바로 실천에 옮긴다. 이번에 출판될 이 책도 한·중관계 발전에 도움이 되리라는 생각에서 나도 최선을 다해 참여하고 있다. 좋은 책으로 한·중관계의 과거, 현재, 미래를 내다볼 수 있는 이 책이 양국관계의 발전에 작은 시금석이 되었으면 좋겠다.

세상에서 좋은 친구를 만나기도 어렵고 만들기도 어렵다. 이러한 인생의 진리에 따르면 30년의 노력으로 좋은 친구가 될 수 있는 단계에서 등을 돌리는 것은 친구를 원수로 만드는 일이다. 같이 노력하는 마음으로 한·중관계의 모래성을 장성(長城)으로 만들어나가야 할 것이다. 한·중수교 30주년 한국과 중국에 매우 뜻 있는 역사적 사건이라는 것을 기억하며, '음수사원(飮水思源)'의 마음으로 과거와 현재 그리고 미래를 연결하자.

韩中建交与两国关系的现状及未来

郭永吉 亚洲新闻集团会长

对于近距离关注韩中关系发展、现在还经营着与此相关的媒体企业的我来说，对于韩中建交30周年的感想与众不同。韩中关系不仅是现实的政治关系，也有着复原过去交流历史的价值。

特别是从经济层面来看，中国经济的复兴和发展不仅改变了东亚，还改变了世界经济结构。从这一点来看，我们不能忽视经济层面。由于中国的改革开放和经济发展，带动了东亚整体的经济发展，可以说东亚地区的崛起不容小觑。

1992年8月24日韩中建交的时候，我想无论何时都要尽快进入中国。我想亲自去看看小时候梦想的中国，亲眼看看现在中国的现状。最后，我作为《文化日报》特派记者去到了中国多地，并于1993年1月1日在《文化日报》上刊登了一整版名为《巨龙，中国》的新年特辑文章。我走访了北京、上海和江苏省，了解了中国经济的发展情况。

我当时预测中国在解决内部矛盾问题后，会快速发展经济。我的预想中了。凭借快速的经济增长，中国在1998年亚洲金融危机时利用本国经济实力帮助东亚国家，加强了本国的影响力。在2008年北京奥运会上，中国向全世界展示了经济发展的成果。中国实行改革开放政策以后，以1992年"南巡讲话"为起点仅30年的时间，中国在全境连接了高铁，将农村变成了城市。中国的这种变化让"桑田碧海"这个词黯然失色。

1992年正是韩国和中国建交的一年。与中国过去30年来的变化相比，韩国的发展速度不及中国是事实。但是，在对中国进行投资和贸易往来的过程中，韩国也不是没有获得经济利益。考虑到这一点，我认为韩国应该在中国经济发展中充分利用韩国的优点，制定能够持续实现经济增长的战略。

真心难遇，知己难求。经过30年的努力，韩中要以共同努力的心态，把两国关系打造成坚不可摧的长城。希望大家铭记韩中建交30周年对韩国和中国来说是非常有意义的历史事件，以饮水思源的心将过去、现在和未来连接起来。

언론인의 눈으로 본
한·중관계의 과거와 현재

• 이하경 중앙일보 주필, 한중수교30주년기념사업준비위원회 위원

필자는 1990년 9월부터 거의 한 달간 열린 베이징아시안게임을 취재했다. 한·중수교 2년 전의 큰 행사였다. 당시 사회부 기자여서 경기 자체보다는 남북한 선수의 만남을 집중적으로 다루라는 지시를 받았다. 선수촌에서 노동자경기장으로 향하는 북한 축구팀의 버스에 혼자서 허락도 받지 않고 막무가내로 탑승한 적도 있었다. 북한의 감독, 코치, 선수들은 돌발상황에 처음에는 당황했지만, 곧 재미있는 상황으로 받아들이고 환대해주었다.

감독과 코치는 선수 한 사람 한 사람의 장점과 특기를 자세하게 알려줬다. 이를테면 "김 아무개 선수는 몇 살이고, 달리기를 잘하고, 모서리 차기가 장기다"라는 식이었다. 노동자경기장에 도착해서는 연습하는 장면을 자유롭게 취재하도록 허용했다. 선수들은 깔깔거리면서 공을 가지고 럭비를 하기도 하고 유쾌하게 훈련을 즐겼다. 체제를 달리하지만, 피를 나눈 동포라는 사실을 실감했다.

개막식 날 택시를 타고 경기장으로 가다가 목에 걸고 다니는 신분증을 놔

두고 내렸다. 가까운 초소에 가서 사정을 이야기하니 여자 경찰관이 기다려 보라고 했다. 그런데 한 시간이 지나도록 아무 조치도 취하지 않고 보채는 어린아이 다루듯 그냥 있어 보라는 말만 되풀이했다. 그래서 분실신고라도 할 테니 경찰서로 데려가 달라고 했다. 물론 한국말도, 중국말도, 영어도 아닌 표정과 손짓으로 매달렸다.

마침내 경찰서 외사계로 안내됐다. 경찰서 전체에서 유일하게 영어를 할 줄 아는 젊은 여자 경찰이었다. 영어를 배운 지는 1년이 됐다고 했다. 연필을 '펜슬'이 아니라 '벤슬'로 발음했지만 내가 알아듣기에는 오히려 편했다. 30여 명의 직원이 신기한 구경거리가 생겼다는 듯이 웃어가면서 즐겁게 지켜보았다. 분실 사건이어서 하나도 복잡할 것이 없었는데 의외의 상황이 벌어졌다. 이름을 얘기했는데 어느 나라 출신이냐고 물었다. 'South Korea(남한, 한국)' 라고 했더니 못 알아들었다. 대한민국, 한국, 남한, 남조선이라고 해도 웃기만 할 뿐이었다. 그래서 "조선 아래에 있는 남조선도 모르느냐"고 했지만 헛수고였다. 외국인 조사 장면을 견학 중인 30여 명의 다른 경찰관들도 함께 웃으면서 웅성거렸다. 그때 나는 깨달았다. 당시 대한민국은 중국인에게 미지의 국가였다. 수교 2년 전 한·중관계의 상징적인 장면이었다.

이렇게 조사가 처음부터 난항을 거듭하던 도중에 나의 신분증이 돌아왔다. 조사 개시 한 시간 만의 일이었다. 더 이상의 조사는 무의미했고, 나는 여자 경찰에게 감사하다고 말하고 개막식장으로 향했다. 어떻게 이런 일이 가능했을까? 베이징 시내에서 영업 중인 택시가 얼마 되지 않기 때문이다. 경찰에서 택시기사 전원에게 무전으로 습득한 신분증이 있으면 가지고 오라고 했다는 것이다. 당시의 주요 교통수단은 자전거가 대부분이었다. 택시를 포함한 대중교통 수단은 띄엄띄엄 오갈 뿐이었다.

베이징대학 학생들을 캠퍼스에서 만났다. 하나같이 총기가 넘쳤다. 10억이 넘는 인구 중에서 선발된 초(超) 엘리트 집단다웠다. 미국을 포함한 외국에 나가서 무역업무에 종사하고 싶다는 젊은이들이 많았다. 그러나 기회가 주어지지 않아서 답답하다고 했다. 덩샤오핑 주석이 1978년 개방·개혁을 선언했지만, 아직 나라의 문이 활짝 열리지 않은 상태였다.

2년 뒤인 1992년 8월 24일 한국과 중국이 수교한 것은 역사의 전진을 의미한다. 탈냉전의 세계사적 흐름을 읽고 '북방정책'을 펼친 노태우 대통령의 공을 기억해야 한다. 1989년 '텐안먼 사태'로 중국이 국제사회에서 고립됐을 때 노 대통령은 친서를 써서 박철언을 통해 덩샤오핑 주석에게 전달했다. 여기에는 "덩 주석의 결정을 이해하고 지지한다"라는 취지가 담겨 있었다. 덩샤오핑 주석에게는 큰 힘과 용기가 됐을 것이다. 결국, 덩샤오핑 주석은 북한의 반대에도 불구하고 시기를 앞당겨 수교했다. 두 나라의 지도자가 모두 어려운 결단을 내렸다.

이후 세계 최고 수준의 제조업 기술을 가진 한국과 손잡은 중국 경제는 비상했다. 중국 경제는 연평균 10% 이상의 유례없는 고도성장을 했고 지금은 미국과 어깨를 나란히 하는 G2 국가가 됐다. 한국의 대중국 교역 규모는 25%에 이른다. 이를 바탕으로 한국 경제는 세계 6위로 비상했다. 두 나라의 수교와 협력은 세계 역사상 보기 드문 성공사례로 남았다. 중국의 성공에는 2001년 WTO 가입도 큰 역할을 했다. WTO는 대개 가입 10년이 넘어야 시장경제 지위를 부여한다. 그런데 한국은 2004년 불과 3년 만에 중국에 시장경제 지위를 부여했다. 무역 강국 한국의 공인은 중국 경제에 큰 힘이 됐다. 미국 일본 EU는 중국에 시장경제 지위를 부여하지 않고 있다.

그런데 한국이 자국 안보를 위한 방어용인 사드를 배치하자 중국이 경제 보복을 가했다. 수많은 통상 전문가들이 중국을 WTO에 제소하자고 했다. 만일 그렇게 했다면 중국을 상대로 한 세기의 법정이 열릴 뻔했다. 전문가들은 중국이 패소할 것이라고 했다. 한국이 승소율이 높은 국가이기도 하지만 사안 자체가 워낙 명백해서 중국에 불리하기 때문이다. 일각에서는 중국을 상대로 한 시장경제 지위를 회수하자는 의견도 내놓았다. 그러나 한국 정부는 중국을 제소하지 않았고 그 때문에 "중국 눈치를 본다"는 비판을 받았다. 이런 사실을 중국당국은 분명히 알고 있어야 할 것이다.

나는 수교 이후 '한중고위언론인포럼'의 한국 측 준비위원장으로 여러 해 동안 중국 언론인들과 관심사를 나눠왔다. 같은 유교 문화에 발을 디디고 있어서인지 초면에도 눈빛만으로도 친해졌다. 수천 년간 간직해온 우정과 공감의 힘일 것이다. 19세기의 조선 실학자 연암(燕巖) 박지원(朴趾源)이 《열하일기(熱河日記)》에서 썼듯이 양국의 지식인들은 즉석에서 시를 써서 주고받았다. 완전성을 지향하는 인격체들이 깊은 사유와 심리의 변화를 주고받는 상호작용은 서양인들이 이해하기 힘든 오묘한 세계였다. 현대의 한·중 양국 지식인들도 비슷한 느낌으로 서로를 존중하고 배우려는 자세를 유지하고 있다.

몇 해 전에는 나의 제안으로 미세먼지 문제의 공동대처를 '한중고위언론인포럼'의 토론 주제로 다룬 적이 있다. 한국 측 전문가가 '양국은 호흡공동체'라고 했는데, 중국 측에서 바로 공감을 표시했다. 이런 자세는 양국이 공통의 과제를 해결하는데, 큰 도움이 된다. 중국 정부 당국이 대기질 개선을 위해서 생각했던 것보다 훨씬 적극적으로 노력하고 예산을 투입했고, 좋은 성과를 거뒀음을 한국 언론인과 전문가들은 알게 됐다.

중국은 한·중수교의 주역인 노태우 전 대통령에게 각별한 존경심을 가지고 있다. 싱하이밍(邢海明) 주한 중국대사는 2020년 8월 19일 연희동 자택에서 노 전 대통령을 예방했다. 노 전 대통령 재임 때 이뤄진 한·중수교 28주년을 5일 앞둔 시점이었다. 싱 대사는 '물을 마실 때 우물을 판 사람을 생각한다'는 뜻의 '음수사원(飮水思源)'을 언급하면서 수교의 주역인 노 전 대통령에게 감사해했다. 한·중수교는 노 전 대통령 재임 기간인 1992년 8월 24일 이뤄졌고, 노 전 대통령은 그해 9월 중국을 방문했다. 대한민국 최고 지도자로는 처음이었다. 싱 대사가 노 전 대통령을 '한·중관계의 우물을 판 사람'으로 표현한 것이다.

싱 대사는 "중국에 '우물물을 마실 때는 우물을 판 사람을 잊을 수 없다'라는 말이 있다"라며 "우리는 노 전 대통령이 퍼준 물을 잘 마시고 있으며, 오랜 기간 한·중관계 발전에 이바지한 공로를 높이 평가하고 있다"라고 말했다. 그는 또 "지속해서 한·중관계를 발전시켜 나가겠다"라고 한 뒤 노 전 대통령의 장수도 기원했다고 한다. 2002년 전립선암 수술을 받은 노 전 대통령은 이후 건강이 나빠져 20년 가까이 병상에 누워 있었는데 싱 대사의 발언 도중 눈을 떴고, 눈물을 글썽거렸다. 싱 대사도 연희동을 나와 대사관으로 돌아가는 도중 눈물을 흘렸다. 중국이 신의를 지키는 국가라는 생각을 하게 된다.

싱 대사가 예방할 당시 노 전 대통령 자녀인 노재헌 변호사와 노소영 아트센터 나비 관장, 노 관장의 차녀인 최민정 씨도 함께했다. 노 전 대통령의 가족들은 중국과 인연이 깊다. 노 변호사는 한·중수교 20주년을 맞아 설립된 동아시아문화센터(한중문화센터 후신) 원장으로 있고 중국에서 유학한 최민정 씨는 해군 중위로 전역한 뒤 중국 투자회사에서 일했다.

덩샤오핑 주석이 마오쩌둥 주석에 대해 공칠과삼(功七過三)이라고 평가했다. 사회주의 중국을 건설한 영웅이지만 '대약진운동'과 '문화대혁명'으로 역사의 퇴행을 가져왔고, 2인자였던 자신을 박해한 전임자에 대해 "공이 더 많다"고 한 것이다. 놀랍고 부러운 일이다. 한국에서는 대부분의 전직 대통령들에 대해 인색한 평가를 한다. 재임 동안 제왕적 권력을 누리지만 퇴임 후에는 한결같이 감옥에 가거나 고통 속에 지낸다. 제2차 세계대전 이후 탄생한 개발도상국 가운데 유일하게 산업화와 민주화를 성공한 나라라면 지도자의 공로가 있기 마련인데, 오직 과만 들춰낸다. 자학과 패배주의의 역사다. 그런데 중국에서는 공과 과를 모두 평가하고, 특히 공을 높이 산다니 부럽기까지 하다. 중국 지도자의 이런 객관적이고 균형 있는 자세는 한국이 배워야 할 홀

륭한 덕목이라고 할 수 있다.

이 지점에서 나는 이른바 기존 질서의 주도 세력인 미국과 새로운 세력으로 부상하는 중국이 글로벌 공공재를 충분히 공급하고 있는지를 묻고 싶다. 20세기 초 영국을 제치고 신흥 세력으로 떠오른 미국은 당시 국제사회가 필요로 하는 충분한 공공재를 제공하지 못해 1930년대 대공황이 발생했다. 그 결과 극심한 경제난에 처한 독일에서 히틀러의 나치 정권이 탄생했고, 2차 세계대전으로 이어졌다. 이를 비판한 경제학자이자 '마셜 플랜(Marshall Plan)'의 설계자 킨들버거의 이름을 딴 '킨들버거 함정(Kindleberger Trap)'에 빠진 것이다. 조셉 나이(Joseph S. Nye) 하버드대 교수는 미·중 모두 각자도생의 자국 우선주의에 사로잡혀 공공재 공급을 등한시할 경우 전 세계가 다시 한번 '킨들버거 함정'에 빠질 수 있다고 경고하고 있다. 지금 우리가 겪고 있는 오미크론(Omicron) 위기는 그 불길한 징후다.

미국은 지난주 중국의 신장 인권탄압을 이유로 내년 2월의 베이징동계올림픽의 외교적 보이콧을 공식 선언했다. 중국은 "미국은 잘못된 행동에 대가를 치르게 될 것이다"라며 보복을 예고했다. 두 나라의 갈등은 세력조정이 끝나고 '새로운 균형(New equilibrium)'에 도달할 때까지 계속될 것이다. 미·중 대결에서 미국이 승리할 경우 미국은 과거처럼 '관대한 패권국'이 되기 어려울 것이고, 패배한 중국은 '위험한 이웃'이 될 것이다.

미·중 두 나라의 압도적인 영향력에 고스란히 노출돼 있는 한국은 확고한 자기 정체성을 갖고 국가 비전과 국익을 규정해야 한다. 그래서 자강(自强)·동맹·국제연대로 지혜롭게 대처하면 미·중의 존중을 받고 교량 역할을 하는 중추 국가(pivot state), 중견 선진국이 될 수 있다. 그러나 두 강대국의 눈치나 보면서 때에 따라 유리한 쪽으로 편승하는 식으로는 양쪽에서 공격받는 파쇄국가(shatter zone state)로 전락하게 된다. 안보와 경제를 지킬 수 없다. 한국은 세계 유일의 분단국이다. 경제의 대외의존도 85%, 에너지 수입의

존도 97%, 곡물 자급률 24%다. 안보와 경제가 외부 충격에 모두 취약하다. 하지만 한국은 경제력 10위, 기술력 5위에 세계 정상의 'K 콘텐츠'를 가진 나라다. 한·미동맹을 기초로 한·중 '전략적 협력동반자관계'를 조화롭게 유지하고, 다른 중견국가들과 글로벌 네트워크를 구축하면 어떤 상황에도 잘 대처할 수 있다. 한국도 싱가포르처럼 "모두와 친구 하기, 누구와도 적대하지 않기(friend to all, enemy to none)"의 원칙을 지키는 것이 좋다. 그래야 누구도 만만하게 볼 수 없는 나라가 된다. 그런데 문제는 남북 분단에 남남갈등이 겹쳐 외교 안보 정책에 대한 국민적 합의 수준이 매우 낮다는 데 문제가 있다. 폭풍우가 몰아치는데 목적지도 없고, 지도도 없이 항해에 나선 형국이다. 이러면 국내에서는 정책추진 동력을 잃고, 상대국에 대한 협상력이 반감되고, 외부로부터의 간섭을 초래하게 된다.

현재 동북아 국제관계의 문제는 미국과 중국이 결국 대결 관계로 갈 수밖에 없다는 시각이 널리 퍼져있다는 점이다. '일산불용이호(一山不容二虎)'란 중국 속담이 있다. 한 산에는 두 마리의 호랑이가 살 수 없다는 이야기다. 이런 심리에서 시진핑 정권은 아시아와 서태평양에서의 패권을 중국이 가져야 한다고 믿고 이를 추진하는 것 같다. 세계 최강대국에서 반(半)식민지로 전락했던 치욕을 잊지 않고 있는 중국은 미국의 아시아 재균형 정책을 중국을 견제하고 포위하려는 술책으로 오해하는 경향을 보고 있는 상태다. 이러한 점에서 한·미동맹을 근거로 한반도에서 안보를 유지하며 지속해서 발전해야 하는 우리는 한·미관계와 한·중관계의 균형적 외교와 한국의 자주적 외교를 조합적으로 풀어나갈 수 있는 지혜를 찾아야 한다.

한·중수교 30주년은 이미 양국에 대한 이해를 충분히 했던 시기라고 본다. 앞으로 30년 양국관계를 어떻게 유지, 발전시켜나갈지는 한국의 지혜로 국제정세와 동북아국제환경을 보며 한·중관계도 유지 발전시키는 것이 중요할 것이다.

浅谈韩中关系与两国媒体交流

李夏庆 中央日报主笔、韩中建交30周年纪念活动筹备委员会委员

　　1990年9月开始，我采访了近一个月的北京亚运会。这是韩中建交两年前的重大活动。我作为社会部记者访问北京，在开幕式当天乘坐出租车前往赛场时，我把挂在脖子上的身份证落在车上了。我去附近的派出所说了情况，女警察让我等一下。

　　最后女警察把我带到了公安局的外事科。她是整个公安局唯一会说英语的年轻女警察。学英语已经有一年了。因为是物品遗失，所以一点都不复杂，但发生了意外情况。我说了名字，她问我来自哪个国家。我说是South Korea，她没听懂。所以我又说："你不知道朝鲜下面的南朝鲜吗？"，但仍然无用。看着外国人被调查的场面，其他30多名警察也一起笑着闹哄哄的。那时候我意识到了，当时，大韩民国对中国人来说还是个未知的国家。这是建交两年前韩中关系的象征性场面。

　　两年后的1992年8月24日，韩国和中国建交，意味着历史性的进展。这要感谢读懂了摆脱冷战思维的世界历史潮流、实施北方政策的卢泰愚总统的功劳。1989年，当中国因"天安门事件"被国际社会孤立时，卢总统写了亲笔信，通过朴哲彦转交给中国领导人邓小平。其中包含了"理解并支持邓小平的决定"的宗旨。这对邓小平来说应该是很大的力量和勇气。最终，邓小平不顾朝鲜的反对，提前与韩国建交。两国领导人都做出了艰难的决断。

　　建交后，我作为"韩中高层媒体人论坛"韩方筹备委员会委员长，多年来一直与中国媒体人分享关切。因为是同一个儒教文化圈，所以初次见面时光看眼神就已经很亲近了。这是珍藏了数千年的友情和共鸣的力量。正如19世纪的燕岩朴趾源在《热河日记》中所写的那样，两国知识分子即席写诗交流。现代的韩中两国知识分子也保持着相互尊重和向彼此学习的姿态。

　　目前东北亚国际关系的问题是，很多人认为美国和中国最终只能走向对决的关

系。在这种心理下，习近平政权似乎相信中国应该拥有在亚洲和西太平洋的霸权，并在推进。中国没有忘记从世界最强国家沦为半殖民地的耻辱，因此中国倾向于将美国的亚洲再平衡政策误解为牵制和包围中国的诡计。从这一点来看，我们应该以韩美同盟为基础，在韩半岛维持安全，持续发展，寻找智慧综合解决韩美关系和韩中关系的均衡外交以及韩国的自主外交问题。

냉전의 최전방 중·한,
신냉전의 프레임 벗어나야

• 장충의 중국 차하얼학회 부사무총장, 연세-차하얼연구소 소장,
   前 신화사 초대 서울 특파원

북에서 시작, 남에서 결실, 한반도와의 인연

한국과의 인연을 이렇게 평생 같이 하게 될 줄은 정말 몰랐다.

　　1984년 베이징발 평양행 열차를 타고 처음으로 한반도 땅을 밟았다. 대학 입시 시험을 보고 국가교육위원회에 의해 국비 교환 유학생으로 뽑힌 것이었다. 유학생 교환은 사회주의 진영 국가들끼리 진행하는 하나의 교육 교류 프로그램이었다. 북한이라는 나라에 대해 중학교 지리(地理) 교과서에서 배운 것밖에 아무것도 몰랐다. 가고 싶지 않다고 했더니 교장 선생님이 "북한도 외국이니까 가볼만 하다"고 하시기에 더 이상 거부할 이유가 없었다. 중국이 국문(國門)을 개방한 지 몇 년 안 되었기에 외국에 나가는 것은 보통 어려운 일이 아니었다.

　5년의 김일성종합대학 유학 생활을 마치고 '시대의 기록사'의 꿈을 품고 중국 최대의 언론사인 신화사(新華社)에 취직했다. '조선말'을 공부했기 때문에

당연히 한반도를 포함한 국제뉴스부 동아시아 담당 기자가 되었다. 그때 당시의 한국은 경제력의 성장과 '88올림픽' 이후 국제위상의 부상에 따라 아시아 '4마리 작은 용(四小龍, 한국, 타이완, 싱가포르, 홍콩)'에서 단연 으뜸이었다. 중국 정관계 및 경제계가 한국에 대한 관심도가 높아지고 한국 경제사회 발전의 경로와 방식에 대해 지대한 관심을 가졌었다. 신화사는 지역 전문가, 학자와 기자들을 망라해《아시아 4마리 작은 용 도약의 비결》이라는 책을 출간했다. 필자는 경력이 짧았지만, 이 책의 한국 관련 일부분을 집필했다. 물론 한국에 대한 실제 경험이 없어 자료 연구 조사에 의존할 수밖에 없었다.

드디어 한국을 직접 느낄 기회가 찾아왔다. 그 기회는 바로 중·한수교였다.

20세기 80년대에 들어오면서 중국은 문화대혁명의 늪에서 벗어나 개혁·개방의 길로 나섰다. 국가의 시정방침도 경제건설을 중심으로 규정해 인민들의 생활 수준을 높이고 궁핍한 국력을 키워야 했다. 이를 위해 자본과 기술의 부족 문제를 해결해야 할 뿐만 아니라 안정되고 우호적인 외부환경도 필요로 했다. 이 시기에 세계에도 많은 변화가 일어나고 있었다. 사회주의 국가 진영에서 '맏형' 역할을 해왔던 소련이 고르바초프의 '페레스트로이카(perestroika)'를 추진하며 국가의 개혁과 재건을 시도했다. 더 중요한 것은 베를린장벽의 붕괴에 따라 이데올로기의 대립과 체제의 경쟁을 상징하는 동서 진영의 냉전이 막을 내린 것이었다. 미국을 중심으로 하는 자유 진영은 자본주의의 승리와 사회주의의 패배로 간주하고 더욱 자신감을 얻으면서 많은 사회주의권 국가들에게 이런 변화를 유도하고 장려하기 시작했다. 세계는 서로를 적대시하는 분위기에서 평화의 분위기(和氣)로 전환되었다. 새로운 산업의 이전과 산업 재(再)분업, 글로벌화(globalization), 경제 통합 등의 추세도 가속화되기 시작했다.

한반도는 구(舊)냉전의 최전방이었다. 남북 간의 이념대립과 체제의 경쟁, 군사 대치는 한순간도 멈춰지지 않았으며 긴장과 완화의 반복이었다. 당시 한국의 노태우 정부는 세계정세의 변화와 발전 추세에 발맞춰 대내적으로 「6.29선언」을 통해 국민의 민주화 욕구를 충족시켰으며 대외적으로 '북방외교'를 펼쳤다. '북방외교'의 주요 대상국은 바로 중국과 러시아였다. 중·한 양국은 자국 이익과 변하는 시대의 흐름에 따라 한 걸음 한 걸음 서로에게 다가가면서 각자 무역대표부를 설립하고 1992년 8월 공식 수교라는 양국관계의 새로운 이정표를 세웠다.

중·한 양국의 공식 수교는 동북아 지역에서 진영 간의 대립과 적대의 냉전 구도를 대폭 바꿨으며 양국 및 지역의 발전과 번영을 위해 이전보다 안정된 환경을 조성하였다. 그러나 아쉬운 점은 당시 거론되고 추진했던 '교차승인', 즉 중국과 러시아가 한국을, 미국과 일본이 북한을 주권국가로 인정하는 구상은 불발되어 '반쪽의 냉전 종식'이 되었다는 것이다. 이것이 한반도 정세의 긴장, 북미 간의 대립과 마찰, 심지어 핵(核) 문제의 '화근(禍根)'이었을지 모른다.

한국을 중국에, 중국을 한국에 알리다

"12월 18일 한국 대통령선거 전에 지국을 설립하고 대선 뉴스를 송고해야 한다".

본사에서 내가 소속했던 초대 서울주재 신화사 특파원에게 내린 엄명이다. 당시 공식 수교는 되었지만, 베이징에서 서울로 오는 직항은 없었다. 임시 비자 등 한국 입국수속을 마치고 부랴부랴 1992년 12월 2일 홍콩을 경유해 한국에 입국했다. 드디어 라디오에서만 듣고 TV에서만 볼 수 있었던 남조선(한국) 땅에 발을 디뎠다.

모든 것이 새로웠다. 간판이 어지럽게 걸린 거리, 정장을 입고 빠른 걸음으로 걷는 직장인, 언덕 위에 있는 벌집 같은 주택, 평양은 물론 1990년대 초반의 중국 내 도시와도 사뭇 달랐다.

사람들도 따뜻했다. 길을 물어보면 잘 안내해주고 각종 수속을 친절하게 도와주었다. 대선 취재하면서 투표소에 찾아갔다. 프라이버시 개념이 없었기 때문에 직접 투표 성향까지 물어보기도 했다. 인터뷰 응한 분도 있었지만 거절하는 분들도 많았다. 인터뷰하고 나서 우리가 떠나는 모습 계속 지켜보았다. 머리를 돌려 작별 인사를 다시 한번 할 수밖에 없었다. "너의 북한 말투가 너무 이상해서 그런 것 같다, 북한 간첩으로 생각했을지 몰라", 나중에 한국 친구가 알려준 것이다. 농담인지 진담인지 모르겠다.

특별히 인상 깊었던 취재도 있었다. 당시 경제기획원 최각규(崔珏圭) 장관을 인터뷰한 것이었다. 첫 고위관리 인터뷰였기 때문이 아니라 사무실에 걸린 '喫得菜根,百事可爲(끽득채근 백사가위. 야채 뿌리를 씹어 먹을 수 있다면 못할 일이 없다)' 편액 때문이었다. 삼국지 얘기를 들려준 한국 친구들은 많았지만, 중국의 고전《채근담(菜根譚)》얘기를 들려준 한국 분들은 많지 않았다. 한·중 양국이 정말 문화적, 정신적으로 많은 것을 공유하고 있다는 생각과 함께 중국 사람들도 문화대혁명의 영향으로 봉건시대의 잔여물로 인식하여 제대로 공부하지 못한 고전들을 한국 사람들은 잘 공부하고 있다는 생각이 들었다. 문제는 최각규 장관님과 대화를 많이 나누다가 잊었는지 조작미숙인지 모르지만, 인터뷰 녹음기 버튼을 안 누른 것이었다. 다행히 메모를 빠르게 잘하는 습관과 젊은 머리 덕분에 무사히 출고했다.

한국의 민주화 발전도 개인적으로 큰 관심사였다. 광주 민주화 운동의 재조명, 비록 소강상태였지만 대학생들의 시위, 각종 단체의 농성 현장에서 한국 국민의 권리의식, 시민의식, 민주와 자유를 열망하는 정신을 직접 느낄 수있었다. 1994년 쌀시장개방을 반대하는 농민들의 시위를 취재하면서 '최루탄 맛'을 처음 보았다. 끝없이 흘러나오는 눈물, 콧물 참으면서 사진도 찍고 인터뷰하는 것은 개인적으로 정말 신선하고 스릴 있는 경험이었다. 아마 필자가 처루탄 맛본 첫 번째 신화사(新華社) 기자였을 것이다.

그 시절에 중국에서 한국에 대한 호기심이 많았고 정보 수요도 컸다. 정치, 외교, 안보뿐만 아니라 특히 경제 분야에 관한 관심이 높았다. 하지만 당시 베이징에 나가 있는 한국 언론사와 비교하면 중국 특파원 수는 한동안 너무 적었다. 서울 주재 중국특파원은 수교하고 나서 6개월 동안 신화사 특파원 둘 뿐이었다. 일상적인 보도 외에 본사 각 부서 및 본사 신문 잡지 등 각종 출판물의 기사 원고 청탁이 너무 많아 밤새워 써도 제대로 공급할 수 없을 정도였다.

서울 생활에 적응되면서 말투도 점점 서울말로 고쳐졌고 한국에서의 인맥도 늘어나 취재도 원활해졌다. 한국 첫 문민정부의 출범부터 금융실명제, 세계화 캠페인, 부정부패 척결, 남북회담, 한미 군사훈련, 한국 문화 및 경제의 발전상, 대기업들의 경영, 과학기술의 연구개발, 또한, 거의 일 년동안 중한 경제 문화교류 등등까지 분야와 범위 가릴 것 없이 중국 국내 언론사와 독자에게 알렸다.

4년의 특파원 생활은 필자의 인생에 의미 있고 보람찬 일이었다.

2009년부터 우연한 기회에 서울주재 특파원과 정반대되는 일을 하게 되었다. 중국 국무원 신문판공실(新聞辦公室) 산하 외문출판사업국(외문국, 중국의 국가 홍보기관) 의 한글 월간지《중국》의 편집장을 맡은 것이다. 한국을 잘 알고 한국 사람들의 성향과 열람 습관, 선호 주제 등을 안다고 해서 필자를 이 자리에 앉힌 것이었다.

이 월간지는 한글로 중국의 정치, 경제, 문화, 외교 등 전 분야를 망라해 한국 독자들에게 소개하는 것이다. 중국 기자들은 국내에서 직접 취재하고 한국 번역가가 한글로 번역하여 한국인의 편집과 교정을 거쳐 한국 '아주경제' 신문사를 통해 한국 국내에서 발행되고 있다. 필자가 7년 간의 편집장을 하면서 월간지의 지침을 "여기서 중국의 참모습을 만날 수 있다"로 고쳤다. 이것은 필자 개인의 이념이자 이 월간지의 목표이기도 하다. 물론 아직 부족한 부분이 많지만, 최대한 한국 독자들에게 진실된 중국을 보여주고 정확하고 쉽게 중국을 이해할 수 있도록 노력했다. 지금은 중국의 언론 환경이 많이 바뀌어 이 월간지의 지침이 계속 지켜지고 있는지 모르겠다.

공공외교와 중·한관계 연구

2019년 필자는 언론인으로서 삶을 접고 전문적인 공공외교와 국제관계 연구에 몰두했다.

시대의 발전에 따라 공공외교는 하나의 개념으로부터 국가의 대외교류의 중요한 분야가 되었다. 정보가 넘치고 플랫폼도 다양하며 소통 수단도 매우 편리한 현재, 개인, 기업, 민간단체와 연구기관 모두 공공외교의 주체가 될 수 있다. 공공외교의 외연도 최초의 문화교류와 교육에서부터 정치, 경제, 인문, 종교, 미디어까지 확대되었다.

필자가 있는 차하얼학회는 2009년 창설한 비정부 외교와 국제관계 싱크탱크(think tank)로 학회의 주력 연구, 실천 방향은 공공외교이다. '코로나19' 펜데믹 이전까지 학회는 해마다 '공공외교 연례회의, 공공외교 국제포럼, 차하얼 평화 대화, 평화학국제심포지엄, 차하얼 원탁회의 등 30여 종의 공공외교 행사를 개최했다.

차하얼학회 창설 초기부터 한반도, 특히 한국은 학회 공공외교의 주력 분야였다. 학회는 한국의 정계, 경제계, 종교계, 싱크탱크 및 학술기관, 지자체와 많은 교류 협력 관계를 맺었다. 한국 불교계의 중국방문 초청, 의정부시와 '공공외교 평화포럼' 공동 개최, 의정부에 안중근 의사 동상 기증, 중·한수교 30주년 기념 우호포럼, 도예특별전, 중한 우호 메타버스(Metaverse) 대회 개최 등 활발하게 움직였다.

연세-차하얼연구소 개소식 (출처: 연세대 홍보팀)
延世-察哈尔中心成立并举行了挂牌仪式。(照片来源：延世大学宣传组)

2020년 4월 중국 차하얼학회와 싱가포르 리웨이사가 한국 경기도 등 지자체와 일부 대학에 KN95마스크 30만 장을 기증했다. 사진은 4월 27일 주한 중국대사관에서 기증식을 하는 모습. (출처: 저자 제공)
2020年4月,中国察哈尔学会和新加坡力汇公司向韩国京畿道等地方自治团体和部分大学捐赠了30万张 KN95防护口罩。图为，4月27日在中国驻韩国大使馆举行捐赠仪式。(照片来源：作者提供)

특히 사드(고고도 미사일 방어시스템)사태의 발발로 인해 중·한 양국관계가 급속히 냉각되고 소통이 원활하지 못했을 때 차하얼학회는 적극적으로

나서 양국 간에 분주히 활동하며 소통 채널을 확보했다. 이를 통해, 서로 간의 오해를 해소시키며 양국 의사결정권자에게 정확한 정보를 전달함으로써 사드 사태가 양국관계에 미치는 악영향을 최소한으로 줄였다.

또한 '코로나-19' 펜데믹 기간에 상황이 심각했던 대구광역시, 경기도, 일부 대학에 10억 원에 해당되는 마스크 40여만 장과 방호복 10만 장을 기증했다.

현재 차하얼학회는 연세대학교와 공동 연구소를 설립하고 양국 간 공공외교, 공동연구 사업을 추진하고 있다.

되살아나는 신냉전의 유령

올해는 중·한수교 30주년 되는 해다. 그동안 양국관계는 정치, 경제, 문화, 인적 교류 등 전 분야에 걸쳐 급속히 발전했으며 양국과 양국 국민에게 확실한 이익을 가져다주었다. 동시에 '상호존중, 공평정의, 협력공생'의 국제관계의 모범을 보여주었다. 특히 경제협력은 3,600억 달러, 상호 투자도 1,000억 달러를 넘어섰는데, 이는 양국관계 발전에 따른 공동 번영을 방증하는 것이라 할 수 있다.

또한, 양국은 역내 및 국제무대에서도 서로 협력하여 평화의 수호자, 발전번영의 추동자 역할을 하여 지역과 세계의 평화발전에 크게 공헌했다. 필자는 30년간 중·한 양국관계의 발전을 지켜봤으며, 직접 참여하기도 했다. 물론 30년 동안 양국은 밀월도 있었고 '사드 사태'와 같은 분쟁과 마찰도 있었다. 그럼에도 불구하고 양국관계의 밝은 미래에 자신만만했다.

하지만 세계정세의 급속한 변화에 따라 중·한관계는 삼십이립(三十而立)이 된 현재의 시점에 중요한 갈림길에 서게 되었다. 바로 중·한관계가 신냉전, 혹은 재냉전의 프레임에 갇힐 수도 있다는 우려 때문이다.

이 신냉전은 중·미 간의 대립과 마찰에서 시작되었다. 우선, 양국이 가치관과 이데올로기의 대립에서 엿볼 수 있다. 20세기 70년대부터 중·미 양국관계가 개선되기 시작하여 2010년까지 크고 작은 모순과 마찰이 있었지만 비교적 순조로운 발전을 이루었다. 그동안 중국은 '개혁·개방'을 하고 미국이 주도하는 국제질서에 어울리며 특히 세계무역기구에 공식 가입하면서 크게 발전했다. 미국은 중국이 반드시 시장경제, 민주, 자유라는 보편적 가치 등 서양의 이념과 체제를 받아들이면서 결국 사회주의와 공산주의에 집념했던 다른 나라와 마찬가지로 정치, 체제적 변화를 통해 서방세계와 포용할 줄 알았다.

그러나 미국의 예상은 완전히 빗나갔다. 미국을 포함한 서양국가들 보기엔 중국은 세계 제2의 경제 규모를 가지게 되었지만, 정치 이념적으로 미국 등 서방세계가 주도하는 가치관과 체제와 점점 멀어지고 심지어 반대 방향으로 나가고 있다. 특히 최근 몇 년간 중국 내 중국 공산당 중앙집권 경향과 정치적 통제, 사회주의와 공산주의 고수에 대한 선전, 중국 체제 우월성에 대한 강조와 대외적인 홍보 및 영향력의 확장은 미국의 경계를 불러일으켰다. 뼛속부터 공산주의를 혐오하고 배척하는 미국은 이를 서양문명, 특히 미국이 주도하는 서방세계의 이념과 가치 체제에 대한 위협으로 간주하고 중국을 견제하기 시작했다. 일찍이 미국 버락 오바마 전 대통령이 "중국이 글로벌 경제규범을 제정하는 것을 용납할 수 없다"고 공언하며 TPP(환태평양경제동반자협정), 아태 재균형 전략을 출범한 바 있다. 이어 트럼프 정권 시기 마이크 펜스 전 부통령이 허드슨연구소(Hudson Institute)에서 행한 연설은 적나라하게 중국과의 냉전을 선언하다시피 했다. 트럼프 전 대통령은 유엔총회에서 공공연히 "사회주의 국가를 배척하자"고 제창했고, 마이크 폼페오 전 국무장관은 가는 곳마다 중국을 억제해야 하고 중공(中共)을 반대해야 한다고 호소했다. 바이든 행정부가 들어서면서 중국에 대한 억제는 더욱 강화되었다. 중국을 소위 '경쟁상대'로 정의해 '가치 외교'를 고취하면서 전 세계의 동맹국을 동원하여 중국을 견제하고 나섰다. 사실 트럼프 대통령 시절의 무역분쟁이나 현재의 대(對) 중국 제재는 하나의 표상일 뿐 '중·미 모순'의 본질은 역시 이데올로기와 이념, 가치, 체제의 대립이다. 현재 미국 여야를 막론하고, 심지어 미국 사회내에서도 '반공' 내지 '반중'은 전례 없는 공감대가 형성되고 있다.

둘째, 경제적으로도 신냉전의 양상을 보이기 시작했다. 현재 미국이 제조업의 본국 회귀(reshoring)와 세계 공급망의 재조정을 추진하고 있다. 많이 알려진 바와 같이 미국이 주도하는 '칩4'은 중국을 겨냥해 반도체의 대중국 수출을 통제하려는 시도이다. 그 외에 5G 제품의 중국 기업 배척, ASML 반도체 제조기기, ECAT(electronic computer-aided design) 등 하이테크 기술의 대중 수출도 금지했다. 이것은 20세기 50년대 냉전 시기의 대 공산권 수출 통제 위원회 코콤(COCOM)과 흡사하다. 이 밖에 바이든 행정부는 TPP를 대신해 새로운 인·태 전략을 짜내 인도·태평양 경제 프레임워크(Indian-Pacific Economic Framework, IPEF)라는 새로운 경제협력체를 출범시켜 인도·태평양 지역에서 중국의 경제적 영향력 확대를 억제하겠다고 나섰다.

셋째, 지정학적으로도 신냉전의 구도가 수면 위로 부상하고 있다. 우크라이나와 러시아 간의 전쟁은 여전히 진행 중이고 결과 역시 예측불허의 상태이다. 그러나 분명한 것은 러시아와 우크라이나 사이에 새로운 진영의 분계선이 생길 확률이 높다는 점이다. 이럴 경우, 이 분계선은 유럽 신냉전의 전초기지가 될 것이다. 현재 미국을 중심으로 하는 서양국가들은 애써 중·러·북한 등 나라를 하나의 진영으로 묶으려고 하고 있다.

이뿐만 아니라, 바이든 정부는 동맹국과 함께 파이브 아이스(Five Eyes, 미국·영국·캐나다·호주·뉴질랜드 등 영어권 5개국이 참여하고 있는 기밀정보 동맹체), 오커스(AUKUS, 미국, 영국, 호주 등 3개국이 2021년 9월 15일 공식 출범시킨 외교안보 3자 협의체) 등을 만들어 중국을 억제하는 지정학적 포위망과 같은 시스템을 새로 구축했다. 전통적인 북대서양조약기구(NATO, North Atlantic Treaty Organization)에는 한국과 일본을 새로 끌어들여 동아시아까지 NATO 세력권의 확대를 도모하고 있다.

중·한관계는 신냉전의 프레임을 벗어나야

중국은 동북아 지역의 대국으로서 역내 각국과 이웃하면서 유구한 전통적 유대관계를 갖고 있다. 냉전 시절 중국과 러시아 및 북한은 사회주의 진영으로 분류되었다. 이러한 행적은 지금까지도 중국을 보수주의적 편견에 갇히게 한다.

한국은 제2차 세계대전 이후 미국과 동맹관계를 맺어 일본과 함께 동북아 지역의 '철의 삼각'을 형성했다. 특히 한국과 미국은 윤석열 대통령께서 말씀하신 바와 같이 정치, 체제적으로 유사하고 자유민주주의와 시장주의 등 많은 이념과 가치를 공유하고 있다. 미국이 없으면 오늘의 대한민국이 없다 할 정도로 '한·미동맹'은 한국에게 있어 무엇보다 중요하고 대외정책의 한 축이 되는 구도다.

현재 신냉전의 유령이 배회하고 있지만, 아직 착지하지 못하고 있다. 만약 신냉전의 구도가 동북아 지역에서 고착화할 경우 역내 각국의 발전 환경이 크게 바뀔 뿐만 아니라 긴장이 고조되고 안보 상황이 나빠지며, 핵 문제를 포함한 역내 중점문제 해결에도 장애가 된다.

한반도를 포함한 동북아 지역에 신냉전의 대두를 막으려면 중·미 양국의 변화를 요구할 뿐만 아니라 역내 국가들도 각자의 지혜를 충분히 발휘해야 한다.

먼저, 명확하게 신냉전을 반대해야 하고 신냉전을 선동하거나 조장하는 행위를 삼가야 한다. 이에 대해 역내 국가 특히 중국과 한국이 공감대를 형성해야 한다.

둘째, 편들기를 하지 말아야 한다. 중국과 미국이 역내 국가들에게 자기 편들기를 강요하지 말아야 하고 역내 국가들도 국제 커뮤니티와 지역 전체의 안위에 착안하여 더욱 자주적이고 확고한 외교 안보 정책을 추진해야 한다.

셋째, 역내 국가 간의 조율과 협력을 강화하여 원활한 고위층 소통을 보장하는 동시에 경제협력, 인문교류를 적극적으로 추진하여 국가 간의 공감대 형성에 조력하고 냉전사고를 해소해야 한다.

중국과 한국은 모두 냉전의 피해국이자 냉전의 최전방에 있었다. 한반도는 냉전의 잔재가 여전히 남아 있다. 냉전으로 인한 고통과 상처가 아직 가시지도 아물지도 않았다. 신냉전이 또다시 나타나면 안 되고, 중한 양국이 또다시 신냉전에 휘말려서도 안 된다. 이러한 걱정은 기우이기를 바란다.

中韩应该坚决阻止"新冷战"扩散

张忠义 中国察哈尔学会副秘书长、延世-察哈尔中心主任、前新华社首任驻首尔特派记者

"新冷战"的幽灵复活

今年是中韩建交30周年。

此前，两国关系在政治、经济、文化、人员交流等各个领域迅速发展，给两国国民带来了巨大利益。同时，基于相互尊重、公平正义、合作共生的共识，树立了国际关系的典范。此外，两国在区域内和国际舞台上也相互合作，成为和平发展、繁荣共赢的推动者，为地区和世界和平发展做出了巨大贡献。

过去30年来，笔者亲眼目睹中韩建交以来双边关系的快速发展，并亲自参与其中。固然，近30年来两国有过蜜月期，也有过萨德问题等摩擦和纷争。两国关系虽有起有落，但我坚信两国关系的未来是光明的。

然而，世界局势风云突起，在中韩关系"三十而立"的当前，两国关系站在一个重要的十字路口：中韩关系是否陷入新冷战框架的担忧。这场新冷战源于中美之间的对抗和摩擦。中美两国在价值、意识形态、安保、经济、地缘政治等全方位的对立和摩擦不断扩大。这种中美战略竞争的格局形成了新冷战的框架，并对中韩关系也产生了一定影响。

中韩应该坚决阻止"新冷战"扩散

目前，新冷战的氛围凸显，但并未真正发生。现在不再像过去一样中国与苏联和朝鲜形成北方三角，韩国与美国和日本形成南方三角。当前东北亚国家之间的对话仍在继续。若东北亚走向新冷战格局，不仅对稳定局势、共同发展，而且对朝鲜核问题等在内的安全局势也产生极大影响。为了解决这一问题，需要中美两国的建设

性作用和区域内国家之间的智慧。

首先要明确反对新冷战，不煽动、推动新冷战。对此，区域内国家尤其是中韩两国需要形成友好共识。

其次，不要偏袒任何一方。中美两国不应强迫他国选边站，区域内国家也应该为地区稳定推进自主、坚定的外交安保政策。

再次，加强区域内国家间的协调与合作，在保障高层沟通畅通的同时，积极推进经济合作、人文交流，促进国家间共识的形成，化解冷战危机。

中韩两国都是冷战的受害者，处于冷战的前沿。两国必须要反对新冷战，不能再次卷入新冷战。我希望这种担心是杞人忧天。

한·중 고등교육 협력의 현장에서

• **장제국** 동서대학교 총장, 한중수교30주년기념사업준비위원회 위원

한·중국교 정상화 30년

올해로 한·중수교 30주년을 맞는다. 30년이라는 짧다면 짧은 기간 동안 한·중관계는 눈부시게 발전했다. 1998년에는 '협력동반자 관계', 2003년에는 '전면적 협력동반자 관계'를 구축했고, 2008년에는 '전략적 협력동반자 관계'로 발전했다. 2015년 12월에는 한·중 자유무역협정(FTA)이 발효되어 양국 간의 경제 관계는 최고의 수준까지 올랐다. 민간교류도 매우 활발해 방한 중국인이 한때 826만 명(2016년)에 이른 적이 있고 '코로나-19' 이전인 2019년에는 628만 명을 기록했다. 우리 기업의 중국진출은 2019년 누계 27,799사로 집계되었고 우리나라의 제2위 투자대상국이 되었다.

한·중수교 30주년은 한·중고등교육협력에도 큰 의미를 가져다주었다. 한국으로 유학 오는 중국 유학생 수는 매년 최고치를 갈아치우고 있다. 2019년 통계를 보면 중국인 유학생은 68,537명에 달하고, 전체 유학생의 48.2%를 차

지한다. 중국에 간 한국 유학생은 동시기 50,600명으로 전체 중국 내 유학생의 10.42%이지만 1위를 차지하고 있다. 이처럼 한·중 간 학생 교류의 증가는 괄목할 만한 성과다.

미국에서 만난 한 중국 유학생

한·중 수교는 나에게 한국대학 중 최초로 중국 현지에 한·중 합작대학 설립이라는 선물을 안겨주었다.

한·중 수교가 되던 1992년에 나는 미국 뉴욕주에 소재한 한 로스쿨에서 유학 중이었다. 당시만 해도 한국인은 중국에 대해 별 관심이 없었다. 국교가 없었을 뿐만 아니라 냉전 시기라 중국 사람을 제3국에서 만나 친분을 쌓는다는 것은 매우 불편한 일이었다. 내가 다니던 로스쿨에도 중국에서 유학 온 학생들이 제법 있었지만, 한국 유학생들은 대개 그들을 애써 무관심하게 대하는 것이 일상이었다. 혹 국가보안법에 위반되는 것은 아닌가 하는 조금의 걱정이 있었던 것 같다.

새 학기가 시작된 어느 날 등교를 하니 옆자리에 못 보던 동양 사람이 한 명 앉아있었다. 궁금해서 어디서 왔냐고 물어보니 중국에서 유학 온 우한둥(吳漢東)이라고 했다. 어렴풋한 기억으로는 중국 재경부에서 지원하는 프로그램으로 유학 오게 되었다고 했던 것 같다. 난생처음 중국인과 대화를 나누어 보니 신기하기는 했지만 조금 어색함이 있었던 것도 사실이다. 그런데 시간이 지나면서 그 유학생과 급속도로 친하게 되었다. 방과 후 도서관에서 함께 공부하기도 했고, 배가 출출할 때는 근처의 중국 식당에서 짜장면을 사 먹기도 했다. 두 사람 모두 생소하고 어려운 미국의 법률을 공부하고 있다 보니 뭔가 모를 '동병상련(同病相憐)' 같은 느낌을 공유했던 것 같다. 그러던 중, 나는 1993년 5월 먼저 졸업하게 되었고 그 후 그와의 소식은 두절되었다.

중남재경정법대학(中南財經政法大學)과의 조우

미국과 일본 등에서의 오랜 해외 생활을 마치고 마침내 2003년 귀국했다. 그간 중국은 눈부신 경제발전을 거듭했고, 당시 한국에서 중국에 대한 관심은 매우 높아지고 있었다. 대학의 입시에서도 중국어과를 비롯한 중국 관련학과는 매년 인기가 치솟고 있었다. 한국기업들의 중국진출이 늘어나다 보니 학생들의 중국에 대한 학습 열기는 고조되고 있었다. 일부 재학생은 휴학하고 중국으로 건너가 현지 경험을 하며 공부하는 경우가 늘어나고 있었다. 또한, 중국의 한국 관심도 매우 높아져 한국으로 유학 오려는 중국인 수도 기하급수적으로 늘어나고 있었다.

대학 총장으로서 날로 증가하는 중국을 향한 관심과 한국 유학에 대한 수요를 모른 체하고 있을 수는 없었다. 현지 대학과 단순한 자매대학 체결을 통한 해결 방법도 있었지만, 이보다 한 단계 높은 차원의 교류를 할 방법은 없나 하는 생각을 했다. 가장 좋은 방법은 중국 현지에 어떤 형태로든 대학을 하나 설립할 수 있으면 좋겠다는 생각을 했다. 그렇다고 당장 중국에 이렇다 할 인맥이 있는 것이 아니라 그러한 생각을 추진할 방법이 마땅히 없었다.

그러던 어느 날, 평소 알고 지내던 주한 중국대사관의 교육 담당 참사관으로부터 전화가 왔다. 중국 대학을 대거 서울로 초청해서 코엑스에서 '중국 대학 박람회'를 개최하니 오라는 것이었다. 박람회에 가보니 수많은 대학이 부스를 설치해 놓고 자신의 대학을 설명하고 있었다. 참사관은 나를 '중남재경정법대학' 부스로 안내하고는 그 대학에서 나와 있던 부총장을 소개해 주었다. 중남재경정법대학(中南財經政法大學)은 중국 후베이성(湖北省) 우한(武漢)에 있는 대학으로 특히 중국의 공인회계사와 변호사, 변리사를 많이 배출하는 대학으로 유명하다고 했다. 부총장은 매우 사교성이 뛰어난 사람이었고, 몇 시간도 되지 않아 금방 나와 친하게 되었다. 나도 우리 대학에 대해 열심히 설명하고, 영화영상, 디지털콘텐츠 등이 특성화되어 있다고 말해 주었다. 그랬더니 대뜸 박람회가 끝나면 바로 부산으로 가서 학교를 구경하고 싶다고 했다. 실제 그는 그 다음 주 부산으로 왔고, 캠퍼스를 찬찬히 둘러보더니 자신의 대학도 영화영상 쪽에 관심이 있으니 조만간 우한(武漢)으로 와서 대학 간 자매협정을 맺자고 제안했다. 나도 즉시 좋다고 대답하고 다음 달 우한으로 날아갔다.

재회와 의기투합 - "13억분의 1의 기적"

중국 우한시는 후베이성에 있는 교통의 요충지이고 인구가 1,200만에 달하는 거대도시이다. 특히 우한은 교육도시로도 유명하다. 종합대학이 21개나 있을 정도이다. 엄청난 규모에 압도당하는 기분이었다.

공항에서 약 한 시간, 중남재경정법대학에 도착하여 캠퍼스 탐방하였다. 자연과 어우러진 잘 정돈된 캠퍼스가 마음에 들었다. 캠퍼스 투어를 마치고 접견실에서 차 한잔을 마시며 총장이 나오기를 기다리고 있었다. 이윽고 문이 열리더니 총장이 들어왔다. 그 총장은 잠시 나를 쳐다보더니 "혹시 미국 로스쿨에서 유학한 적이 있지 않나"라고 대뜸 물었다. 자세히 보니 이내 그가 15년 전 미국에서 함께 공부했던 바로 우한둥이라는 것을 알 수 있었다. 둘은 너무 반가워 서로 얼싸안고 재회의 기쁨을 나누었다. 동석했던 사람은 영문을 몰라 어리둥절한 모습이었다. 서로 연락이 두절된 지 15년 만에, 그것도 그 넓고 넓은 중국 천지에서 우연히 만나게 된 것이다. 나는 후에 '13억분의 1의 기적'이라고 명명했는데 정말 기적과 같은 일이 일어난 것이다.

그에게 나의 평소 고민을 털어놓았다. 중국 현지에 대학을 하나 설립하고 싶은데 방법이 없을지에 대해 의논했다. 그는 중국 내 외국대학이 단독으로 대학을 세우는 일은 매우 어려운 일이니 중남재경정법대학 내에 합작으로 새로운 단과대학을 설립하는 것이 좋을 것 같다는 아이디어를 내주었다. 중남재경정법대학에는 동서대학교 특화 분야인 영화영상, 디지털콘텐츠를 전문으로 하는 전공이 없으니 서로 '윈-윈'할 수 있는 기획이 될 수 있겠다고 했다. 정말 좋은 생각이었다. 우리로서는 중국에 진출해 우수한 중국 학생을 모집할 수 있고, 또 한국 학생을 대거 우한으로 보내 중국어와 중국문화를 공부할 수 있는 길이 열릴 수 있기 때문이다.

둘은 의기투합을 하기로 했다. 그러나 그 과정은 순탄치만은 않았다. 중국 교육부의 비준을 얻기까지는 상당한 시간이 소요되는 작업이었다. 그러나 많은 요구 서류를 준비하고, 베이징에 소재한 교육부를 찾아가 부지런히 필요성을 설명하는 등 부단히 노력했다. 한때 심사가 중단되는 시기도 있어서 애를 태우기도 했지만, 그 과정에서도 우리 두 사람은 오랜 신뢰를 바탕으로 지속적인 힘을 모았다.

한국대학 첫 한·중 합작대학 설립이라는 선물

중국 교육부에 학교설립 비준 신청을 한 지 거의 5년 만인 2011년 드디어 중국 정부의 허가가 나왔다. 발표가 있던 날 국제전화를 하며 서로 축하했다. 평소 조용한 성격의 친구가 크게 웃던 기억이 아직도 기억에 선하다. 영화과와 디지털콘텐츠학과 등 두 학과 입학정원 각 150명, 계 300명을 모집할 수 있게 된 것이다. 입학생은 중국의 대학입학시험인 전국통일고시(全國統一考試, 高考)에 합격해야 입학 자격이 주어진다. 그러니 매우 우수한 학생을 선발할 수 있는 발판이 마련된 것이다. 운영형식은 첫 2년은 중국 현지서 공부하고 3학년 과정이 되면 학생들이 부산으로 건너와 전공 심화(深化)과정을 이수하고 4학년이 되면 다시 우한으로 돌아가 과정을 마치면 한·중 공동학위가 나오는 것이다. 이로써 동서대학은 한국대학 최초로 중국 현지에 한·중 합작 단과대학인 '한·중뉴미디어대학' 설립하게 되었다. 이는 '한국대학 최초'라는 의미도 크지만, 오랜 우정의 결실이라는 점에서 매우 뜻깊은 일이라 하겠다.

중국 내 합작 단과대학이 설립됨으로써 우리 대학 한국인 재학생들도 대거 중국에서 유학할 수 있는 길도 열리게 되었다. 매년 100명에 가까운 재학생들이 우한으로 날아가 중국 학생들과 함께 생활하며 중국어와 중국문화를 배우고 있다. 이 과정을 거쳐 간 한국 학생들은 이미 1,000명을 넘어섰고, 유학을 통해 알게 된 중국 친구들을 통하여 또 다른 길이 열리고 있다. 정확한 숫자는 아니지만, 중국 유학을 했던 학생들의 반 정도가 졸업 후 다시 중국으로 들어가 청운의 꿈을 펼치고 있다. 이들 중에는 중국인과 결혼을 하여 가정을 이루는 이들도 있다.

합작 프로그램을 마친 중국 학생은 중국 내 애니메이션, 영화, 게임 회사에 취직하여 이제 어엿한 중견 엔지니어나 작가로서 맹활약 중이다. 창업해서 성공한 학생들의 이야기도 접하게 된다.

한 개인을 만나 우정을 쌓고 그것을 신뢰 관계로 발전시켜 함께 꿈을 실현해 나가는 것은 매우 아름다운 일이다. 우리 세대가 그랬듯이, 교육자로서 제자들에게도 이와 비슷한 기회를 제공하고 싶은 마음 가득하다.

그런 의미에서, 개인의 경험을 바탕으로 한·중고등교육협력을 위한 아래와 같은 몇 가지 제안을 하고 싶다.

한·중판 에라스뮈스 제도의 설립

주지하는 바와 같이, 유럽연합(EU)에는 '에라스뮈스 문두스(Erasmus Mundus)'라는 컨소시엄을 통하여 유럽 내 대규모 대학생 교류가 이루어지고 있다. 이 프로그램을 통하여, 학생들은 유럽 내 협정대학 어느 곳에서나 수강할 수 있고, 학점을 취득할 수 있다. 프로그램 이수자들의 상대국 이해도 향상과 유럽인이라는 일체감 조성에 큰 도움이 되고 있음은 물론이다. 한국과 중국 대학의 재학생 중에는 상대국에 가서 공부하며 다양한 경험을 하고 싶은 학생들이 매우 많다. 물론 개별 대학 간 자매협정을 통한 교환 학생 파견도 활발하지만, 학교의 국제교류 정도에 따라 매우 제한적인 것 또한 사실이다. 한·중수교 30주년을 맞는 시점에서 희망하는 학생이라면 모두 상대국에서 공부할 수 있도록 하는 제도적 장치를 마련하는 것이 바람직하다. 최근 '코로나19'를 거치며 활용도가 높아진 온라인 강의 시스템을 통하여 한·중 원격강의 플랫폼 (MOOCs)을 설치하는 것도 좋은 아이디어가 될 것이다. 한 걸음 더 나아가 '(가칭)한·중 국제장학기금'을 양국 정부의 출연으로 설립하면 많은 학생이 오갈 수 있는 재정적 기반도 마련될 수 있을 것이다. 한·중판 에라스뮈스 제도 설립을 양국 정부가 검토해 볼 만 하다.

한·중 대학생 국제기술봉사단 파견

한국대학에는 여름이 되면 해외로 봉사활동을 나가는 학생들이 많이 있다. 우리 대학에서도 매년 여름방학 기간 중 인도네시아 수라바야로 기술봉사단 (Tech-Corps)을 20년째 보내고 있다. 현지에서 세계 6개국에서 온 대학생들과 합류하여 연합으로 1개월간 오지에서 함께 생활하면서 현지인들을 위한 우물 파기, 태양열 전등 설치, 화장실 개선 등 봉사활동을 수행한다. 이와 비슷한 형태로 한·중의 대학생들이 연합으로 방학 기간 중 개발도상국에서 함께 봉사활동을 펼칠 수 있는 프로그램을 만드는 것을 고려해 볼 만하다. 한·중 대학생들이 함께 땀을 흘리며 보내는 한 달간의 기간은 학생들에게 상대국을 알아가고 우정을 싹트게 하는 좋은 계기가 될 것이다. 청년기에 쌓은 이러한 인맥은 이들이 사회로 진출하게 될 때 귀중한 자산이 됨은 물론이다.

한·중 인턴십 데이터베이스의 구축

한·중 간의 경제교류와 협력이 증가하는 추세에서 대학생들의 상대국 기업에서의 인턴십 경험은 매우 중요하다. 현재는 인턴십을 지원하는 제도가 부재한 탓에 활성화되어 있지 못하다. 한국경제인연합회와 중국기업연합회와 같은 양국의 경제단체가 중심이 되어 대학생들에게 인턴십 기회를 제공하는 기업들을 총망라한 데이터베이스를 구축하면 활용도가 매우 높을 것이다. 양국의 경제단체가 제공하는 정보라 공신력이 있어 안심하고 사용할 수 있다는 장점이 있다. 재학 중 또는 방학 중에 경험한 인턴십의 기회는 졸업 후 취업으로도 연결될 수 있을 것이다.

나는 미국 유학 시절 만났던 중국 친구를 통하여 한국대학 최초로 중국 현지에 합작대학을 만들 기회를 얻었다. 그 우정은 그가 정년퇴직하며 소개해 준 양찬밍(楊燦明) 현 중남재정정법대학 총장으로 이어졌다. 양 총장 또한 훌륭한 인품의 소지자로서 양교가 의기투합하여 설립한 대학의 발전에 큰 관심이 있다. 한·중 우정의 산물인 것이다. 나의 이러한 경험이 다음 세대에도 이어지면 좋겠다. 사람은 만나야 우정이 싹트고 신뢰(信賴) 관계로 발전한다. 한·중수교 30주년을 맞아 양국의 젊은이가 서로 만날 기회를 많이 만들어 주면 좋겠다. 전술한 제언은 한마디로 양국 젊은이들 간의 만남을 독려하기 위한 보다 체계적인 제도적 장치를 만들자는 것이다. 한·중 대학생 간의 우정이 한껏 피어나는 계기가 되는 한·중 30주년이 되면 좋겠다.

走在韩中高等教育合作的第一线 愿韩中友谊代代开花结果

张济国 东西大学校长、韩中建交30周年纪念活动筹备委员会委员

开韩国高校先河与中国建合作大学是韩中建交给我带来的最大礼物。

韩中建交的1992年，我在一所位于美国纽约州的法学院留学。那个年代韩国人对中国关注不多，加上没有建交，在第三国与中国人见面交友并不容易。我就读的法学院也有不少从中国来的留学生，但韩国留学生大多不与他们来往。

新学期开学，一个陌生的亚洲面孔坐在了我旁边。我很好奇地问他来自哪里，他自我介绍说是从中国来的吴汉东。吴汉东通过中国财政部的支援项目来美留学，这也是我人生中第一次和中国人交谈，感到新鲜的同时略有几分尴尬。那之后我们便成了学伴，常在课后一同去图书馆学习、去学校附近的中餐厅吃炸酱面。对于遥远陌生的异乡和并不容易的美国法律，我俩有些"同病相怜"。1993年5月我先毕业后，便与他断了联系。

2003年，我结束了在美日等地的旅居生活回国，其间中国经济增长突飞猛进，韩国对中国的关注也升至顶峰，包括中文系在内的中国相关学科在韩国高考生中的人气飙升。随着越来越多韩企进军中国，学生们对中国相关科目的学习热情高涨，甚至有高校在校生休学前往中国体验学习。与此同时，中国对韩国的关注也在提升，希望来韩国留学的中国学生数几何式增加。

作为一名高校校长，我看到了两国学生的需求。有一天，我认识的中国驻韩国大使馆教育参赞打来电话，邀我前往首尔"中国大学博览会"观摩。经介绍，我在中南财经政法大学展台认识了毕业于该校的副校长，之后共同推动了两校签订姊妹学校协议。一个月后，我飞往学校所在的中国武汉，在整洁美丽的校园里溜达了一圈后，我们在接待室等待校长。校长进门后，盯着我看了一会儿便问道，"你是不是在美国法学院留过学？"我仔细一看才反应过来他是15年前的同窗吴汉东。我们拥

抱在一起分享重逢的喜悦，没想到失联15年后，我们居然能在广阔的中国大地上重逢。后来我将我们的缘分称为"13亿分之1的奇迹"。我俩意气相投，也就顺理成章地决定在校内建立韩中合办的教育项目。

此后我们向中国教育部申请设立合办教育项目，2011年获批消息下来的当天，我们还互通电话祝贺对方。吴汉东性格沉稳，他开怀大笑的模样我至今仍印象深刻。我们学校特设电影学、视觉传达两个学科，招生名额各限定在150人，共300人，学生入学需要通过中国全国统一考试(高考)。3+1学制，学生前两年在中国学校就读，第三年来釜山东西大学，最后一年再回国完成课程后，可领取韩中两校的学位。由此，东西大学成为首个在中国与当地高校联合设立本科教育合作项目(韩中新媒体学院)的韩国大学。"韩国大学首个"的标签意义重大，但更为重要的是，这是我和老朋友友谊的结晶，而这段友情在吴汉东的继任——也就是现任中南财政政法大学校长杨灿明身上也得以延续。

韩中友谊的果实如今代代开花，也希望这样的缘分能延续至下一代。人们相遇才能建立友情和信赖，时值韩中建交三十周年，希望两国年轻人能拥有更多的交流机会。我也提议通过构建韩中版伊拉斯谟计划、成立韩中大学生国际技术志愿团等，在制度上完善青年交流体系。希望建交30周年，成为让韩中大学生友谊之花绚烂绽放的契机。

스포츠로 만드는 '함께하는 미래'

• 유승민 IOC 선수위원, 대한탁구협회 회장

'작은 공'으로 '큰 공'을 움직이다(小球轉動大球)

50년이 지난 지금까지도 핑퐁외교(Ping-Pong Diplomacy) 는 '스포츠 외교' 하면 가장 먼저 언급될 정도로 역사적인 신화이다. 2차 세계대전 이후 얼어붙어 있던 미국과 중국 의 관계는 1971년 3월 28일부터 4월 7일까지 나고야(名古屋)에서 개최된 제 31회 1971 세계탁구선수권대회로 인하여 대화의 물꼬를 트게 된다. 중국은 탁구대회에 참석한 미국선수단 15명과 기자 4명을 공식 초청하여 친선경기 를 통해 관계를 개선하고 베이징, 상하이, 광저우 등의 지역을 순방한다. 이 일을 계기로 1971년 7월 헨리 키신저 미국 국가안보 담당 보좌관이 극비리로 중국을 방문하게 되며, 이후 중국 저우언라이(周恩來) 총리가 중국 정부를 대표해 리처드 닉슨 미국 대통령을 초청한다. 1972년 2월 21일 리처드 닉슨 미국 대통령은 중국을 방문하고 미국과 중국 양국이 '상하이 코뮈니케(공동 성명)'를 채택하여 탁구를 통해 오랜 기간 이어져 왔던 두 나라의 관계가 경제 봉쇄정책에서 수교까지 이어진 것이다.

　이는 스포츠가 정치적으로 반대편에 있던 국가 간 관계 개선을 성공적으로 이뤄낸 사례로 기억되고 있다. 핑퐁(탁구)외교는 단순한 역사일 뿐 아니라 오늘날 필요한 정신이기도 하다. 핑퐁외교 50주년을 맞아 국제탁구연맹(ITTF)은 2021년 11월 23일부터 29일까지 미국 휴스턴에서 개최된 제56회 2021 세계탁구선수권대회에서 린가오위안(林高遠; 중국)과 릴리 장(미국), 카낙 자(미국)와 왕만위(王曼昱; 중국) 등 미·중 양국 선수로 구성된 혼합복식 2개 조를 출전시켰다. 연합팀은 외교 및 경제 등에서 갈등을 빚고 있는 미국과 중국의 위축된 민간교류를 되살리는 계기를 만들기 위한 목적으로 중국 및 미국 탁구협회의 요청에 따라 ITTF(국제탁구연맹) 집행위원회가 승인하면서 성사되었다. 이처럼 다양한 계기를 통해 스포츠 교류 방안을 지속적으로 모색해야 하며, 50년 전 작은 공(탁구공)으로 큰 공(지구)을 움직였던 것처럼 앞으로도 스포츠가 전 세계 평화의 물꼬를 트는 수단이 되도록 해야 한다.

스포츠에는 국경이 없다

한국에서는 올림픽 금메달을 따는 것보다 태극마크를 다는 게 더 어렵다는 양궁 종목이 있다. 중국에서는 탁구가 그런 의미를 지니고 있다. '탁구' 하면 '중국'이라고 할 정도로 중국 탁구가 세계 무대에서 압도적인 모습을 보여주고 있다. 탁구가 정식 종목으로 채택된 1988 서울 하계올림픽부터 2022 도쿄 하계올림픽까지 중국 선수들은 총 37개의 금메달 중 32개를 목에 걸었으며, 한국이 3개, 스웨덴과 일본이 각 1개를 차지했다. 중국은 올림픽 포디움만 지배한 것이 아니라, 세계탁구선수권대회, 아시아탁구선수권대회, WTT(World Table Tennis) 그랜드스매시대회에서도 최강국의 면모를 보여주고 있다.

탁구에서 중국의 벽이 높은 것은 사실이다. 하지만, 불가능은 없다. 필자는 2004년 아테네 하계올림픽 남자 탁구 단식 결승에서 중국의 차세대 에이스 왕하오(王皓) 선수와 금메달을 두고 경기했다. 결승전을 시작도 안 했는데 주변 사람들이 왕하오 선수를 이길 가능성이 없다고, 그냥 은메달에 만족하라는 이야기를 많이 했다. 그 이유는 왕하오 선수와 1999 아시아주니어선수권 때 한 번 이겨본 것을 제외하고는 성인 대회에서 '6전 6패'로 단 한 번도 이기지 못했기 때문이다. 특히, 왕하오 선수는 '이면타법'이라는 굉장히 까다로운 기술을 구사하던 선수였다. 이면타법은 펜홀더 라켓 양면에 다른 재질의 러버를 붙여 양쪽을 모두 사용해 공을 치는 기술로 중국이 세계 정상의 자리를 지키는 강력한 기술이자 무기이기도 하다. 그 독특한 타법의 모든 공을 받아칠 방법은 하루에 수천 번씩 연습하는 수밖에 없었다. 그래서 올림픽 전에 국내 유일의 '이면타법' 선수인 이정삼 선수를 파트너 삼아 적응력을 높이고 끊임없이 선수의 패턴을 분석했다. 이러한 노력, 결승전 당시의 컨디션 그리고 '내가 이긴다'라는 정신력이 시너지 효과를 이루어 탁구 종목에서 중국이라는 높은 벽을 넘을 수 있었던 것이라고 생각한다. 탁구는 원포인트로 승부가 갈리는 경기이기 때문에 쉽게 승부가 결정되지 않는다. 왕하오 선수와의 올림픽 결승전도 첫 세트만 빼고 11대9, 11대13 11대9, 모두 한 포인트 차이로 승부가 결정이 났다. 그래서 탁구는 체력, 기술, 정신력이 삼위일체가 되어야 하며, 하나라도 빠지면 우승을 할 수 없게 된다.

2004년에 올림픽에서 금메달을 딴 이후에도 금메달에 만족하기보다는 중국 탁구를 경험하기 위해 중국 쓰촨성(四川省) 탁구단에서 선수 생활을 했다. 중국 선수들과 선의의 경쟁을 통해 스포츠맨십도 배우고 우정을 많이 쌓는 계기가 되었고 특히 중국 탁구의 좋은 인프라를 경험하면서 개인적으로 많이 성장했다. 엘리트 체육인으로서 기술적으로도 성장하기도 했지만, 탁구를 바라보는 새로운 시선도 키워나갔다. 중국 생활을 하면서 거리 어디를 가도 탁구하는 사람들을 볼 수 있었다. 어렴풋이 '나도 우리나라 탁구 발전을 위해 뭔가 하고 싶다'는 새로운 욕심들이 생겨났다. 궁극적으로 중국의 생활체육처럼 대한민국에서도 거리에서 사람들이 탁구를 즐기고 배울 수 있는 환경을 조성하고 선수들이 좋은 환경에서 많은 경기를 할 수 있는 환경을 조성하고 싶었다.

탁구의 기술적인 면뿐만 아니라 생활체육 면에서 중국이 배울 점이 많은 나라인 것은 사실이다. 현재 운영하는 탁구클럽에 중국 탁구클럽 회원들을 초청한 적이 있었다. 우리는 회원이 50~100명 정도 있었는데, 중국 탁구 클럽은 3,000명이 넘는 회원을 보유하고 있었다. 중국은 대한민국 인구수만큼 탁구인을 보유한 탁구 강국이다. 중국은 탁구협회에 등록된 탁구 선수만 3,000만 명으로 대한민국 인구에 가까운 선수층을 보유하고 있다. 반면, 대한민국에서 전문 체육 초등학교, 중학교, 고등학교, 대학교, 실업 선수까지 등록된 선수 수는 1,396명이다. 중국에서는 운동하는 사람들이 많으니 운동 환경이나 인프라들은 당연히 잘 마련되어 있으며, 탁구 선수들을 전문적으로 양성하는 '탁구 학교'도 지역마다 있다.

중국과 같이 생활체육을 확대하는 것은 한국이 '스포츠 강국'에서 '스포츠 선진국'으로 도약하는 좋은 계기가 될 것이라고 본다. 대한탁구협회는 2020년부터 생활 탁구 현장에 디비전리그를 도입했다. 디비전리그는 생활체육 우수선수로 선발된 인원을 전문체육계로 연계하는 것으로 생활체육과 전문체육으로 구분하지 않고 다양한 수준별 대회를 마련함으로써 생활체육 저변을 확대하는 것이다. 또한, 2022년 3월 탁구가 유·청소년클럽리그(i-League)가 시행 종목으로 선정되었으며, 이를 토대로 생애주기별 탁구 참여 확대를 위해 다양한 생활체육인을 위한 탁구 대회를 개최하고 있다.

더불어, 2000년에 중국은 탁구 프로리그를 시작으로 선수들이 많은 경기 수와 치열한 경쟁 속에서 실력을 키웠다. 탁구 강국인 독일(1933년)과 일본

(2018년)도 프로리그를 통해 경기력을 높이고 탁구라는 종목을 국민에게 각인시키고 있다. 한국 탁구계도 약 20년 전부터 프로화에 대한 염원이 있었다. 그 결과 2021년 10월에 한국에서 프로리그가 출범했다. 역사적인 프로리그 첫 시즌은 2022년 1월에 개막하여 1부 리그 격인 코리아리그(기업팀)에는 남자 7개 팀, 여자 5개 팀이 참가했으며, 2부 리그 격인 내셔널리그(지방자치단체팀)에서는 남자 6개 팀, 여자 9개 팀이 출전했다. 첫 시즌은 2022년 6월에 성황리에 폐막했다. 한국 프로탁구리그는 앞으로 지역연고제와 외국인 선수제도 등을 도입할 예정이다. 나아가 중국, 일본, 유럽과 교류전도 구상하고 있으며, 아시아와 유럽의 탁구 강국이 참여하는 대회를 만들 계획이다. 탁구 프로화를 발판 삼아 한국 선수들이 중국 선수들과 선의의 경쟁을 통해 대한민국 탁구가 새롭게 재도약하는 기회가 되기를 바란다.

하나 된 열정으로 소통과 화합이라는 교류를 통해 함께하는 미래를 만들다

2022년은 한·중수교 30주년이자 한·중 문화교류의 해이다. '코로나-19'로 인하여 국경도 막히고 조금씩 중국과의 교류가 사라지고 멀어진 느낌이 들어 아쉬웠지만 '2021-2022 한·중 문화교류의 해'를 맞이하여 '문화로 나눈 우정, 미래를 여는 동행'의 슬로건을 주제로 한 다채롭고 풍성한 문화교류 행사가 다양하게 진행되었다. 특히, 체육 분야의 홍보대사로서 중국의 장홍(張虹) 국제올림픽위원회(IOC) 위원과 한·중 양국의 스포츠 교류를 위해 최선을 다하고 있다. 지난 2월 4일부터 20일까지 동계 스포츠 최대 이벤트인 2022 베이징동계올림픽이 개최되었다. 2008 베이징 하계올림픽은 선수로 참석했지만 2022 베이징동계올림픽은 국제올림픽위원회(IOC) 위원으로 참석하게 되어 감회가 새로웠다. 영광스럽게도 IOC 선수위원으로 임명되면 8년 동안 총 4번의 올림픽(동계 2번, 하계 2번)에 참석하게 된다. 앞으로 다가올 2024 파리 하계올림픽을 제외한 3번의 올림픽(2018 평창 동계올림픽, 2020 도쿄 하계올림픽, 2022 베이징동계올림픽)을 모두 아시아에서 경험할 수 있었다. 특히, 베이징은 이번 동계올림픽 개최로 세계 최초로 동·하계 올림픽을 개최한 도시가 되었으며, 코로나 상황에서도 안전하고 성공적인 대회로 거듭났다.

이제는 베이징동계올림픽의 열기를 2024년 강원 동계청소년올림픽으로 이어 나가기 위한 한·중 양국의 협력이 필요하다. '스포츠를 통해 조화로운 인류 발전에 기여'라는 올림픽헌장에 명시돼 있는 올림픽 이념(Olympism)의 목표를 다시 한번 되짚고, 한마음 한뜻이 돼야 할 때이다. 한·중수교 30주년을 시작으로 앞으로도 한·중관계가 한층 더 발전해 나가길 바라며, 2018 평창 동계올림픽의 '하나된 열정(Passion, Connected)'과 2022 베이징동계올림픽의 '함께 하는 미래(Together for a shared future)'의 슬로건과 같이 한·중 양국이 하나된 열정으로 함께하는 미래를 만들어나가길 소망한다.

体育搭建韩中交流之桥

柳承敏 国际奥委会委员、韩国乒乓球协会会长

▲ 体育无国界

在韩国，成为一名射箭国家队运动员的难度要大于在奥运会上拿金牌——而乒乓球之于中国，就好比射箭之于韩国。中国乒乓球在全世界范围内的实力无需多言，外国乒乓球运动员要想打破"中国天花板"异常艰难，但并非不可能。

笔者与当时中国新一代乒坛领军选手王皓在2004年雅典奥运会男单决赛中相遇，争夺金牌。王皓选手以"直板横打绝技"著称，技战术水平高超。要想接到王皓的球，除了每天数千次的挥拍训练以外别无他法，依靠决赛中良好的状态和"我必胜利"的决心，我在奥运会乒乓球比赛中越过了"中国之墙"。

2004年在奥运会拿到金牌后，我并没有仅满足于摘金，为了更深层地体验中国乒乓球，我来到了四川省队训练比赛。通过和中国运动员的友谊竞争，我们建立了深厚的体育友情，得益于中国乒乓球完善的训练体系，我个人成长了很多。在中国打比赛让我的技战术水平得到大幅提升，同时也改变了我对乒乓球这项运动的看法。在中国街头巷尾随时能看到打乒乓球的人，慢慢地我就在心里种下了一个愿望，那就是让乒乓球运动在韩国得到更广泛的推广，让韩国运动员有更好的训练和比赛环境。

乒乓球不仅是竞技体育，更是一项可以全民参与的生活体育，这一点中国有很多值得学习的地方。中国的乒乓球人口和韩国总人口数差不多，其中在乒乓球协会登记的运动员数量就有3000万，超过了韩国一半的人口数。与此相反，韩国登记在册的乒乓球运动员人数仅1396人。从事相关运动的人口数越多，相应的体育设施就越好，我希望韩国能和中国一起，从"体育强国"发展为"体育发达国家"。

▲ 用团结一心的热情，以沟通和交流共创未来

今年2月4日"2022北京冬奥会"拉开了20多天的征程，我以运动员身份参加了2008年的北京奥运会，2022年的北京冬奥会我是以国际奥林匹克委员会(IOC)委员的身份参加，这种身份的转换让我颇为感慨。冬奥会之后，北京成为全球首个同时举办夏季奥运会和冬季奥运会的城市，同时也在新冠疫情之下安全举办了一届冬奥会。

我希望韩中两国能以建交30周年为契机，令两国关系能更上一层楼。2018年平昌冬奥会的口号是"团结的热情(Passion. Connected)"，2022北京冬奥会的口号是"一起向未来(Together for a shared future)"，就像这两句口号一样，希望两国能以团结一心的热情，携手走向美好的未来。

국경을 넘은 예술콘텐츠가 만든
교류와 신뢰

• **유인택** 한중수교30주년기념사업준비위원회 위원, 前 예술의전당 사장

 1992년 8월 24일, 냉전과 반공이데올로기가 여전히 팽배하던 시절에 노태우 대통령께서 중국과 수교를 맺었던 역사적인 날이다. 그런데, 2022년 올해는 한·중수교 30주년이자 한·중 문화교류의 해로서 양국이 대대적으로 기념을 해야 할 터인데, '코로나-19' 팬데믹에다가 최근 갈등과 긴장으로 흐르는 국제정세 때문에 잔치 분위기가 아니어서 못내 안타깝다.

돌이켜 보면 한·중관계는 수천 년 동안 역사적으로나 정치·경제·사회·문화적으로 매우 밀접하게 흘러왔다. 문자를 비롯한 법·제도·종교·철학사상·천문지리 등등 모든 문물이 중국으로부터 비롯됐고, 가깝게는 일제강점기에 한국의 상하이임시정부가 중국에 있었고, 항일독립운동에 도움을 많이 받았던 동지적 관계였다. 1949년 중화인민공화국이 탄생하고 '6.25전쟁' 때 중공군 참전부터 1992년까지 이데올로기의 차이 때문에 수 천년 사이에 불과 약 40여 년 단절돼 있었던 셈이다.

같은 한자문화권이자 유교문화권인 두 나라는 수교 이후 비약적인 경제

성장을 이루어 오늘날 세계를 놀라게 하고 있다. 14억 명 인구의 중국은 미국과 어깨를 나란히 하는 초강대국으로 급부상하고 있다. 그러다 보니 한국으로서는 특히 경제적으로 서로 떼려야 뗄 수 없는 관계에 놓였다. 또한, 세계 유일의 분단국인 한반도에서 중국은 북한과 수교 국가로서 매우 가깝기에 한·중관계는 한반도 평화를 위해서도 매우 중요한 관계임은 주지하는 사실이다.

중국영화 상설 상영관 개관

예술대학에서 요즘 흔히 말하는 MZ세대들에게 강의를 한 적이 있다. 연극·뮤지컬·영화·방송 전공 학생들이었다. 그런데 이 학생들이 한국 역사를 모르고, 그러다 보니 중국에 대해서는 아예 무지한 수준을 넘어 관심이 없는 것을 보고 깜짝 놀랐다. 그 원인을 물으니 중고교 시절에 국사와 세계사를 배우지 않았다는 것이다. 필수과목이 아니고 선택 과목이었다고 한다.

1990년대부터 한국의 K-팝 아이돌 가수들이 중국에 진출하여 한류 시동을 걸고, 뒤이어 드라마 등 대중문화가 급속도로 중국에 진출했다. 한류를 통해 중국인들이 한국에 관한 관심도 높아지고 많이 알게 됐다. K-팝, K-드라마, 게임, 영화 등 '문화산업의 수출'이 급격히 늘어났고 덩달아 K-푸드, K-뷰티, 관광 분야가 성황을 이루었다.

게다가 한국 국민 1인당 GDP가 3만 달러 수준인 것에 반해, 중국은 근래에 1만 달러를 넘어섰다. 이러다 보니 세상을 보는 눈이 아직 좁은 한국의 젊은 이들은 중국에 대해 우월감을 갖고 무관심한 것으로 보였다.

50·60·70세대인 필자 세대는 반공이데올로기 교육 환경에서도 한자(漢字)는 물론, 세계사 시간에 중국 역사와 지리를 달달 외웠던 세대이다. 더욱이 사회에 진출하면 소설 '삼국지(三國志)'는 경영과 처세의 필독서로 인식하고

있었고, 나 역시 세 번이나 읽었다. 따라서 중국인들과 만날 기회가 있을 때마다 '당(唐)·송(宋)·원(元)·명(明)·청(淸)' 같은 중국 역대 왕조를 줄줄이 읊고, 소설 '삼국지' 속의 얘기를 하면 중국인들이 깜짝 놀라면서 매우 반가워하고 친숙해지는 경험을 했다. 덧붙여 일제강점기 때 중국에서의 항일독립운동을 얘기하면 함께 공분하고 공감대를 이루곤 했다.

그래서 영화를 좋아하는 미래세대들에게 영화 관람을 통해서라도 미래를 열어갈 현대의 중국 젊은이들을 이해하게 하면 어떨까 생각한 것이 '중국영화 상설 상영관'이었다. 필자가 2015년 대학로에 모 대학재단 소속의 동양예술극장을 경영하면서, 젊은이들이 들끓는 대학로 한복판에 재한국 중국문화원과 협업하여 중국영화를 무료로 상영하는 '중국영화 상설관'을 세계 최초로 개관했다. 동양예술극장은 연극뮤지컬 공연장이므로 주로 저녁에 사용하니까 낮 시간대에 중국문화원이 제공하는 영화에 한글 자막을 입혀서 무료 상영하였다.

이후 중국영화 상설관의 취지와 반응이 좋아 인천과 부산으로 확장하였고, 이 일로 나는 '친중 인사(?)'로 분류되었다(웃음).

한·중수교 30주년 기념 뮤지컬 〈상하이 1932-34〉 제작

근래 국제적 정치·외교·군사 문제 때문에 '한류 산업'의 중국 진출이 어려움을 겪고 있다는 보도가 잇따르고 있다. 반면, 연극 무용 전통음악 같은 공연예술, 미술, 서예, 문학 등 흔히 우리가 말하는 순수 문화예술 교류는 어땠는지 궁금하다.

문화는 한 나라에서 다른 나라로 일방적으로 흐르면 부작용이 나타난다. 한때 우리는 미국문화와 일본문화의 홍수 속에 '문화식민지화' 운운하며 민족문화를 강조했던 시절이 있었다. 그래서 문화는 상호 균형 있는 교류를 통해 양국 국민이 양국과 양국 국민을 동등하게 이해하는 역할을 해야 한다고 생각한다.

과거에는 흔히 국가 간 문화교류를 한다고 하면, 국악이나 사물놀이 같은 전통 민속예술과 관련 단체를 교류하곤 했다. 물론 자국의 우수한 전통문화를 소개하는 것은 중요하다. 그러나 이제 세계는 디지털 세상으로, 모든 정보와 문화를 손쉽게 접하고 교류하는 세상이 됐다. 따라서 과거 관습적인 문화교류로는 양국 국민 사이에 확장을 기대하긴 어렵다. 이제는 형식이 아닌 이야기의 교류가 필요하다. 세대, 국경을 넘어서 보편성을 가진 이야기로 예술콘텐츠를 개발 교류하는 것이 공감을 통해 지속 교류할 방법이다. 필자는 한국을 대표하는 공공극장인 예술의전당 사장에 재직하면서 2년 전인 2020년부터 양국 국민 모두 공감할 수 있는 소재로 한·중수교 30주년 기념 중국 공연을 준비했다.

뮤지컬 〈상하이 1934〉는 1930년대 일제강점기 동양의 할리우드라 불리던 중국 상하이 영화계에서 유일하게 영화황제 칭호를 받았던 배우 김염(金焰)과 중국 국가인 '의용군 행진곡(현 중화인민공화국 국가)'을 작곡한 작곡가 '니에얼(聶耳)'의 우정을 통해 일제점령기 시절의 중국영화 이야기를 다룬 작품이다.

〈상하이 1934〉는 일본에 의해 조작된 105인 사건에 연루되어 중국으로 망명한 독립운동가 김필순(金弼淳)의 아들이자 독립운동가 김규식(金奎植)의 조카였던 조선인 김염(金焰)과 중국

상하이1932-34 연극 포스터 (출처: 예술의전당 제공)
《上海1932-34》海報 (照片来源：艺术殿堂提供)

윈난성(雲南省) 쿤밍(昆明)에서 봉건주의 타도를 외치며 운동을 하다가 일제의 블랙리스트에 오른 니에얼(聶耳)이 운명적으로 상하이 영화관에서 만나, 예술적 동지이자 영혼의 친구로 발전·성장해 가는 드라마다. 김염과 니에얼이 중국 영화계에서 주목받으며 왕성한 활동을 하기 시작한 1932년은, 윤봉길 의사가 상하이 홍커우(虹口) 공원(현 노신공원)에서 열린 '일왕 생일 축하 기념식장' 단상에 폭탄을 투척하며 '대한독립 만세'를 외쳐 일제침략을 받고 있던 중국인들 마음을 후련하게 했던 해이기도 하다.

이 작품은 지난 4월 국내 공연을 통해 한국 관객은 물론 1천여 명 재한국 중국인 관객들로부터 재미와 감동과 눈물의 큰 호응을 받으며 그 가능성을 인정받았다.

최근의 국제정세로 한·중관계가 어려운 상황에 놓여 있다. 이런 때일수록 한·중수교 30주년을 계기로 <상하이 1932-34>와 같은 양국 국민, 특히 젊은 층이 함께 공감하고 즐길 수 있는 문화예술로 상호 교류한다면, 얼어붙은 분위기를 녹이는 데 큰 힘이 될 것이다. 40여 년 전 중국과 미국이 '탁구'로 얼어붙은 외교 관계를 풀었듯이, 일방적인 '수출'만이 아니라, 다른 한편으로 정부나 공공기관 차원에서 양국 국민이 공감할 수 있는 비영리 목적의 문화예술 교류로 상호 이해와 신뢰관계를 더욱 다지는 것이 필요한 시점이며, 상호 국익에도 도움을 줄 것으로 믿는다.

超越国境的艺术内容为韩中交流和互信注入活力

柳寅泽 前艺术殿堂社长、韩中建交30周年纪念活动筹备委员会委员

1992年8月24日，是韩国前总统卢泰愚成功实现韩国与中国建交的历史性的一天。2022年韩中迎来建交30周年，同时也是韩中文化交流年。在这样的时间点，两国间本应举办的各类大型活动受新冠疫情长期化和地区局势紧张等综合因素的影响未能举行，对此我感到十分遗憾，也想借此机会回顾过往，重申韩中关系的重要性。

▲ 开设中国电影常设电影院

此前在艺术学院给年轻的MZ一代(指1980年代至2000年代初期出生的人)学生的授课经历令我十分震惊，因为听课的戏剧、音乐剧、电影、传播专业的学生竟然对中国完全不感兴趣。中国掀起"韩流"热潮后，越来越多的韩国年轻人对中国产生了一种优越感，对中国也有些漠不关心。于是我就想，如果能通过给喜欢电影的未来一代提供观看中国现代电影的观影机会，应该会有助于他们了解中国的年轻人，这也是我开设中国电影常设电影院的初衷。2015年我与首尔中国文化中心合作，在年轻人聚集的文化胜地大学路开设了全球首个免费中国常设电影院。

▲ 制作纪念韩中建交30周年的音乐剧《上海1932-34》

在迅速发展的数码时代，我认为打造跨越代沟、超越国境的具有普遍性的艺术内容才能在全球文化交流中持续获得共鸣。在我担任艺术殿堂社长期间，我们通过挖掘让两国人民都能产生共鸣的素材，准备了特别演出来迎接韩中建交30周年。

音乐剧《上海1932-34》讲述了在上世纪30年代日本侵略时期的东方好莱坞上

海，出生于汉城(今首尔)的"电影皇帝"金焰和中国国歌《义勇军进行曲》的作曲家聂耳的友谊和奋斗故事。韩国著名独立运动家金弼淳之子和出生于中国云南昆明、因参加反帝反封建运动而被列入日本帝国主义"黑名单"的聂耳在上海相遇，两人共同奋斗、一起成长。音乐剧开演后备受好评，收获了包括在韩中国观众在内的众多韩中观众的眼泪和感动。

我希望可以通过上述中国电影常设电影院和《上海1932-34》这两个成功经历，给最近的韩中关系带来一些启示。持续进行跨越代沟、超越国境的文化艺术交流，将有助于在两国人民尤其是年轻民众间建立共鸣和友好的氛围。不仅仅是单方面的"输出"，从政府和公共机构的角度来看，有必要通过能让双方民众产生共鸣的非营利性质的文化艺术交流，进一步增进理解和互信，实现互惠共赢。

문화교류의 생명력 불어넣은 추사,
문화를 통한 대화의 시작

• 전인건 간송미술관 관장, 한중수교30주년기념사업준비위원회 위원

 추사(秋史)라는 호로 더 많이 알려진 '금석(金石)'학자이자 서화가 김정희(1786-1856)의 또 다른 호는 완당(阮堂)이다. 우리가 김정희를 기억하는 것은 '추사체(秋史体)'라고 부르는 독특한 글씨체에 힘입은 바가 크지만, 그의 학문과 예술 세계는 쉽게 가늠하기 어려울 정도로 넓고 깊었다. 김정희는 경사(經史)와 금석학(金石學), 문자학(文字學), 천문지리학(天文地理學)에 조예가 깊었고, 시서(詩書)에도 두루 능했던 대학자이자 대 예술가였다. 그림 또한 폭넓은 식견과 안목으로 자타가 공인하는 당대 제일의 비평가이자 감식안(鑑識眼)이었다.

김정희는 조선 성리학(性理學)을 기반으로 꽃피웠던 진경문화(眞景文化)가 노쇠하여 한계를 드러내자, 이러한 시대의 흐름을 극복하고자 청조(淸朝) 문화를 적극적으로 배우고 수용할 것을 주창했다. 김정희의 이러한 생각에는 박지원, 홍대용을 비롯하여 박제가, 이덕무 등 이른바 북학파(北學派)로 불리는 선배들의 직간접적인 훈도(訓導)가 있었음은 물론이다.

김정희는 1809년 24살의 젊은 나이로 아버지 호조참판 김노경이 동지부사로 연경(베이징의 옛 지명)에 갈 때 자제군관으로 따라가게 된다. 박제가 등을 통해서 이미 소장학자 조강을 위시한 연경의 젊은 학자들은 김정희의 존재를 알고 있었고, 이들을 통해서 마침내 옹방강과 완원 같은 당대 최고의 학자들을 친견하는 기회를 얻는다. 금석학자이자 경학자인 운대(芸臺) 완원(阮元)은 당시 천하에 위명을 떨치던 47세 장년 학자였지만, 추사의 손을 직접 이끌어 자신의 서재인 태화쌍자비관으로 맞아들여 수많은 금석자료와 서책을 보여주고 기증하는 등 각별하게 대해주었고다. 김정희의 호 완당은 이러한 완원을 기리며 지은 것이라 한다. 담계 옹방강(翁方綱)은 당시 연경 문예계에서는 최고의 노대가이자 스승으로서 큰 영향력을 가진 인사였는데, 78세의 고령으로 외부인과 만남을 피하고 있었다.

하지만 이국 청년학도의 열정에 감복하여 새벽 5시에 오라는 시험을 내리는데, 새벽에 시작한 옹방강과 김정희의 필담은 옹담계가 김완당의 열정과 학구열에 감탄하여 '경술문장 해동제일(經術文章 海東第一)'이라는 휘호를 그 자리에서 써주는 상황에 이른다. 이후 옹방강은 자기 아들들인 옹수배, 옹수곤을 소개하고, 그 중 옹수곤은 완당과 동갑이라 서로 형제의 의를 맺고 평생 함께 금석학을 공부할 것을 약속하기에 이른다. 실제로 옹수곤은 그 후 끊임없이 중국의 희귀한 금석자료들을 인편으로 완당에게 보냈고, 완당 역시 평백제탑비 등 조선의 금석자료들을 옹수곤에게 보내며 교류를 이어나갔다. 옹수배, 수곤 형제만이 아니라 옹방강의 휘하에 있었던 주학년, 오숭량, 섭지선 등과도 깊은 교분을 맺게 되는데, 김정희의 귀국일이 가까워지자, 그 사이 친교를 맺었던 사람이 모여 조촐한 송별연을 열었는데, 지금은 사진으로만 남아 있는 '추사전별연도'와 당시 전별시로 엮어진 '전별책'으로 그 모습을 짐작할 수 있다.

이렇게 맺어진 김정희와 연경 문인들과의 인연은 일생 계속되었고 김정희

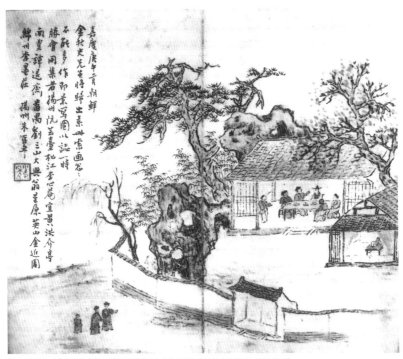

추사전별연도(秋史餞別宴圖), 주학년(朱鶴年), 지본담채, 1810년대 (출처: 저자 제공)
朱鶴年画作《秋史饯别宴图》，紙本淡彩，1810年代。(照片来源：作者提供)

가 조선에서 북학과 금석학의 최고봉이 되어 우리나라 학계에 많은 영향을 주었다. 또한, 말년에 제주도와 함경도 유배 생활 중에도 계속해서 서신과 인편으로 교류를 하면서 김정희의 예술적 완성에 지속해서 영향을 주었으니, 조선 후기 학문과 예술의 발전에도 적지 않게 이바지했다고 할 수 있겠다. 김정희의 그림 중 가장 유명한 것을 꼽으라면 단연 세한도(국보 제180호)라고 할 수 있다. 이 세한도가 완성되는 과정 역시 완당과 청조 중국 문인들과의 교류가 그 중심에 있는데, 완당이 가장 아꼈던 제자 역관 이상적은 스승이 그를 위해 그린 이 조선 문인화의 최고 걸작을 완당과 오래 교류하면서 그를 존중하고 사랑하는 중국의 문인들에게 보이고 제영(제목을 붙인 시나 감상

세한도(歲寒圖, 국보 제180호), 김정희(金正喜), 지본담채, 1844년, 국립중앙박물관 소장 (출처: 저자 제공)

金正喜 画作《岁寒图》(国宝第180号), 纸本淡彩, 1844年。韩国国立中央博物馆收藏。(照片来源：作者提供)

문)을 받았다. 모두 17인의 청조 문인들의 이름은 다음과 같다. 장악진(章岳鎭), 오찬(吳贊), 조진조(趙振祚), 반준기(潘遵祁), 반희보(潘希甫), 김준학(金準學), 반증위(潘曾瑋), 풍계분(馮桂芬), 왕조(汪藻), 조무견(曹楙堅), 진경용(陳景庸), 요복증(嶢福增), 오순소(吳淳塑), 주익지(周翼址), 장수기(莊受祺), 장목(張穆), 장요손(張瑤孫) 17명이나 된다. 모두 19세기 중반의 청조 학계를 대표할 만한 사람이다. 또한, 약 100년이 지난 후 가장 대표적인 민족 지도자이자 한학자였던 위창(葦滄) 오세창(吳世昌), 위당(爲堂) 정인보(鄭寅普), 그리고 독립투사이자 대한민국 초대 부통령을 지낸 성재(省齋) 이시영(李始榮) 역시 세한도 말미에 제영(題詠)을 덧붙여 모두 20편의 제영이 붙어있다. 그림만으로도 조선 문인화의 정점을 찍은 작품이지만, 이 제영이 함께 있음으로써 작품의 역사성과 서사가 비할 데 없이 깊어졌다고 할 수 있다. 동시에 추사와 그 제자 이상적 그리고 청조의 문인들이 함께 완성해 낸 대작을 통해 문화적 교류가 어떤 힘을 가지며, 어떤 결과물을 만들어 낼 수 있는가를 보여주는 대표적인 예시라 하겠다.

2019년 6월 중국 베이징 중국 국가미술관에서 열린 '추사 김정희와 청조 문인과의 대화' 전시는 이러한 19세기에 있었던 문화적 교류를 21세기의 시선으로 풀어낸 뜻깊은 전시였다. 마침 추사가 베이징을 방문한 지 210년이 되는 해였고, 210년 전 청조의 수많은 문인과 교류를 시작해서 만들어낸 아름답고 빼어난 결과물들이 다시 베이징으로 왔다. 그간 두 나라의 근현대사의 수많은 질곡으로 인해 끊어지다시피 한 문화교류가 옛날에 있었던 의미가 깊고 훈훈한 문예가들의 관계를 통해 다시 이어지기 시작했으니 더욱 그 상징성이 크다고 할 수 있겠다. 간송미술관, 과천시 추사박물관, 제주 추사관, 영남대박물관, 김종영미술관 등 30곳이 넘는 소장처로부터 120점이 넘은 작품을 모아 기획한 이 전시는 사상 최대최고의 추사 전시이기도 했고, 이러한 전시가 우리나라가 아니라 중국, 베이징에서 열렸다는 것 자체가 가지는 의미가 매우 크다고 할 수 있겠다.

'추사 김정희와 청조 문인과의 대화 전시' 오프닝, 중국 국가미술관, 2019 (출처: 저자 제공)
2019年"秋史金正喜与清朝文人的对话"展在中国美术馆开幕。(照片来源：作者提供)

이에 호응하듯 2019년 베이징 '추사전(秋史展)'은 많은 중국인으로부터 큰 호평을 받으며 약 2개월 동안 하루평균 5천 명의 관람객이 찾아 총 30만 명의 누적 관람객 수를 기록하였다. 서도 전문가인 국가미술관 부관장으로부터 "추사는 현대(중국)의 서예가 어디로 가야 할지를 150년 전에 제시했다"라는 평가를 받았고, 전시를 기획한 예술의 전당 서예관의 이동국 수석 학예사는 "지난 백 년 동안 한·중이 문화적으로 떨어져 있었지만, 추사를 통해 일시에 백 년 간극을 허문 계기가 된 것"이라고 말했다. '문화를 통한 대화'라는 이 전시의 특별한 의미를 잘 설명하는 말이 아닌가 한다.

이렇게 학문과 문화예술을 매개로 한 교류는 실질과 실용을 중심으로 하는 정치, 경제적인 교류와 달리, 사람의 마음을 움직이고 조건이 없는 진심의 교류 가능성을 더 강하게 내포하기 때문에 더욱 오래가고, 오랜 세월이 흐른 뒤에도 다시 살아날 수 있다. 내가 2019년 '추사 김정희와 청조 문인과의 대화' 전시의 오프닝에 참석해서 느낀 것은 바로 이러한 문화교류의 생명력이었다. 중국 국가미술관에서 열린 전시 오프닝 행사에는 중국의 많은 문화계 인사들과 서화가들이 참석하였고, 김정희의 작품과 200년 전 완당이 당시 중국 학계, 문화계의 인사들과 나누었던 깊이 있는 대화와 정다운 교분의 결과물들을 바라보는 그들의 시선과 표정에는 미묘한 감상과 감동이 공존하고 있었다. 아마도 200년 전 우리와 그들의 조상들이 서로 나누었던 진심이 느껴져서가 아닐까 한다.

한국과 중국은 정치, 군사적으로, 또는 경제 분야에서는 서로 대립하고 싸운 역사도 무수히 존재하지만, 동시에 문화적으로는 한자와 성리학을 기반으로 하는 문학과 예술의 전통을 오랫동안 나누었던 형제 같은 사이이다. 세계정세의 변화로 대립과 경쟁이 강요되는 듯한 요즘이야말로, 예부터 존재해 왔던 문화적 교류의 물꼬를 트고 함께 공유할 수 있는 문화예술과 철학을 나누는 자리가 더욱 많아져야 하지 않을까 생각하게 된다.

阮堂金正喜与韩中文化交流的必要性

全寅建 涧松美术馆馆长、韩中建交30周年纪念活动筹备委员会委员

　　2019年6月，在北京中国美术馆举行的"秋史金正喜与清朝文人的对话"展览上，观众通过21世纪的视角体验到过去19世纪的文化内涵，意义深远令人回味。2019年正好是秋史金正喜前往北京的210周年，这不禁让人想起210年前秋史与清朝众多文人一起进行交流的美好景象，而他们创造出的文化成果再次回归北京。

　　此前，因两国近现代史的无数桎梏而几乎中断的文化交流，通过文人间意义深远、温馨的文化交流重新连接起来，因此可以说具有深刻的象征意义。

　　此次展览收集了来自30多家博物馆及美术馆的120多件作品，例如，涧松美术馆、果川市秋史博物馆、济州岛秋史官、岭南大学博物馆，金钟瑛美术馆等。不仅如此，此次展览是历史上规模最大的秋史展会，而且由于是首次在北京举办，所以更显意义深远。

　　据悉，2019年北京秋史展受到众多好评，在短短2个月的时间里，每天约有5千名观众前来观看，观众人数累计达到30万名。书法专家、中国美术馆副馆长曾表示，秋史早在150年前就提出了现代(中国)的书法应该走向何方。首席学艺师李东国也表示，在过去的100年里，韩中两国在文化上虽有所疏远，但通过此次秋史展一下子打破了百年间的隔阂。

　　我个人认为，"通过文化的对话"这句话将本次展览的内涵表现得淋漓尽致。与以实用主义为中心的政治、经济交流不同，这种以学问和文化艺术为媒介的交流更加打动人心也更加持久，再漫长的岁月也无法将这种触动内心深处的感动抹去。

　　我在2019年参加"秋史金正喜和清朝文人的对话"展览时就感受到这种文化交流的生命力。在秋史展览开幕式上，众多中国文化界人士和书画家出席。也许是因为感受到了200年前两国文人相互分享过的真心，金正喜的作品和200年前阮堂(金正

喜的号)与当时其他文人交流的成果让到场嘉宾无一不受感动。

韩国和中国虽然在政治、军事、经济领域有过很多对峙和争斗的历史，但同时在文化上却像兄弟一样长期分享以汉字和理学为基础的文学和艺术传统。由于世界局势的变化，当今世界的对峙和竞争似乎显得尤为突出。我认为越是在这种情况下越是应该打开自古以来就存在的文化交流之门，一起分享文化、艺术和哲学，将这些文化艺术和理念向更多地方传播。

멀리 가기 위해 함께 걷는다

• **취환** 한중문화우호협회 회장, 한중수교30주년기념사업준비위원회 상임부위원장

한·중수교 30년 - '삼십이립(三十而立)'

한·중 양국이 수교한 지 30년이 되었다고 하니 감회가 새롭다. 1992년 8월 24일 수교한 후 한국과 중국은 30년의 여정을 함께 걸어왔다. 그동안 한·중관계는 전반적으로 안정적으로 발전해 왔고 큰 진전을 이루었으며 오랫동안 긍정적인 발전 추세를 유지해왔다. 한·중 양국은 경제적으로 긴밀히 연결되었고, '함께 코로나 퇴치'라는 공동의 성과도 실현했다.

중국에 '삼십이립(三十而立)'이라는 말이 있다. 공자가 말하기를 "나는 열다섯에 학문에 뜻을 두었고(知學), 서른에 뜻을 확고하게 세웠다"라고 했다. 삼십이립은 서른이 되면 세상에 나설 수 있고 인생이란 긴 여정에서 흔들리지 않고 앞으로 나갈 수 있다는 뜻이다. 나는 한·중수교가 30년의 여정을 지내왔으면 앞으로도 안정적으로 더 멀리 갈 수 있다고 생각한다.

운명 - '중국 엄마의 딸, 한국 딸의 엄마'

나에게 한·중수교는 운명이었다. 나는 중국에서 태어나 신기한 인연으로 한국에서 '중국 엄마의 딸이자 한국 딸의 엄마'로 살고 있다. 처음 한국에 왔을 때만 해도 서울에 사는 중국인이 드물 때라 동네 세탁소에 옷을 맡기면 그냥 '중국사람'이라고만 메모될 정도로 양국 인적 왕래가 드물었다. 한국에서 화교로 계셨던 할아버지는 내가 한국과의 인연을 이어 가기를 원하셨다. 나의 한국 생활을 보면 나는 마치 한·중 민간 교류를 위해 태어난 것 같았다. 나는 한·중 양국의 우호를 위한 교량 역할을 하기로 뜻을 세우고 한중문화우호협회를 설립했다. 문화로 손잡고 화합하며 상생하는 한·중 양국을 생각하면 내 안에선 늘 새로운 힘이 생겨났다.

'한중문화 연원정심(韓中文化 緣遠情深)'
- 문화를 통한 한·중 인연이 오랫동안 깊어지기를

한중문화우호협회는 한·중 양국의 교량 역할을 든든히 수행하며 공공외교의 새로운 영역을 개척해 왔다. 협회의 로고도 인연의 '연(緣)'으로 정했다. 왼쪽 파랑-빨간색의 한국과 오른쪽 노랑-빨간색의 중국, 양국 국민이 서로 손잡고 기뻐하며 춤추고 하나가 되는 모양을 표현했다. 한중문화 연원정심(韓中文化 緣遠情深), 한·중 양국이 문화교류를 통해 아름다운 인연이 오래오래 더욱 깊이 있고 성숙해지길 바랐다.

한류의 바람이 일기 훨씬 전부터 협회는 한글, 한식, 한복, 국악, 태권도 등을 '한·중연 문화축제(韓中緣文化祭)'라는 이름으로 중국 각 지방에서 선보였다. 양국의 모범 소년, 소녀들을 친선으로 교차 초대하여 '마음에서 마음으로(心連心)' 미래 비전트립(vision trip)을 하도록 했고, 주한·중국대사관과 공동으로 한국 학생 기자들의 중국 탐방을 도왔다. 또한, 양국에서 어머니들을 초대하여 상대국의 문화를 체험할 기회를 제공함로써 '아름다운 주름' 뒤에 숨은 어머니들의 평생 노고에 감사하는 '효행천하(孝行天下)'도 매년 개최했다.

화이부동 구동존이(和而不同 求存同異)
- 화합하지만 자기의 것을 잃지 않는 문화교류

무엇보다 '화이부동 구존동이(和而不同 求存同異)', 달라 보이지만 공통의 뿌리가 깊은 문화 주제인 '차와 글 그리고 술-차자주연(茶字酒緣)' 행사를 지속하여 개최해 서로의 전통문화의 깊이를 더 알고자 했다.

18년 동안 '중화연대회-중화연(中華緣)'(현재는 '한중연 중국문화대회)'를

한중연 '차, 글, 술' 국회의사당 2014년 (출처: 저자 제공)
2014年在韩国国会议事堂举行的"韩中缘-茶字酒缘"活动。(照片来源：作者提供)

열어 중국어와 중국문화를 공부하는 학생들과 성인들에게 뜨거운 열기와 축제의 장을 열어주었다.

이렇게 앞만 보며 달려온 지 10년이 되던 즈음에 협회에 큰 희소식이 날아왔다. 협회를 대표하여 내가 세종문화상(대통령상)-국제 협력, 봉사 부문-을 수상하게 된 것이다. 2014년 국립국악원의 시상식장에서 나와 협회 직원들, 중국 직원들까지 북받치는 감격으로 얼마나 울었는지 모른다. 주마등 같이 흘러간 시간을 뒤돌아보니 그동안 협회에 도움의 손길을 주신 각계의 많은 사회 인사들이 있었다. 그분들의 기대에 소홀하지 않도록 더욱 성실히 하겠다는 각오를 다짐했다.

한중연사 - 韓中緣史

이렇듯 내가 걸어온 길 앞에는 이미 앞서 나간 선조들의 발자국이 있었다. 협회는 한국과 중국의 인적 교류사를 기록하는 '한중연사-韓中緣史' 시리즈를 한글과 중문 합본으로 출판해 나가고 있다. (1권-종합편, 2권-랴오닝편, 3권-제주편, 4권-서울편 발간 예정) 그리고 한국에는 없는 중국의 소수민족 문화를 소개했으며, 찬란한 불교문화의 성지인 둔황(敦煌)에서 불교경전(佛教經典) 관련 한·중서예교류전과 한국의 비천(飛天) 탁본 전시를 하기도 했다.

잊지 못할 기억!
- '평화의 소리(和平之聲), 양저우 한중연관(韓中緣館)

협회를 운영한 지 벌써 20년이 되었다. 20년의 세월 속에 절대 잊지 못할 감동의 순간이 있는데, 한·중관계의 어려운 시기에 여러 난관에도 불구하고 한·중 문화 교류의 일선에서 느낀 뜨거운 감정이다.

첫 번째는 양국의 입장 차이로 한·중의 관계가 경색되었을 때, 민간 공공외교의 역할이 더 중요할 수밖에 없던 시기였다. 협회는 결코 쉽지 않은 과정을 겪으며 한·중수교 25주년 기념으로 중국 최초의 교향악단 하얼빈 심포니오케스트라를 초청하여 예술의 전당에서 '평화의 소리(和平之聲)' 음악회를 열었다. 그 자리에 운집한 2,300여 명의 관중은 음악이 주는 희망의 메시지, 관계의 힐링을 경험했다. '이 마에스트리' 한국 남성합창단의 웅장한 목소리와 하모니를 이룬 헤이룽장성에서 건너온 오케스트라의 화합은 대단했다. 무엇보다 잊을 수 없는 공연의 마지막 순간은 이 글을 쓰는 지금도 벅차오름을 느끼게 한다. 그 피날레는 하얼빈이 자랑하는 젊은 지휘자의 손에 이끌려 나온 마지막 연주 '아리랑'이었다. 동북의 중국인들이 연주하는 아리랑 속에 한민족의 정서가 너무나도 고스란히 묻어나서 청중들은 아무도 움직일 수가 없는 듯 보였다. 연주가 끝난 후에도 잠시 침묵 후 뜨거운 박수가 쏟아져 나왔고, 그 우뢰와 같은 박수는 도무지 끝나질 않았다. 그 감동의 여운은 로비에서 마주친 사람들의 표정 속에서 고스란히 읽을 수 있었다.

두 번째는 코로나 시기의 일이다. 2019년 봄부터 일 년간 준비해서 중국 장쑤성 '양저우 세계원예박람회 국제관'에 한국의 전통 정원을 구성하고 한국 홍보관 '한중연관(韓中緣館)'을 지어 6개월간 운영하기로 했다. 전통 누각과 초가집, 물레방아, 정자를 짓고 낮은 담장을 두른 후 장승과 솟대, 돌하르방 등 한국 특색의 소재들로 꾸미고 한국 정원의 정취를 표현하는 소나무, 감나무, 무궁화, 들꽃 등을 식재했다. 그런데 예상치 않게 2020년 초부터 코로나가 발생하여 중국을 왕래할 방법이 없는 상황이 된 것이다. 중국 국내의 이동이 가능할지 상황을 주시하며 마음을 태웠다. 결국, 협회 대표인 나와 한국 직원들은 참석하지 못하고 중국 직원 두세 명이 고생 끝에 개막식을 해내었다.

주중한국문화원의 지원으로 한국문화체험관을 운영하고 서울시, 강원도,

제주를 홍보했으며, 한국기업 '아이소이', '블랙야크', 그리고 '한국 주얼리 디자이너'들의 작품 전시, 한국 관광 사진전, 한국 대표 국민시인 나태주 시화를 상설 전시하고 홍보했다. 다행히 운영기간 동안 중국은 코로나 상황이 안정되어 다녀간 관람객이 220만이나 되는 대성황을 이루었다. 후반부에 잠간 임시 휴관이 되기도 하였지만, 폐막까지 무사히 완료하게 되었고 한국관은 많은 한·중의 언론 매체들에게 소개되었다. 주최기관으로부터 '문화교류 금상'도 수상하였다. 그곳에서 맺어진 아름다운 인연의 얼굴들이 떠오른다. 양저우 대학교 한국어과 학생들 15명은 6개월 내내 자원봉사를 하러 먼 길을 매일 아침 와주었다. 한복체험을 자원하여 도와준 모델 출신 중국 부인들 12명도 중국 관람객들에게 한복 입는 법을 직접 가르쳐주고 사진과 영상을 제작해 홍보해 주었다. 폐막식에 우정 출연하여 대장금과 아리랑을 멋지게 연주한 특수학교 학생들도 너무 고마웠다. 추사 김정희의 스승 완원(阮元)의

양저우 세계원예박람회 한중연관 한국 홍보관 운영 (자료: 저자 제공)
扬州世界园艺博览会韩中缘馆运营韩国宣传馆。(照片来源：作者提供)

후손으로 기념사업회 부회장을 맡고 있는 완시안(阮錫安) 소장과의 교류, 한
국시 번역과 우정 낭송회에 기쁘게 참여한 분들 등 코로나 속에서 꽃핀 우정
은 평생 잊을 수가 없을 것 같다.

한중(韓中)의 가장 강력하고 영향력 있는 플랫폼

이렇듯 한중문화우호협회는 어느새 가장 강력하고 영향력 있는 한·중 교류
의 플랫폼으로 성장했다. 출발은 상호주의에 입각한 문화교류와 협력이었으
며 차츰 그 영역을 확장하여 지방정부, 기업, 학술, 출판, 교육 등 다양한 분
야에서 경험과 성과를 축적해 왔다. 양국의 성급(省級) 지방정부를 연결하여
홍보하는 투자설명회, 관광설명회, 문화행사 등을 개최하고 시장개척 활동
의 든든한 도우미 역할을 하고 있다. 서로에 대한 속 깊은 이해를 도모하기
위한 여러 학술교류 활동에 대한 지원과 각종 초청행사 및 세미나도 협회의
중요한 '테마(theme)'다. 한국과 중국의 언론 교류 협력의 장을 펼치거나 양
국 지방정부 간의 1.5트랙 대화를 매년 개최하기도 한다.

멀리 가려면 함께 가야 한다. 역사 속의 중국이 아닌 현재의 중국을 공부
하고 인적 교류를 촉진하기 위해 '오늘의 중국-한·중최고위과정'을 개설하여
주한·중국대사관과 공동으로 운영하고 있다.

한중연 문화관(韓中緣 文化館) - 차향, 묵향 그리고 술향

"유연천리래상회 무연대면불상봉(有緣千里來相會 無緣對面不相逢) 인연이
있으면 멀리 떨어져 있어도 만나게 되고 인연이 없으면 얼굴을 맞대고 있어
도 만나지 못한다."

2016년 협회 산하에 한중연 문화관을 설립하였다. 한국과 중국의 오랜 인

연으로 서울의 도심 인사동에 '문자향(文字香)'이 피어나고 묵향(墨香)이 그 윽하며 '차향(茶香)'에 빠져들고 '술의 향기(酒香)'에 잠시 어지럼증을 느낄 수 있는 만남의 공간을 만들었다. 이곳에서 다양한 강좌와 전시, 문화행사를 열며 두 나라의 전통문화를 사랑하는 분들에게 배움과 교유의 자리를 나누고자 한다. 다양한 형식으로 함께 한국과 중국의 문화를 만들어나가고 있다. 이곳은 거대한 상상력과 창조력의 원천이며 공동의 비전을 만들어나가는 거대한 플랫폼이다. 그간의 인연을 바탕으로 새로운 인연을 일구는 곳, 이곳이 한중연 문화관이다.

또한 협회는 현재 제주에 지회를 두고 있으며 차츰 각 지방으로 확대하여 현지에서 더욱 긴밀하게 중국 지방정부와 한·중 교류할 수 있도록 도울 계획이다.

임중도원 - 任重道遠

공자의 말씀에 '임중도원(任重道遠)'이라고 했다. '할 일은 많은데 갈 길은 멀다.' 한중연사에 기록된 선조들의 아름다운 우정이 우리를 통해 다음 세대로 잘 흘러갈 수 있도록 하는 것이 무엇보다 앞으로 협회가 펼쳐가야 할 과제 중 하나이다. 2020년 협회는 '한중연청년단(韓中緣靑年團)'을 창단하여 한국과 중국의 학생들이 3년째 교류하며 언어와 문화를 통해 서로를 이해하는 우정을 쌓아가고 있다.

수천 년 한·중 교류의 지난 역사에 비춰보면 지금 협회의 발자국은 미미해 보일 수 있지만, 앞으로 이어질 수천 년 한·중 교류의 역사에서는 협회의 발자국이 결코 가볍지는 않을 것이다. 이것이 한중문화우호협회의 꿈이자 비전이다!

韩中文化，缘远情深

曲欢 韩中文化友好协会会长、韩中建交30周年纪念活动筹备委员会常任副委员长

▲ 韩中建交30周年——"三十而立"

韩中建交30年了，我感触颇深。自1992年8月24日建交以来，两国携手走过了三十载。其间，韩中关系整体上稳步向上，迈上一个新台阶，并长期保持积极趋势。我也设立了韩中文化友好协会，为加深韩中两国缘分贡献力量。

▲ "韩中文化，缘远情深"——愿文化加深韩中渊源

韩中文化友好协会发挥桥梁作用，开拓公共外交新领域。协会的标志也定为"缘分"的"缘"字，左边蓝色的偏旁象征韩国、右边红色和黄色的部分则代表中国，跳动的"缘"字仿佛两国人民携手起舞，融为一体。韩中文化，缘远情深，希望两国通过文化交流，让美好的缘分更深更远。

▲ "和而不同，求同存异"——和谐又不失特色的文化交流

和而不同，求同存异。通过"茶字酒缘"系列活动，我们进一步扩大了交流的范围。在前进的第十年，协会迎来了好消息——我代表协会获得世宗文化奖(总统奖)。2014年站上韩国国立国乐院的颁奖礼上，我和协会工作人员们，以及中国的员工们喜极而泣。

▲ "难忘的回忆"——和平之声音乐会、扬州韩中缘馆

回顾协会运营的20年，令笔者最难忘怀也是感动的，还是艰难时期的回忆。

其一是在两国关系因立场分歧降温时，民间公共外交的职能在此时也变得更为

重要。艰难时期，为纪念韩中建交25周年，协会邀请了中国首支交响乐团哈尔滨交响乐团在艺术殿堂举行"和平之声"音乐会。

其二是新冠疫情暴发时期。2021年世界园艺博览会在江苏省扬州市举行，协会从2019年春天起就进行筹备，最终"韩中缘"馆开放6个月，面向世界宣传韩国传统庭院。2020年初突如其来的新冠疫情重创全球，我和协会的韩国员工未能前往中国，两三名中国职员历经千辛万苦前往开幕式。虽然经历了许多困难，但"韩中缘"馆吸引了许多访客，我们也获得了"文化交流金奖"。

▲ 任重道远

孔子曰："任重道远。"要做的事情还有很多，脚下的路还很漫长。让历史悠久的两国友谊代代相传，是协会未来的课题。从数千年的韩中交流史来看，现在协会做的事情可能微不足道。但立足未来，协会的努力将留下印记，这也是韩中文化友好协会的梦想和展望。

한·중 경제 관계, 새로운 30년을 위해

• 박한진 중국경제관측연구소장, 前 KOTRA 중국지역본부장

 나는 한·중 경제 관계와 각별한 인연이 있다. 그 시작은 부친의 1982년 '10년 후, 예언'이다. "10년 후면 중국이 열린다." 대학 진학을 앞둔 문과생 아들에게 부친은 "경제든 경영이든 무역이든 중국과 연계하라"고 하셨다. 부친의 그 말씀에 필자는 1982년 대학에 들어가 중국을 전공했다. 1980년대 중후반엔 당시 한국에선 매우 낯선 분야인 중국 정치경제학(China's Political Economy)을 연구했다. 사회주의 경제 이데올로기의 변용(變容)이란 측면에서 개혁·개방의 방향과 속도를 예측했다.

그렇게 10년이 흘렀다. 부친의 예언은 족집게처럼 맞아떨어졌다. 1992년 한국과 중국은 수교했다. 그해 대한무역투자진흥공사(KOTRA)에 들어간 나는 30년 동안 우리 기업의 중국진출을 현장에서 지원하며 한·중 경제교류의 중심에 있었다. 한국에서보다 중국에서 더 많은 기간을 일했다.

1990년대 중국 업무는 즐거웠다. 수교와 동시에 중국 고위급 인사들이 물밀듯이 한국을 찾았다. 외신과 책에서만 보던 중앙과 지방정부의 지도자들

을 만난다는 것은 가슴 설레는 일이었다. 중국 사절단의 방한 목적은 한국 경제 배우기와 투자유치였다. 경제 배우기의 핵심은 한국의 재벌기업 시스템을 관찰하는 것이었다. 지금은 세계의 도시로 우뚝 선 상하이시 정부의 한 간부는 초급 직원이었던 필자를 만나기 위해 복도에서 꽤 오랜 시간을 기다리기도 했다. 당시 코트라는 55층짜리 삼성동 무역센터(현 트레이드타워)에 있었는데 중국 사절 단원들은 이 건물을 바라보며 탄성을 자아내기도 했다.

2000년대의 중국은 '천지개벽'으로 다가왔다. 당시 나는 대부분 시간을 상하이에서 일하며 보냈다. 한·중 교류는 정치, 경제, 사회, 문화 등 전 방위로 거침없이 확대됐다. 중국 기업은 규모와 경쟁력 측면에서 달라졌고, 푸둥지역의 스카이라인은 자고 나면 달라지는 듯했다. 이 시기에 가장 기억에 남는 것은 국내 한 언론의 요청으로 떠오르는 중국 기업들을 현장 방문한 것이었다. 떠오르는 중국 기업의 CEO들을 매달 한 명씩 직접 찾아가 인터뷰한 일은 내가 중국경제와 기업을 이해하는 데 큰 도움이 됐다. 당시 만났던 저가 항공사 춘추항공(春秋航空)의 CEO는 여객기 한 대로 상하이와 산둥성(山東省) 지난(濟南)을 오간다고 했는데, 지금 이 항공사는 보유 항공기가 100대 이상 되는 큰 회사로 성장했다. 엘리베이터TV 생활정보 전문기업인 포커스미디어는 한국에도 진출했다. 물론 많은 기업들이 사라지기도 했다. 그 무렵 유행처럼 퍼진 말이 있었다. "앞으로 중국이 더 커지면 경제학 교과서를 새로 써야 할 것이다."

2010년대에는 "메이드 인 차이나 없이 살아보기"란 말이 큰 화제를 모았다. 미국의 저널리스트 사라 본지오르니(Sara Bongiorni)의 저서(A Year Without Made in China, 2007)가 TV 다큐멘터리로 제작돼 방영되면서부터다. 중국산 제품이 없으면 일반 가정에서 당장 하루 버티기도 어렵다는 결론을 내면서 중국 문제가 한순간에 대중의 초관심사로 떠올랐다. "인류는 중국이 생산한 제품을 사용하며 산다"라는 말이 나올 정도였다. 지금 돌이켜보면 이 책과 다큐멘터리는 중국발 공급망 쇼크의 서막이었다.

2020년대의 중국은 복합적이다. 오랫동안 익숙했던 환경이 달라졌다. 돌이켜보면 지난 30년, 세계는 정치적으로 평온했고 경제적으로는 세계화(globalization)의 시대였다. 상품과 서비스, 인적 요소가 국경의 제한 없이 전 세계를 무대로 확산하고 배치됐다. 경제의 외적 팽창이 필요했던 중국은 가공무역을 하며 미국이 필요로 하는 제품을 만들어 수출했다. 미국은 저렴한 가격에 사 갔다. 미국은 중국이 있어 물가 걱정 없이 장기 저금리 시대의 호황을 누렸다. 중국은 수출로 벌어들이고 미국 국채를 사 모았다. 이 같은 흐름은 한국과 중국이 수교 후 30년간 세계적으로 유례없는 경제교류 성과를 거둔 배경이 되기도 했다.

변화는 광범위하고 낯설기까지 하다. 국내의 서비스업과 해외의 다국적

1990년대엔 중국 고위급 경제 사절단이 연이어 한국을 찾았다. 1995년 1월 푸젠성 무저우시 당서기였던 시진핑 국가주석(左1)이 코트라 본사를 방문해 박용도 사장(右1)과 환담하고 있다. 필자(右2)는 당시 사절단 활동 지원과 통역을 맡았다. (출처: 저자 제공)

20世纪90年代，中国高层经济使团接连访问韩国。1995年1月，时任福建省福州市委书记的习近平主席(左一)访问了大韩贸易投资振兴公社总部，与社长朴镕道(右一)畅谈。笔者(右二)当时担任使节团活动支援和翻译工作。(照片来源：作者提供)

경영과 다자간 통상전략을 중심으로 작동하던 미국은 2018년 대중국 견제와 압박 정책으로 선회하면서 자국 보호를 위해 산업정책을 강화했다. 반면 산업정책 일변도였던 중국은 박리다매형 수출 주도 경제 시스템을 장기간 유지할 수 없게 됐음을 알게 되고, 미래 산업 육성과 함께 통상정책을 강화했다. 이전 30년간 미국과 중국 사이에 작동했던 공생 관계에 균열이 가면서 모든 것이 달라졌다. 중국이 팔면 값이 내려가고, 사면 오르며, 중국이 팔지 않으면 공급망 위기가 오고, 사지 않으면 해외시장이 위축되는 상황이 현실로 다가왔다.

이 같은 흐름의 변화는 한국의 대중국 경제교류도 새로운 패러다임이 필요하게 됐음을 시사한다. 중요한 부분은 기업이다. 세 가지 과제를 제안한다.

첫째, 경제교류 협력의 새로운 연결고리를 찾아야 한다. 재편되는 중국의 내수시장 진출에 관한 얘기다. 이제까지 한국의 자본과 기술을 중국의 저렴한 노동력을 결합해 짧은 기간 내 양적인 성장을 해왔다면, 앞으로는 속도보다는 방향성이 중요하며 이를 통해 질적인 성숙 단계로 나가야 한다. 중국에 공장을 세워 생산한 제품을 선진국 시장으로 수출하는 가공무역은 이미 시효를 다했다. 과거 제품과 원료를 수입에 의존하던 중국은 이제 자체적으로 생산한다. 중국 내수시장 진출을 위해서는 정책적 변화와 시장 트렌드를 세심하게 관찰하는 데서부터 시작해야 한다. 중국경제를 파악할 때도 더 이상 국내총생산(GDP) 수치만 볼 일이 아니다. 성장의 양(GDP 수치)보다는 성장의 질(GDP 부문별 구성)이 중요하며 추세를 살펴야 한다. 우리가 잘하는 분야를 위주로 하는 선택과 집중 전략보다는 현실적으로 중국이 필요로 하는 상품과 서비스로 진출해야 한다. 그것이 갈수록 치열해지는 기업 간 경쟁을 완화하고 상호 협력 공간을 확대하는 길이기도 하다.

둘째, 관점을 바꿔 미래 시장의 성장 잠재력을 파악해야 한다. 그 가운데 가장 중요한 것은 중국의 도시화 정책이다. 도시화 건설은 중국이 수십 년에 걸친 장기 고성장 정책 과정에서 누적되어온 지역 간·계층 간 불균형을 바로 잡기 위해 추진하는 거대 국책 프로젝트다. 현재 총인구 대비 도시 거주 인구 비율이 65%, 도시 호적 인구 기준으로는 50% 수준인 도시화율을 높이겠다는 것이 목표다. 도시화 정책에 따른 시장 효과는 마치 인수 분해하듯 시장을 나누어서 접근하는 세분화 전략이 필요하다. 중국이 도시화 정책을 효과적으로 추진하려면 토지 제도와 소득 분배 제도를 대거 손질하고(제도적 개혁), 지능형 교통체계 등 도시 인프라를 확충(하드웨어)하며 보건의료 시스템·교육·공공 서비스도 보완(소프트웨어)해야 한다. 여기서 전에 없던 새로운 상품과 서비스 시장이 형성될 것이다. 앞으로 도시화 추세에 따라 중산층 인구가 확대될 것이며, 이는 중급 품질·중급 가격대 제품과 서비스 수요가 확대될 것임을 예고하고 있다.

셋째, 고령화 추세로 대표되는 인구구조 변화에 대응해야 한다. 중국은 세계에서 가장 빠른 속도로 고령화가 진행되면서 실버산업 시장 규모가 커지고 있다. 관련 시장 규모가 2030년까지 3조 달러 수준으로 커지며 미용·건강·패션 등에서 온라인 쇼핑 인구가 증가할 것으로 예측된다. 한동안 관심을 모았던 영·유아용품 시장은 고급화되면서 성숙 단계로 접어들 것이라 예상된다. 최근 중국 내 유아용품 생산업체들이 노인용품으로 옮겨가고 있고 월가 자금이 중국 실버시장으로 들어오고 있다는 이야기가 중국 증권가에서 들린다. 다른 한편에서는 젊은 세대(Z세대)가 경제 주력군으로 급부상하면서 소비시장이 급변하고 있다. 젊은 세대는 더는 전통 차를 찾지 않고 커피를 즐기며 새로운 화장품 소비와 캠핑 문화를 선도하고 있다. 시장의 중요한 변화다.

한·중수교 후 강산이 세 번 바뀔만한 시간이 흘렀다. 중국경제와 양국 경제교류가 이루어낸 성과는 놀랍다. 지난 30년을 큰 틀에서 되돌아본다면 중국의 경제 대국 급부상과 이를 가장 잘 활용한 한국의 관계사로 정리할 수 있다. 한국은 대중국 무역과 투자가 동시에 급증하면서 전 세계에서 벌어들인 무역수지 흑자액보다 더 많은 이익을 중국에서 일궈내기도 했다. 경제 의존도가 높아지면서 중국의 성장 효과가 고스란히 한국으로 전해졌다. 중국이 성장하면 한국도 성장했고 중국이 수출을 잘하면 한국도 실적을 내는 시기가 수교 후 한동안 이어졌다.

엇갈린 측면도 있다. 수교 당시 비슷하던 두 국가의 체급은 경제와 교역 규모에서 상당히 벌어졌다. 기업경쟁이 날로 치열해지는 현실에서 중국 시장을 낙관만 하거나 중국 시장만을 볼 수 없는 상황이 되었다. 중국 경제를 보는 많은 사람이 한쪽으로 치우치는 의견을 갖기 쉽다. 한없이 크게 보기도 하고 아주 작게 보기도 한다. 망원경을 거꾸로 든 것처럼 멀게만 보는가 하면 모난 부분에 집중하기도 한다. '이상한 나라의 앨리스 증후군'이다. 원래보다 크게만 본다면 '파랑새 증후군'으로 흐를 수 있고 '차이나 드림'에만 몰두하기 쉽다. 모난 부분만 본다면 '차이나 쇼크'라는 걱정을 달고 사는 '램프 증후군'에 빠져든다. 낙관론과 비관론은 모두 필요하다. 낙관론자는 비행기를 만들고 비관론자는 낙하산을 만든다. 그것이 비즈니스의 원리이고, 리스크를 관리하며 시장에 진입하는 길이다. 지금 우리에게 필요한 것은 중국에 대해 좀 더 아는 것이다. 특히 중국의 정책을 제대로 읽는 것이 필요하다. 그래야만 새롭게 재편되며 커지고 있는 중국 내수시장에 잘 들어갈 수 있다.

开启韩中经济关系未来30年

朴汉真 中国经济观测研究所所长、前KOTRA中国地区本部长

　　我与中国的缘分有些特别，这缘分始于1982年父亲的一句"10年后的预言"——"10年后中国将开放，不管你学什么，都要学和中国有关的"。1982年我进入大学开始中国相关专业的学习，转眼就是10年，父亲的预言变成了现实。1992年韩国和中国建交，那年我进入大韩贸易投资振兴公社(KOTRA)，一边学习中国经济理论，一边从事韩国企业进驻中国的相关工作。

　　90年代韩中建交之后，中国的经济使节团曾经来韩国考察，为了见到还是新入职员的我，不惜在走廊里等很久。使节团在看到位于三成洞的贸易中心(现韩国贸易大厦)大楼后发出阵阵惊叹。

　　2000年代中国的变化可谓"天翻地覆"。当时韩中交流全面扩大，尤其是浦东地区的建设速度尤为迅速，就像是一觉醒来城市就变了样。当时我每个月采访一位中国企业老板，这在很大程度上帮助了我更深入地理解中国。当时春秋航空只有1架往返于济南和上海的客机，如今公司的客机已经超过100架。电梯电视里播放生活信息的"分众传媒"如今也成为跨国企业。

　　2010年当时非常流行的一句话就是"离开中国制造，你能活多久？"起因是一本同名的书籍(2007年)被拍成了纪录片并热播，结论是离开中国制造很难撑过一天。现在回想起来，如今韩国出现基于中国的供应链紧张问题就是在那时埋下的种子。

　　2020年以后中国的情况愈发复杂，美中贸易战常态化。美国巩固产业政策，中国巩固贸易政策。中国增加供应时市场价格下降、收紧供应时市场价格上涨，中国减少供应时供应链紧张、减少订单时海外市场萎缩。

　　我想为韩国对华贸易提供几点建议。首先，企业需要深耕中国内需市场。企业要

精准把握政策和市场变化，向中国出口市场需要的商品与服务，这才是缓和竞争、拓宽合作空间的方向。

第二，企业要充分利用中国城市化政策。土地收入分配方面的制度改革、城市基建政策改革、医疗教育公共服务等领域改革是各地政府的重点。最后，中国的养老产业市场很值得关注，2030年该市场预计将扩大到3万亿美元，美容美发、保健品、时尚产业等线上市场潜力较大。

看市场要兼备乐观和悲观的心理，乐观的人去造飞机、悲观的人去做降落伞——此为商业原理。

먼저 친구가 된 후에 비즈니스를 하라
(先做朋友 後做生意)

• 박근태 한중수교30주년기념사업준비위원회 고문, 前 CJ대한통운 대표

내가 중국과 처음 인연을 맺게 된 것은 지금으로부터 38년 전인 1984년이었다. 그 당시 내 나이 30세, 대우실업 입사 4년 차인 대리로 홍콩 주재원으로 발령을 받았었다. 종합 상사 직원으로 내심 미국 근무를 원했던 터라, 내키지는 않 았었지만, 회사의 명을 따를 수밖에 없었다. 돌이켜보면 그 순간이 내 인생을 송두리째 바꿔놓았다.

홍콩에 첫발을 내딛던 느낌이 아직도 생생하다. 그해 3월 지금은 폐쇄된 홍콩 카이탁(啓德) 공항(시내에 있던 구 공항)에 도착하자, 덥고 습한 공기 에 숨이 턱 막혀왔다. 숙소인 프라마호텔로 가는 택시 안에서 바라보는 홍콩 의 거리는 회색 건물투성이였으며 가는 곳마다 특유의 냄새가 진동했다. 여 장을 풀고 그날 저녁 회사 선배가 챙겨준 조촐한 저녁 식사는 광둥(廣東)식 비둘기요리(乳鴿)였다. 생에 처음으로 적나라한 비둘기의 형체를 보았다. 한 입 먹고는 더는 손이 가지 않았다. 내 중국 인생의 첫날은 이렇게 시작됐다.

당시 30세 열혈 상사직원이었기에 아침 8시에 출근해서 밤 11시 넘어 퇴근

하는 일상을 반복했다. 주말은 아예 없었다. 어떤 날은 조찬 미팅을 끝내고 오전에 3건의 고객 미팅을 한 후 점심 미팅을 하고 사무실로 들어와 본국과 바삐 연락해 물량과 가격을 조정한 후 오후에 4건의 고객 미팅을 하고 저녁 술자리 미팅까지 해야 했다.

홍콩에 온 지 1년이 지나자, 영어에만 의지하는 소통이 불편해졌다. 개인 교사를 구해 일주일에 3회 3시간씩 1년 동안 베이징 '보통화(普通話; 중국표준어)'를 배웠다. 당시 중국어를 열심히 배워놓은 것이 이후 중국 비즈니스에 엄청난 도움이 됐음은 말할 필요가 없다. 중국어가 익숙해지자 중국 기업인들에게 중국어로 프레젠테이션(presentation)을 할 수 있었고, 그들과 저녁 술자리에서 자유로이 대화하게 되었다. 중국어를 잘하게 되자 내게 새로운 세상이 열렸다.

홍콩 근무 시절 중국 국영기업 민메탈(Minmetal)로부터 오더를 따냈던 기억은 내 젊은 시절에 훈장과 같이 남아 있다. 나는 우선 홍콩 민메탈 건물의 경비들은 물론, 회장실 비서들까지도 안면을 텄다. 그리고 새벽같이 회장실 앞 소파에 앉아 있다가 민메탈 회장이 오면 '자오상하오(早上好, 중국의 아침인사)'라고 활기차게 인사했다. 처음에는 물론 문전박대를 당했다. 회장은 나를 거들떠보지도 않고 집무실로 들어가 버리기 일쑤였다. 젊은 과장급 직장인이 무턱대고 회장실을 찾아와, 회장을 만나게 해달라고 하니 얼마나 당돌하게 보였겠는가. 지금 생각해봐도 그 당시의 용기에 절로 웃음이 나온다. 난 일주일에 세 번씩 아침에 민메탈을 찾았었다. 포기할 만도 했지만 나는 포기하지 않았다. 그렇게 6개월여쯤 지나자 민메탈 회장이 직접 나를 불러 캔의 원료인 틴플레이트(tinplate) 주문을 내렸다. 가격조건이 까다로운, 솔직히 성사시키기 어려운 오더였지만, 나는 최선을 다해 성사시켰다. 민메탈 회장은 나를 신임했고, 그 뒤로 수 차례의 대형계약 기회를 내게 줬다.

1989년 봄이 되자 베이징이 시끄러워졌고, 나는 홍콩에서 베이징 소식을 매일매일 접하게 되었다. 본토 대학생들의 시위로 홍콩의 분위기 역시 어수선했다. 큰 변란이 일어나지는 않을까, 중국의 개혁·개방이 좌초되는 것은 아닐까, 중국에 예상치 못한 큰 혼란이 닥치는 것은 아닐까. '톈안먼 사태'가 발생한 다음 날인 1989년 6월 5일 나는 한국으로 귀임했다. 그 이후에도 나는 중국에 대한 시선을 놓지 않았고, 계속하여 중국의 변화를 관찰하며 때를 기다렸다.

'톈안먼 사태' 이후 이를 이유로 서구국가들이 중국을 거세게 비판했고, 많은 미국, 유럽, 일본기업들이 중국에서 철수했다. 각국의 대중국투자가 일시 중단됐다. 중국에 진출해 있던 일본기업들은 직접투자를 지양하고 상품판매에만 주력했었다. 나는 종합상사에 근무했기 때문에 일본기업을 포함한 외국기업의 소식을 비교적 많이 접할 수 있었다. 상황이 이렇게 돌아가자 중국 내부에서는 '보혁(保革) 논쟁'이 벌어졌다. 개혁·개방을 폐기하고 계획경제체제로 전면 회귀해야 한다는 의견이 중국 내부에 일어났다. 나는 불안한 마음이 들었다. 하지만 한편으로 마음 깊은 곳에서는 중국이 흔들림 없이 발전해 나갈 것이라는 나름의 어렴풋한 확신이 있기도 했었다.

1992년 초 덩샤오핑(鄧小平)이 '남순강화(南巡講話)'를 했다. 중국의 최고위 지도자가 선전, 광저우 등 개혁·개방 시범도시를 시찰하고, 발전상을 목도했다. 그는 그곳에서 개혁·개방 정책이 옳았으며, 흔들림 없이 추진해야 한다고 천명했다. '톈안먼 사태' 이후 개혁·개방을 둘러싼 중국 내부논쟁에 종지부를 찍는 순간이었다. 남순강화 때를 즈음해서 서울에서는 한·중수교가 추진되고 있으며, 체결이 곧 임박했다는 소문이 돌았었다. 나는 가슴이 뛰었다. 한·중수교가 되면 중국 본토에 진출할 수 있었고, 대륙을 누빌 수 있었다. 얼마나 큰 기회가 나를 기다리고 있을 것인가? 어느 날엔가는 밤에 잠을 이루지 못했다. 그리고 그해 8월 24일 역사적인 한·중수교가 체결됐다.

지금 돌이켜 보면 1992년 한·중수교가 중국의 개혁·개방에 새로운 활력을 불어넣었다고 생각한다. 당시 중국은 외자 유치가 필요했지만, 몇 년 동안 '톈안먼 사태'로 인해 서방세계가 의구심과 거부감을 거둬들이지 않고 있었고, 이로 인해 중국의 외자 유치 실적이 부진했다. 우리나라에서는 1980년대 후반 이후 중산층 확대와 근로자 권익향상이 이뤄지면서 새로운 생산기지가 필요했다. 양국의 상황이 맞아떨어지면서 수교 이후 한국기업들이 물밀듯이 중국으로 몰려들었다. 한국기업의 중국 진출이 본격화되자, 일본기업들이 반응했다. 일본 업계에서 "이러다가 한국기업에 중국 시장을 빼앗기는 것 아닌가"하는 우려가 일었고, 일본기업들이 다시금 중국에 투자하기 시작했다. 실제로 나는 한·중수교 직후에 많은 일본의 종합상사 친구로부터 전화를 받았다. 그들은 내게 언제 베이징에 사무소를 개소하며, 그 규모는 얼마나 크며, 취급 품목은 어떤 것들인가를 물어봤다. 국제전화 전화기 너머로 그들의 조바심이 느껴졌었다. 일본기업 중국 회귀의 뒤를 이어 서구 기업들도 중국 투자에 다시 가세하면서 글로벌 중국 투자 붐이 일었다. 한·중수교를 기회로 중국은 '톈안먼 사태'의 영향에서 완전히 벗어나게 됐다고도 볼 수 있는 것이다.

한·중수교가 체결된 이후 나는 홍콩이 아닌 중국 본토에 근무하고자 노력했다. 종합상사에 취직하면서 꿈꿨었던 '미국 상사직원'은 더는 내 안중에 없었다. 회사에 내 희망을 적극적으로 어필했고, 나는 1993년 3월 ㈜대우 베이징지사 철강부 부장으로 임명돼 베이징 땅을 밟게 됐다.

베이징은 그야말로 기회의 땅이었다. 여기저기 고층빌딩이 올라가고 있었고, 거리에는 사람의 활기로 넘쳐났었다. 홍콩과 달리 천년 고도(古都) 베이징에는 사람에게 위엄과 자부심이 느껴졌다. 중국의 관료들과 기업인들은 외국기업의 투자 혹은 외국기업의 제품에 목이 말라 있었다. 그들은 이제 막 수교한 한국기업과 한국인을 환대했다. 당시 내가 출장을 가면 성장, 시장 등의 고위직 인사를 만나서 면담하는 일이 전혀 어렵지 않았다. 그만큼 그들은 경제발전을 갈구했다.

중국이 고성장을 거듭하고 있었기에 나 역시 상당한 성과를 냈다. 그리고 1980년대 홍콩 주재원 시절 맺었던 인맥들이 중국 본토에서 위력을 발휘했다. 고맙게도 홍콩에서 사귀었던 중국 친구들이 내 일을 적극적으로 도왔고, 그들은 많은 베이징의 관료들과 기업인들을 내게 소개해줬다.

이 시기에 많은 성과를 창출했지만, '서기동수(西氣東輸)' 프로젝트 건이 특히 기억에 남는다. 2001년 중국 석유물자공사는 신장(新疆)웨이우얼자치구의 석유와 천연가스를 상하이까지 운송하기 위한 파이프라인 건설사업인 서기동수에 투입될 강관 원자재 입찰공고를 냈다. 나는 중국 친구들의 도움으로 입찰 정보를 누구보다 먼저 접하게 됐으며 입찰조건이나 상세내용에 대해서도 수월하게 파악할 수 있었다. 내가 따낸 계약액은 무려 3,000만 달러였다. 이 밖에도 나는 당시 굵직한 공급계약을 많이 따냈다. 경쟁사들의 서울 본사는 각자의 베이징사무소에 "박근태라는 인물이 어떻게 하길래 대형계약을 줄줄이 따내는지 보고하라"라는 지시를 내렸다는 소식을 듣기도 했다. 찬란한 날들이었다.

그리고 나는 2006년 CJ그룹 중국 본사 대표이사로 영입됐다. CJ그룹의 식품, 바이오, 물류, 홈쇼핑, 미용, 식품 서비스, 엔터테인먼트 사업들의 중국진출을 진두지휘했다. CJ그룹은 다양한 업종에서 비즈니스를 영위하고 있었다. 계열사들의 순조로운 중국진출을 위해 그동안 공들였던 내 중국인 친구들에게 부탁했고, 그들은 기꺼이 나를 도와주었다. 2011년 환구시보가 나를 인터뷰했다. 환구시보는 인터뷰 기사에서 "박근태 대표는 중국인 친구들이 많고, 한국인들에게 적재적소의 중국 친구들과 연결하고 있다. 박근태 대표는 그야말로 '안파이(安排, 알선)박'이라고 부를 수 있다"고 평가했다. '안파이'라는 말은 모임을 주선한다는 뜻이다. 그야말로 영광스러운 별명이 아닐 수 없다.

2010년대 초반 CJ 중국 사업은 순항을 거듭했다. 그리고 2015년에는 중국 콜드 체인업체인 로킨을 인수하는 성과를 냈다. 당시 CJ는 로킨 인수전에서 순펑(順豐), 알리바바 등 굴지의 로컬 물류 업체를 제치고 인수하는 데 성공했다. 이 과정에서도 여러 중국 친구들의 도움이 있었다. 그리고 로킨의 대주주와 경영진들을 직접 여러 차례 만나 줄기차게 설득작업을 벌였고, 그들에게 신뢰감을 줬던 것이 주효했다. 나는 CJ그룹 중국 본사 대표로서 15년을 근무한 후, 2020년 12월에 CJ대한통운 상근 고문직으로 물러났다. CJ그룹의 주중국 대표를 무려 15년간 역임한 것은 개인적인 영광이다.

나는 중국에서 37년을 근무했다. 37년이라는 시간은 내 인생의 절반을 훌쩍 넘는 시간이며, 내 직장생활의 거의 전부이다. 내 중국 경험을 돌이켜 보면, 결국 사람과 사람의 신뢰 관계가 가장 중요하지 않았나 생각한다. 내가 홍콩에서 중국어를 열심히 배우고, 중국인들에게 진심으로 다가갔기에 그들은 내게 마음을 열었다. 중국 본토에서의 비즈니스도 마찬가지였다. 성의를 보이고, 진심으로 대했기에 그들도 나를 적극적으로 도왔다.

내가 감사하게 생각하는 중국인 중에 지방정부 관료로 사회생활을 시작해서 중앙정부 장관을 지내시고 전국정치협상회의(정협)의 외사위원회 주임을 끝으로 은퇴하신 분이 있다. 이분의 실명을 밝힐 수 없는 점을 양해해 달라. 이분을 만난 건 1996년이었다. 당시 이분은 한 대도시 지방정부의 부시장이었다. 나보다 열네 살 위인 이분은 개방적인 성격(마인드)을 지니고 있었으며, 열정적이고, 합리적이며 진취적이었다. 무엇보다 역사, 문학, 철학, 행정, 외교 등 여러 분야에 박학다식했다. 첫 번째 만남에서 나는 그를 존경하게 됐고, 그는 나를 아꼈다. 우리는 이후로 자주 만났으며, 나이를 떠나서 마음을 나누는 '펑요우(朋友)' 관계가 됐다. 나는 이후 줄곧 그를 형님으로 모셨다. 이분은 1998년 지방정부 부시장에서 베이징 고위관리로 영전했다. 이후에도 승진을 거듭했다. 높은 관직에 올라서도 그는 나와 자주 만났고, 내 의견을 경청했고, 나를 살뜰히 챙겼다. 내가 그동안 그로부터 도움받은 것이 몇 번인지 모를 정도로 많다. 2010년 '천안함 사태'로 한·중관계에 균열이 생기던 시기, 나는 그에게 한국기업들을 상대로 중국의 외교정책에 대한 강연을 부탁했고, 그는 흔쾌히 응했다. 중국의 장관급 인사가 외국의 기업인들을 대상으로 직접 강연하는 것은 무척 드문 일이다. 그가 내 체면을 생각해서 강연장까지 와주었고, 조금이라도 도움이 되겠다는 태도로 한국인 청중들에게 심혈을 기울여 이야기하던 모습이 감동적이었다. 그가 강연에 몰입하여 한마디 한마디 말하던 모습이 여전히 뇌리에 남아 있다. 이처럼 중국인들은 한번 마음을 연 친구들에게 끝까지 성의를 다한다. 그리고 나 역시 그러한 삶을 살아왔다.

중국은 한국의 이웃 나라이다. 서로 좋은 관계로 발전해 나가야 함은 당연지사이다. 일을 만들어가는 것은 사람과 사람의 관계에 기초한다. 한·중관계가 발전해 나가기 위해서는 양국 간에 진정한 친구들이 많아야 한다고 본다. 정치인들, 외교관들, 기업인들이 상대국의 친구들과 함께 허심탄회하게 이야기하고, 대화하다 보면 실타래같이 엉켜있는 문제라도 접점이 찾아지게 마련이다. 한·중관계는 양국관계, 남북관계, 미·중 관계, 동북아 관계에 복잡하게 얽혀 있다. 양국의 이익이 합치되지 않는 부분이 존재할 수밖에 없다. 그리고 앞으로 난관은 더욱 많아질 것으로 보인다. 그럴 때일수록 대화와 소통이 필요하다. 바라는 것은 중국과 관련된 일을 하는 한국인들은 진정한 중국 친구, 마음을 터놓고 이야기할 수 있는 중국 친구를 만들길 권한다. 한·중 수교 30주년을 넘어 한·중관계의 미래를 이끌어나갈 후배들에게 하는 진심 어린 부탁이기도 하다.

先做朋友，后做生意

朴根太 前希杰大韩通运代表、韩中建交30周年纪念活动筹备委员会顾问

　　我与中国的缘分始于38年前的1984年。当时的我刚三十岁，入职大宇实业后，还是代理的我收到了前往香港的人事调令。从那时起，我见证了中国发展的一幕幕。1992年中国前国家领导人邓小平南巡讲话时视察深圳、广州等改革开放示范城市，邓小平说改革开放是正确的、要坚持推进的。那一年8月24日，韩中两国实现了历史性的建交。

　　现在回顾起来，我认为1992年的韩中建交为中国改革开放注入了活力。当时中国需要吸引外资，而韩国则由于国内市场环境的变化亟需海外生产基地。两国产业结构互补，建交以后韩国企业大量涌入中国。

　　得益于中国经济的高速增长，我也做出了一些成绩。1980年代我在香港做外派员时积累的人脉之后在中国大陆市场发挥了效果。我在香港结识的中国朋友给了我很多帮助，向我介绍了不少在北京的官员和企业家，我真的很感激他们。2006年我被希杰集团任命为中国分公司代表，之后的15年，我一直担任希杰中国分公司代表，直到2020年12月离任，继而担任起了希杰大韩通运公司的顾问一职。

　　我在中国工作了37年。37年几乎占据了我人生的一大半，也几乎是我全部的职场生涯。从我的"中国经验"来看，我认为人与人之间的信任关系最重要。我在香港的时候努力学习中文，以真心对待中国朋友并打开他们的心扉。在中国大陆市场做生意也是如此，诚意和真心最终会收获积极的回报。由于经常帮韩国人介绍中国朋友，我因此也有了"安排朴"的荣誉外号。

　　中国是韩国的邻国，彼此理应处好邻里关系。共同处理问题是建立人际关系的重要基础之一，发展韩中关系就需要两国国民能编织更多真挚的友谊。政界人士、外交官、企业人士如果能经常敞开心扉对话，那么再复杂的问题都能找到突破口。

韩中关系牵涉到南北关系、美中关系和东北亚局势，十分复杂，双方利益一定会发生冲突，因此对话与沟通就尤为重要。

我希望在从事与中国相关工作的韩国人能够交到真正的、推心置腹的中国朋友——这也是我在韩中建交30周年之际向今后引领两国关系发展的后辈们想说的建议。

3대에 걸친 중국연(緣)
- 생소, 친숙, 소원 -

• 김충근 前 동아일보 베이징 특파원, 前 다롄삼영화학 법인대표

 지난 30년간 나와 중국의 관계는 이렇게 변했다. 1992년 수교 직후 동아일보 초대 베이징 특파원으로 중국에 가서, 2017년 말 법인대표로 관리, 경영하던 다롄삼영화학유한공사를 처분하고 귀국할 때까지 나의 중국 생활은 '고생과 불만'에서 '보람과 환희'로 그리고 '저주와 원망'으로 가득했다. 비단 나 개인뿐만 아니라 지난 30년간 대륙을 누빈 많은 사람으로부터 같은 이야기를 듣는다.

나는 중국과 이렇게 멀어져서 미워하고 사는 것이 싫다. 내 분신인 큰아들이 베이징에 뿌리내려 살고 있고 내리사랑 손자 손녀가 태어나 잘 성장하고 있다. 껄끄럽게 만났지만, 함께 일하며 의기투합하고 사랑하고 서로 도운 중국 친구들도 늘 그립다. 이쪽 국민과 저쪽 인민 간에 쌓인 고운 정 미운 정이 이럴진대 한국과 중국의 대외관계도 마찬가지 아니겠는가.

나와 중국의 첫 만남은 참 불편하게 시작됐다. 아시아나 김포발 베이징행 천진 도착 비행기에서 내려 계류장에서 가방을 찾아 질질 끌며 입국장에 들

어간 뒤 땅바닥에 팽개치듯 던져주는 여권을 주위들고 펄럭이는 붉은 깃발들을 마주했을 때, 문득 군 복무 시절 목에 피가 나오도록 매일 부른 군가 한 토막이 떠올랐다. 「나가자 서북으로, 푸른 바다로, 조국 통일 위하여, 대한해병대!」 가사 중 서(西)는 '중공(中共)'을 북(北)은 '북괴(北傀)'를 뜻했다. 다음 날부터 나의 중국 생활은 '왕짜증', '개고생'이라는 표현 이외에 설명할 수가 없었다. 나를 비롯한 한국의 대사관 직원, 상사원, 특파원과 사업가 중 치아가 다 흔들리는 스트레스 증상을 앓는 사람이 많았다. 그 당시 내가 부닥친 중국은 '아무도 책임지지 않고', '일은 안되는 방향으로' 굴러가는 사회 같았다. 그리고 기자로서 중국인, 특히 공직자가 가장 많이 하는 이야기 중 첫째는 "이 세상엔 미국만 있는 것이 아니다. 한국은 지구 위에 미국보다 더 큰 우리 중국이 있음을 알아야 한다"라는 것이었다. 둘째는 "고궁(故宮, 紫禁城)과 덕수궁(德壽宮)을 비교해보니 어떻더냐? 만리장성을 안 가보고 중국을 말할 수 없다"라는 것이었다. 여담이지만, 만리장성 얘기를 세 번째 듣는 날 "그 오랜 세월 수많은 백성의 희생 위에 세운 성으로 지켜야 할 국가의 존재가치"에 의문을 제기하며 한판 삿대질을 한 이후 나는 아직도 만리장성엔 안 가봤다.

특파원 부임 다음 해인 1993년 3월 전인대에서 '중국 특색의 사회주의 시장경제' 정책이 법제화한 후 중국의 개혁은 전방위로 본격 추진됐다. 때마침 경제통 황병태 대사가 2대 주중대사로 부임해서 벌인 무소불위 돌파외교 덕분에 한·중 교류협력도 그야말로 일취월장했다. 첸치천(錢其琛) 부총리 겸 외교부장에 이어 리펑(李鵬) 총리가 한국을 방문해 우리의 산업계를 둘러보고부터 '한국은 중국이 필요로 하는 선진 과학기술을 다 가지고 있는 나라'로 확인됐고, "한국과 왜 이렇게 늦게 국교를 맺었는지 모르겠다"라는 얘기가 나돌았다. 당시 중국은 '톈안먼 사태'를 무력진압한 후 서방세계로부터 경제기술 제재를 받아 산업화(개혁·개방)정책추진에 많은 고초를 겪고 있었는데, 한국이 이 숨통을 터 준 것이다. 다음 해 장쩌민(江澤民)

주석이 방한한 뒤부터는 길지 않은 세월 산업화와 민주화를 한꺼번에 달성한 한국민에 대한 찬사가 인민 대중 사이에 회자되며 "한국은 대단한 나라"로 각인됐다. 그즈음 알고 보니 '중국 특색의 사회주의 시장경제'는 그저 산업화(industrialization), 서구화(westernization)가 아니고 한마디로 미국화(Americanization)였다. 중국 사회 전반에 심지어 행정에까지 심화되는 산업화 현대화 전산화의 현장 실제 모습은 우리 같은 제3국 이방인의 눈에는 모든 것이 '미국 따라 하기'나 다름없었다. 중국과 미국 사이에 그때도 오해와 불만이 많았는데, 한국외교가 두 나라 사이에서 이를 완화조정 해준 비화도 많다. 오늘날의 '치메리카(Chimerica)' 형성에 분명 한국의 영향도 있었다. 중국(China)과 미국(America)은 지금과 같은 갈등경쟁에도 불구하고 진짜 적이 되어 싸우고 갈라서지는 않을 운명(Chimerica)을 우리 한국은 안다.

양국우호(友好)가 한·중애호(愛好)로 농밀해지면서 중국개혁도 가속도로 순항할 시기가 되자 대륙의 한국인들은 신바람이 났다. 한국적인 것은 대륙 어디서나 환영받았다. 한국인에게 중국은 든든한 선린 우방으로, 중국 사람은 후덕한 이웃사촌으로 함께 살기에 피차 더없이 편안했다. 한국인과 중국인이 손잡으면 못할 일이 없고, 또 대개는 성공했다. 한국의 설비 기술투자 여러 부문에서 중국인들이 혁신을 이루어 '만만디(慢慢的)'가 '빨리빨리(快快的)'를 추월하는 것을 볼 때 가슴 뿌듯한 감정과 함께 일부 두려움도 느꼈다. 그때 소리 없이 진행되는 동북공정을 감지했으나 "저런 게 왜 필요한가?" 싶을 뿐 우리는 참 미련했다. 오래 떨어져 있다 같이 살아보니 한·중 양 국민의 정서는 금방 구동존이(求同尊異) 하기에 아무 스스럼도 없었다. 문화예술 보건·미용 산업이 중국 젊은 층을 열광시킬 때 만난 후진타오(胡錦濤) 총서기도 "요즘 밤마다 한국드라마 〈사랑이 뭐길래(愛情是什麼)〉를 보는 재미에 온 가족이 푹 빠졌다"라고 실토할 정도였다. 개인적으로 한국 기술로 세계 최대 중국 시장을 석권하면서 전자 콘덴서커패시터(Condenser Capacitor)

특파원 시절 후진타오 주석과 찍은 사진 (출처: 저자 제공)
担任驻华特派记者时与胡锦涛主席的合影。(照片来源：作者提供)

필름의 국제가격을 손안에 쥐고 흔들어 본 것도 그 직후였다.

호사다마(好事多魔)라고 할까. 한·중 양국 사이에 만사가 형통하고 있을 때 이른바 '사드(THAAD) 관련 보복'이 닥쳤다. 지금도 중국은 보복은 커녕 '한한령(限韓令)'을 내린 적이 없다고 말한다. 그러나 기업 현장에서 직접 당한 나는 그 보복이 얼마나 지독한지 잘 안다. 사드 보복은 소방, 환경, 건축, 인사, 노무, 세무 등 모든 부문에서 일사불란하게 '통일전선' 방식으로 전개됐다. 심지어 상표도용으로 내가 고소해 베이징법원에서 2심까지 승소한 사건이 다롄에서 피고 측이 신고인으로 둔갑해 되살아나 회사를 옥죄어 들어왔다. 그 당시 나는 무기력증, 좌절감, 외로움으로 몸살을 앓아야 했다. 관공서는 물론 회사 내에서도 나의 말은 중국 사람 누구에게도 통하지 않았다. 대신 현지 직원은 물론 중국 지인들이 표정과 눈빛으로 나에게 전하는 메시지는 '국가(중국 공산당)가 하라면 우리는 복종할 의무밖에 없는 걸 잘 아시지 않느냐?'는 것이었다. 발가벗겨 야반도주하는 신세를 면하려면 헐값에 회사를 땡처리하는 수밖에 다른 길은 없었다. 그즈음 베이징 아들 집에서도 중국 국제학교에 다니던 손자 녀석이 학교를 미국국제학교로 바꿔야 할 사정이 생겼다. 중국 친구들의 집단 괴롭힘이 반복되어 학교도 말리지 못하는 상황이 된 것이다.

손자 녀석도 친구들이 싸움을 걸 때마다 "한국은 힘도 없대(韓國很弱)"라는 야유를 더는 참지 못해 했다. 중국진출 교민 1세대로 할아버지가 베이징에 와서 심은 조국의 이미지가 그렇게 형편없는 것으로 다가왔을 때 어린 가슴에 어떤 상처를 받았을까! 통탄할 지경이었다. 회사를 처분하고 철수한 2018년 일본 도쿄, 나고야, 오사카 일원을 방문하게 됐다. 한국에는 중국 여행객의 발길이 끊기고 면세백화점과 공항출국장에 쇼핑백 대열이 사라진 때였다. 그 많던 중국 중국인 관광객(中国游客)의 쇼핑 보따리가 일본 각지 공항과 면세점 앞에 빽빽하게 늘어서 있었다. 일본 각지를 출발해서 중국 각 도시를 도착지로 하는 항공편이 한·중 노선에 비하면 얼마나 많은가를 생각하니 순간 어이가 없었다. 중국인들이 자주 말하는 '소일본(小日本)' 소리에 현혹되어 한·중관계만 최고조인 줄 착각하고 있던 것이다. 중국은 실속을 다 챙기고 있는데 우리만 끓고 식고 혼자 우쭐거린 게 아닌가? 우리 한국이 잔등(殘燈)에 올라 웃고 즐길 때도 코끼리는 코끼리 제 맘대로 갈 길을 가고 있었다.

나는 사드 보복이 남긴 상처가 의외로 깊고 오래가지 않을까 걱정한다. 양국 사이의 지난 호시절(好時節)은 다시 오기 힘들 것 같은 생각도 든다. 개인과 개인 사이의 우정이나 사랑도 존경심이 깔린 상호존중이 있어야 진정성이 있고 오래가는 법인데 양국 사이에 지난 세월 어렵사리 쌓아 올린 이런 존중과 경외의 감정이 사라진 것이 가장 안타깝다. 사드 보복이 시작된 초기 매우 당황하고 난처해하기는 중국의 라오펑요우(老朋友)도 마찬가지였다. 한창 합작사업에 몰두하고 있던 순진한 양 국민은 시어머니의 성화 때문에 '사랑하면서도 헤어지는' 부부 같은 감정이었다고나 할까. 그러던 중 중국 사람이 점차 "뭐? 한국이 중국을 노리는 미국 편을 든다니 그럼 손 좀 봐야지"로 변했다. 중국은 공산당이 14억 인민을 일사불란하게 영도하는 당-국가 체제(party-state regime)! 중국의 백성(老百姓)이 '대단한 한국'을 '힘없고 작은 나라'로 재인식하게 된 계기가 사드 보복이었다는 얘기다. 여기서 한마디는 꼭 해야겠다. 베이징 특파원으로 가서 중국 당국에 한 나의 첫 질문의 연장이다. "중국은 왜 미국 탓으로 우리 한국을 치고(抗美) 괴롭(THAAD)히나? 싸울 거면 미국하고 바로 붙어라. 이럴 거면 왜 한국과 수교는 했나? 한·중수교는 피차 필요해서 서로 합의하고 한 것 아닌가?" 요컨대 중국이 '화이(華夷)' 구도로, 쉽게 말해서 대국의 갑질로 우리 한국을 길들이려 한다면 그건 어림없다.

나는 우리나라가 중국과 적대관계이던 대학 시절 마오쩌둥 사상(毛澤東思想)을 공부한 첫 세대다. 당시 손자병법의 지피지기(知彼知己) 차원에서 육사와 고대 정치과 단 두 곳에 '마오쩌둥 사상' 강의가 개설됐는데 나는 2학년 두 학기 전공과목으로 6학점을 이수했다. '니 하오(你好)'는 못해도 마오쩌둥(毛澤東)은 알고 간 중국 특파원 1호인 셈이다. 그리고 중국 도착 후 중국은 영웅 마오쩌둥에 이어 거인 덩샤오핑(鄧小平)이 있어 부강한 나라가 될 수 있을 것을 예견하고 축복했다. 합산 25년 동안 중국에 거류하면서 오늘날 중국의 굴기는 전 인민에 앞장서 스스로 먼저 변화하고 개혁을 주도한 중국 공산당이 이룩한 성과임을 지켜보았다.

나의 중국 인연은 내 개인의 운명도 바꾸었다. 나는 본래 기자 후 나아갈 진로를 예정해놓고 있었는데, 동아일보의 중국 특파원 사령(司令)이 그 진로 진입을 지연시키고 결국 실패하게 되는 요인이 됐다. 대신 두 아들이 모두 중요한 청소년기에 중국에서 공부하고 성장해서 지중파(知中派)가 됐으니 집안 내력이 바뀌게 된 것이다. 특히 큰아들 김보형(金保亨)은 나름 중국통으

중국을 떠나기 마지막 해 손자와 쿤밍에서 찍은 사진 (출처: 저자 제공)
离开中国前的最后一年和孙子在昆明拍的照片。(照片来源：作者提供)

로 주변에서 인정받고 있는 것 같아 기쁘다. 그는 한·중교육협정이 체결된 후 정식 중국 유학 1기생으로, 베이징대학 출신 한국인 미국 변호사 1호다. 중국에 살아 보니 탈냉전 후 지구는 미국으로 대표되는 기독교 문명과 중국 문명이 충돌하는 가운데서도 결국은 '미·중 쌍두마차' 체제로 끌고 갈 것이 눈에 보여 베이징대학을 조기 졸업하고 다시 미국으로 건너가 실력을 쌓기로 했던 것이다. 말하자면 그의 '오늘'은 우리 부자(父子)가 짧은 머리를 맞대고 설계 추진한 합작 기획품이다.

미·중관계 속 한국의 자주 번영! 대륙을 무대로 활동하는 모든 한국인이 한시도 잊어서는 안 될 지상목표다. 중국에서 왜 미국을 의식해야 하느냐고? 중국인들의 뇌리에 한국은 이미 미국과 꽁꽁 엮여 있다. 우리가 가만히 있어도 그들이 우리를 '미국 편 프레임'에 가둔다. 역사적으로 중국 곁에서 한반도는 제대로 자주(自主)를 펼칠 수 없었다. 또 우리 조상들은 중국에 사대하고 조공을 바치느라 가난에 굶주림이 더했다.

사드 보복 '3불 약속' 등 북핵 이슈와 미·중 경쟁 속 크고 작은 한·중모순은 수교 당시의 비대칭적 출발에 기인한다고 볼 수 있다. '하나의 중국(中國)'

원칙은 받고 '두 개의 조선(Two Koreas)' 정책은 내어준 결과다. 돌이켜 보아도 서글프지만 궁극적으로 이는 북한의 체제변혁 김정은의 결단이 거들어주면 풀릴 문제지만 그게 쉽지가 않다. 만약 북한이 대남 및 대외관계에서 지난 70년간 역사를 반복하고, 중국 중심의 북·중·러 '북방 3각 체제'의 강화발전으로 동북아 신냉전(또는 재냉전) 시대를 건너려 한다면 우리도 이젠 '동북아 평화체제' 내지 한반도평화통일에 대한 패러다임을 근본적으로 전환해야 할 것이다.

한·중수교 다음 해인 1993년 이른바 제1차 '북핵 위기'가 터졌다. 위기의 현장은 영변과 평양인데 복잡하고 미묘한 국제역학의 정치는 베이징에서 벌어졌다. 당시 취재하면서 우리 한국은 중국과 미국이 벌이는 '체스판의 말'이고 강대국들 물질에 떠밀려 다니는 '개구리밥 신세'임을 똑똑히 보았다. 그때 중국의 고위인사가 '비보도 조건'으로 내게 해준 말은 "지금, 이 순간 만약 조선이 단 한 개라도 핵탄두를 가진 것이 확인된다면 우리는 인민해방군을 풀어서라도 그 핵(核)을 해체 압수해야 할 처지다"라는 말이었다. 한국도 미국만을 일방적으로 믿고 의지하지 마라. 미국에 한국이 중요하지만, 세계전략 차원에서 생각하면 미국이나 우리 중국 같은 대국(大國)은 남북 양쪽 중 어느 한쪽에 발을 딛고 있으면 족한 것이다. 조선반도 같은 지정학적 요충지에 대해서 대국은 본래 그런 입장이다. 우리가 혈맹인 조선의 반대에도 불구하고 한국과 손잡은 것(한·중수교)도 마찬가지 이치다. 한국이나 우리 중국이나 미국이 조선과 무슨 거래를 하는지 항상 눈여겨봐야 한다. 그날 베이징 궈마오(國貿; 국제무역센터) 뒷골목에서 혼자 마신 베이징(北京) '이과두주(二鍋頭酒)' 맛은 맵고 서러웠다.

베이징 특파원 초기 한국 기자들은 미국, 일본 기자들과 정보를 주고받으며 잘 어울렸다. 한·미·일 3국 기자들이 중국에서 겪는 동병상련에서 비롯됐지만, 그들 중 특히 일본 특파원들의 북한 정보는 탁월했다. 나의 경우 샹

춘(鄕村)골프장에서 첫 홀 티샷을 날리고 나아가다 허겁지겁 거꾸로 뛰어나오는 일본 기자들한테 김일성 사망 소식을 들었다. 그런 일본 기자들은 어쩌다 술자리에서 어울리면 "중국이 무섭지 않냐?, 한국은 온갖 기술을 겁 없이 중국에 내주고 있던데 만약 거대 중국이 지금의 대만 수준으로 발전하면 그때 아시아는 중국 천지가 되고 말 것"이라고 걱정했다.

중국의 한국 교민 1세대인 우리도 비슷한 우려를 느끼고 있었다. 동료 한국인들은 중국을 얼마 겪어보지 않고도 "지금 누리는 기술우위를 중국에 뺏기는 순간 우리는 중국의 한낱 부품기지 작은 소비시장 신세로 전락할 것"이라는 감이 금방 왔다. 또한, 국가 차원의 대국 갑질에 이어 개별 국민 차원에서 단편소설 '감자'의 주인공 '왕서방의 횡포'를 떠올렸다. 그 당시 우리들의 중국 이야기는 언제나 중국이 부강해지면서 "일류국가와 함께 제발 일등국민이 되기"를 축복하는 것을 결론으로 삼았다. 그 중국이 지금 우뚝 일어서 2030년경 미국의 GDP를 추월할 것이라고 한다. 나는 지금 서울로 돌아와 중국이 세계 일류국가가 되고 중국 인민이 모두 지구촌의 일등시민이 되기를 축복하고 있다. '한·중우호 만세(韓中友好萬歲)'를 위하여!

韩中建交三十载 谈谈我的中国情

金忠根 前东亚日报驻北京特派记者、前大连三荣化学法人代表

在我担任驻北京特派记者的第二年，也就是1993年3月，中国特色社会主义市场经济在八届全国人大一次会议上被写入中国宪法，此后全面推进实施。当时恰逢"经济通"第二任驻华大使黄秉泰上任，得益于他在外交上的努力，大大加速了韩中间的交流合作。其间，时任中国副总理兼外长钱其琛和总理李鹏先后访问韩国。在韩国大企业参观期间，有关中方认定"韩国是具备中国所需先进科学技术的国家"的佳话和关于"不解为何和韩国建交这么晚"的感叹不断。因西方在经济技术方面的阻挠，中国工业化(改革开放)之路困难重重，而韩国则成为了帮助中国实现突破的国家之一。

那之后时任中国国家主席江泽民访问韩国，对实现"汉江奇迹"的韩国产业化发展赞不绝口，称赞韩国"是一个了不起的国家"。我也是差不多那个时候才把中国特色社会主义市场经济与韩国产业化联系在一起，认为其并非西方化。搭上了中国发展社会主义市场经济的快车，韩国企业实现了惊人的增长。

韩中两国逐渐从建立友好关系到走向蜜月期，随着中国改革开放进程的加速，身在中国大陆的韩国人迎来了空前的激动时刻。只要是有着韩国烙印的东西，在中国大陆的每一个角落都受到欢迎。对于韩国人来说，中国是可靠的睦邻友邦，两国人民携手就能克服万难、走向光明。

谁知好事多磨，就在两国关系如胶似漆、两国发展蒸蒸日上的时候，被"萨德"(THAAD)当头棒喝。两国关系急剧转冷，我也遭遇了将公司从中国市场撤出的无奈。

直到如今，我仍担心"萨德"给两国人民造成的创伤是否会比想象中更深且持续时间更长，更担心两国蜜月期的好时光不复再来。人与人之间的友谊和爱要想天长

地久，离不开相互尊敬、尊重和坦诚相待。两国共同努力才积累的信任和尊重若付诸东流，将多么令人遗憾。不仅是我，像我这样的中国的老朋友们在"萨德"面前，都是一样的无措和无奈。

我作为中国第一代韩国侨民，我的孩子们作为第二代侨民，我们希望中国能变得富强。"希望中国成为一流国家"、"希望中国人民傲立世界"一直是我们的愿望。最后祝愿韩中友好万岁！

한국과 중국,
그 푸른 미래

代代相傳

대대로 좋은 업적을 이어나가야 함

한·중관계의 새로운 활력은
의회외교로부터

• 노웅래 국회의원, 민주연구원장, 한·중의회간정기교류체제 부회장,
  한중수교30주년기념사업준비위원회 위원

들어가는 말

한·중관계는 수교 이후 30년 동안 경제 및 인적교류에서 크나큰 발전을 거듭해 왔다. 2021년 한국의 대중 무역액(수출입 금액 합산)만 놓고 봐도 3천 15억 달러로 연간 총 무역액 1조 2천 595억 달러의 23.9% 규모다. 그 뒤를 미국(13.4%), 일본(6.7%), 베트남(6.4%), 대만(3.8%)이 잇고 있다. 또 2021년 8월 한국 교육부가 발표한 통계수치에 의하면 한국 내 외국인 유학생 숫자는 152,281명에 달하는데 이 가운데 무려 44.2%인 67,348명이 중국인 유학생이다. 한편 이처럼 활발한 교류의 이면에는 외교, 안보, 역사, 문화에 이르기까지 다양한 현안들이 양국관계의 변수로 작용하고 있는 것도 사실이다.

한·중관계뿐 아니라 모든 국가 간의 관계에서 갈등이 존재할 수 있다. 어느 의미에서는 갈등이 존재하는 것이 국가 간 '정상적인 상태'라고 볼 수도 있다. 국제법상 대원칙인 '주권 평등'의 원칙이 지배하는 국제관계에서 갈등이

존재하지 않는다는 것은 생각하기 어렵다.

　문제는 국가 간 갈등 그 자체가 아니라 '호혜·평등'에 입각하여 갈등을 풀어가는 건강한 시스템이 존재하는가 하는 것이다. 다음에서는 최근 한·중관계의 변화·발전의 흐름 속에서 미래지향적 한·중관계의 정립을 위한 한·중 의회외교의 전개과정과 향후 과제를 살펴보고자 한다.

90년대, 가마솥처럼 서서히 달궈지기 시작한 한·중 의회외교

의회외교는 정부 간 외교에서 다루기 어려운 민감한 문제나 장기적으로 양국 간 의견 조율이 필요한 이슈에 대해서도 다룰 수 있는 대표적인 공공외교라는 점에서, 국가 간의 외교에서 매우 중요한 한 축을 담당한다고 볼 수 있다. 특히 한국과 중국처럼 오랫동안 적대관계에 있다가 수교한 경우에는 정부 차원의 공식적인 외교 노력 이외에도 의회외교를 포함한 다양한 분야에 걸친 대화와 교류가 관계 정상화에 도움을 줄 수 있다.

　한·중 의회외교사를 살펴보면 한국 측에서는 1992년 8월 24일 한·중수교 직후인 그해 12월 한·중의원친선협회가 발족했고 2년 뒤 1995년 한·중 의회외교협의회로 격상되어 제20대 국회(임기 2016~2020년)까지 운영되어왔다. 이후 2019년부터 한·중의회외교포럼이 출범하면서 제21대 국회에서는 한·중의회외교협의회를 구성하지 않았다. 한편, 중국 측에서는 1993년 전국인민대표회의 중한우호소조가 구성되어 지금까지 이어지고 있다.

　초창기 한·중관계에서 의회외교는 비정기적으로 진행되었다. 1995년 4월 제1차 간담회를 개최하고 5년 뒤인 2000년 9월 제2차 간담회를, 이어서 역시 5년 뒤인 2005년 11월 제3차 간담회를 개최했다는 사실에서 초기 한·중 의회외교가 얼마나 더디게 진행되어왔는지 짐작할 수 있다. 이 기간 양국 의회외교의 빈도수는 낮았지만 이후 정기교류체제 구축의 기초가 되었다는 점에서 의미가 있다. 이 시기는 한·중 의회외교사에서 마치 밥을 짓기 전 가마솥을 서서히 달구는 과정에 비유할 수 있을 것이다.

2000년대, 한·중 의회외교의 백화제방기(百花齊放期)를 맞이하다

2000년대에 접어들면서 한·중 의회외교는 더욱 본격화, 체계화됐다. 한국 측 한·중의회외교협의회와 중국 측 '중한우호소조(中韓友好小組)'는 2005년 제 3차 간담회를 필두로 양국 의회의 교류는 물론 경제교류, 문화교류, 환경문제 협력 등 다양한 현안에 대하여 논의하기 시작했다.

특히, 2006년 1월 김원기 국회의장이 중국을 방문하여 우방궈(吳邦國) 전인대 상무위원장과 「한·중의회 간 협력의정서」를 체결함으로써 한·중의회 정기교류체계가 성립되었고, 양측은 이를 통해 격년제로 상대국을 방문하여 합동회의를 개최하기로 합의하였다. 2006년 9월 제1차 회의를 개최한 이래 지금까지 총 11차례 회의가 개최되었다. 이 기간은 양국 정부의 전략적 동반자관계론이 대두되면서 교류협력이 한층 고도화된 시기와도 맞물려있다.

한·중 의회 정기교류체계에 따라 최근 10년간 다뤄진 중요 이슈로는 경제교류, 문화교류, 인적교류 등 일반적인 양국 간 교류협력 방안은 물론 양국관계의 특수성을 반영한 내용도 있다. 예를 들면, 일본 역사 왜곡에 대한 공동대응(2013.8.20. 제8차 회의), 한반도 비핵화와 평화통일, 한·중 환경개선 공동협력(이상 2014.5.20. 제9차 회의), 제2차 세계대전 전승 70주년 기념(2015.7.7. 제10차 회의) 등이 그것이다.

최근 화상회의로 개최된 제12차 회의(2021.11.16.)에서는 '코로나-19' 이후 경제협력 및 교류 활성화가 주요 이슈로 다뤄졌다. 이처럼 한·중 의회 정기교류체계는 해를 거듭할수록 양국 간의 당면 현안에 대해서도 다루고 있다는 점에서 그 역할과 위상이 더욱 높아지고 있다.

그런 가운데, 한국 국회는 중요한 외교 현안에 발 빠르게 대응하고 의회 차원의 공공외교를 활성화하기 위하여 제20대 국회부터 여야 4선 이상 중진 의원들을 중심으로 미국, 중국, 일본, EU 등 주요국과 권역별로 총 11개 의회 외교포럼을 구성하여 운영 중이다. 이에 따라 한·중의회외교포럼은 2019년 5월에 발족하여 2019년 7월 중국 랴오닝성(遼寧省)과 장쑤성(江蘇省)을 방문하여 한국의 '신북방정책(新北方政策)'과 중국의 '일대일로(一帶一路)'의 접목을 모색하는 등 한국기업의 진출을 논의하였고, 같은 해 8월에는 베이징과 광둥성(廣東省)을 방문하여 4차 산업혁명 및 한·중 지방정부 간의 협력 모색 등을 논의하였다.

2022년, 한·중 의회외교가 빛을 발할 때

한·중수교 이후 30년간 의회가 점진적이나마 다양한 분야에서 양국 간 소통과 교류를 발전시켜왔다는 점에서 의회는 향후 한·중관계의 미래지향적 발전에서도 주요한 역할을 할 수 있는 주체로서 충분히 그 가능성과 잠재력을 보유하고 있다고 본다. 특히, 국제정세의 변수가 다양하게 표출되는 최근 상황에서는 정부 차원의 공식 외교채널 이외에 양국 의회 차원의 채널을 통해 상호 이해를 증진하기 위한 노력이 더욱 절실하다. 의회외교가 정부 외교나 여타의 공공외교와 차별화되는 장점으로 크게 다음 세 가지를 들 수 있다.

첫째, 사전 조정자 역할이다. 의회외교는 공식 외교채널에서 다루기 곤란한 공동관심사에 대하여 비교적 자유롭게 논의할 수 있는 공간이다. 따라서 의회외교를 통해서 공식외교 이전단계에서 부담 없이 이견을 조율하고 상대방의 입장을 확인할 좋은 기회로 활용할 수 있다는 것이다. 특히 한·중관계처럼 상호 고려해야 할 다양한 변수가 있는 상황에서 의회외교의 사전 조정자 역할이 매우 중요하다고 본다. 방대한 경제적·인적교류에서 발생하는 문제들을 원활히 해결하기 위해서도 의회의 사전 조정자 역할이 더욱 요구된다. 예를 들면, 뒤에 언급하는 '남·북·중 고속철도'와 같은 사안은 공식 논의에 앞서 의회 차원에서 먼저 논의를 시작하는 것이 부담도 덜할 뿐만 아니라 상호 개방적 시야에서 이슈에 접근할 수 있도록 해줄 것이다.

둘째, 가교로서 역할이다. 국가 간에 민감한 현안을 논의하다 보면 문제 해결보다 오히려 문제를 키우는 쪽으로 전개될 우려가 있다. 특히 공식 외교무대에서는 자칫 '극(極)과 극(極), 강(强)대 강(强)'의 흑백논리로 치우칠 가능성도 있다. 그런 점에서 다양한 의견을 포용할 수 있는 의회외교야말로 양국 관계에 없어서는 안 될 '안전장치'라고 할 수 있다. 대의기관인 의회는 극단에 치우치지 않고 중도·합리적 관점에서 해결책을 모색하는 데 특화된 국가기관으로서 양국의 가교역할에 적임자라고 할 수 있다. 또한, 의회외교의 주체는 입법권과 중요 조약의 체결에 대한 동의권과 행정부 관리·감독 권한을 가진 국회의원들로 민간 공공외교와 달리 국가의 공적 권위를 보유하고 있기에 양국 간 첨예한 현안의 중재자로의 자격도 충분하다. 의회외교의 가교역할은 미세먼지 문제 같은 양자 간 현안은 물론 북핵 문제 같은 다자간 현안에서도 활용 가능성이 있다고 본다.

셋째, 양 국민 우호 증진 역할이다. 의회외교는 양국 국민과 일상적으로 가장 밀접하게 소통하는 국회의원들이 주축이 되는 외교라는 점에서 양국 여론과 민심에 미치는 영향력이 상당하다. 의회외교를 통해 자국민의 생생한 여론을 상대국에 전달할 수 있고, 오해를 불식시키는 계기로 삼을 수도 있다. 또한, 최근 중요성이 높아지는 민간 공공외교와 함께 의회외교가 양국 민간교류를 활성화할 경우 양국 간의 우호적인 분위기를 조성하는 데 도움이 될 것이다. 의회외교의 양 국민 우호 증진 기능은 역사·문화 등 국가 정체성과 관련된 분야에서 갈등이 있을 때 특히 그 중요성이 높아질 것으로 보인다.

한국과 중국의 의회제도는 양국의 정부 형태만큼이나 많은 차이가 있기에 의회외교의 효과 면에서도 양국 간에 어느 정도 차이가 불가피할 것이다. 하지만 민의의 전당으로서 의회의 국민 대표성이라는 공통점을 고려할 때 양국 간 신뢰 제고 및 우호 증진을 위한 의회의 역할에는 의문의 여지가 없을 것이다. 그러한 관점에서 최근 한·중관계 주요 현안과 의회의 외교적 역할을 모색했던 내용을 살펴보면 다음과 같다.

수교 30주년 맞이 양국관계의 미래지향적 발전

한·중 정상은 2022년 양국 수교 30주년을 맞이하여 2021~2022년을 한·중 문화교류의 해로 선포했다. 문화, 교육, 스포츠, 예술, 언론, 청소년, 지방 간 교류 등 분야별 협력사업을 통해서 양 국민의 우호 증진 및 상호 이해를 높일 수 있을 것으로 기대된다. 특히, 2022년은 베이징동계올림픽과 항저우아시안게임이 있는 해이기도 하다. 이를 통해서 양국 간 상호 이해 및 우호 증진의 계기로 삼아야 할 것이다. 또한, 양국의 고위급 교류를 통한 협력관계 강화, 2021년 8월 출범한 한·중관계 미래발전위원회의 활동 등도 양국관계 발전에 활력소가 될 것으로 보인다. (주: 두 경기는 '코로나-19' 여파로 연기됨)

인적교류 활성화 및 방역 공동대응

'코로나-19'로 인한 국제 인적 왕래의 위축 속에서도 한국과 중국은 2020년 5월 1일 양국 정부가 합의한 '한·중 신속통로'를 통해 기업인의 예외적 입국을 허용하는 한편, 유학생·취업자·거류허가증 소지자 대상 비자 발급 재개 등을 통해 양 국민의 교류를 지원해왔다. 다만, 방역 절차의 차이와 '코로나-19' 방역상황 등으로 인해 일부 기업인, 유학생 및 동반 가족들의 불편이 있어서, 당국 간 소통을 통해 풀어나가고 있다.

남·북·중 고속철도 연결

한·중관계의 미래 이슈 중에서 가장 이목을 끄는 것 가운데 하나는 남·북·중 고속철도라고 할 수 있다. 나는 남북한 철도연결을 준비하는 국회의원 연구단체인 "통일을 넘어 유라시아로"의 대표의원으로서 남·북·중 고속철도의 필요성과 효과에 관한 연구 및 여론조성에 힘을 쏟아왔다.

양 국민 우호 정서 증진

최근 양국의 네티즌들을 중심으로 제기된 김치, 한복 등 문화 기원 논쟁이나, 역사문제에 대한 편향된 시각 등이 양국의 전통적인 우호 정서에 부정적인 영향을 미치고 있다. 역사·문화논쟁은 한·중 문화교류의 해를 맞이하여 진실 검증을 통해 잘못된 정보를 바로잡고 이를 널리 알리는 양국 간 공동노력을 통해 불식해야 한다. 역사문제는 한국인의 정체성과 직결되기 때문에 왜곡시도에 대해서는 정부차원은 물론 국회에서도 단호하게 대응하지 않을 수 없다.

맺음말 - 한·중관계, 세계외교의 모범사례로 거듭날 때

1992년 한·중수교 이후 30년간 양국 무역액과 인적교류 규모는 수십 배 증대하면서 급격한 양적 발전을 거듭하여왔다. 또한, 지난 30년간 한·중 양국은 ASEAN+3, RCEP 등 다양한 역내 경제협력체와 다자협력체의 부상에 건설적 파트너십을 발휘해 왔다. 한·중 양국이 이렇듯 경제적 외교적 교류와 협력을 증대해온 것은 역내 경제와 평화에 주요한 역할을 해 왔다고 할 수 있다.

그러나, 지난 30년간 한·중 양국관계의 양적, 제도적 교류의 팽창에 반해, 그에 부합하는 정치적, 사회적 신뢰와 우호 확대를 견인하는 데에는 한계를 드러내 왔다. 특히, 문화적 충돌이나 역사논쟁 등은 양국 국민 간 우호 인식에 부정적 영향을 미쳐온 주요한 요소라고 할 수 있다. 최근 미·중 전략경쟁의 심화 등 국제환경의 변화도 양국관계의 미래에 주요한 도전적 요인을 제기하고 있다.

바람직한 외교 관계는 양국 간의 기본적인 신뢰가 전제된다고 할 때, 의회외교야말로 신뢰 구축에 적합한 공간이라고 할 수 있다. 의회외교는 정부 당국 간 외교가 한계에 봉착했을 때 빛을 발할 수 있다. 최근 한·중관계에서 제기되는 주요 현안들을 살펴볼 때 갈등관리의 필요성이 증대되고 있다는 것을 부정할 수 없다. 기존의 국가 간 갈등은 그 원인 제공자가 정부인 경우가 많았기 때문에 해결책도 정부가 주도할 수밖에 없었다. 그러나 최근 국가 간 갈등은 인터넷과 SNS의 발달로 인해 민간 영역의 논쟁이 감정적 대립으로 격화되는 경우가 많기에 정부의 힘만으로는 한계가 있다. 싸움은 말리고 흥정은 붙이라는 한국 속담이 있는데 외교에서도 마찬가지다. 그런 역할을 하기에 가장 적합한 것이 의회라고 생각한다.

이에 나는 양국의 긴급한 갈등 현안에 대해 터놓고 논의할 수 있는 의회외교의 기능 강화가 필요하다고 생각한다. 한·중 양국의 의회외교단위에 긴급현안소위원회와 같은 상설협의체를 구성하는 방안도 검토할 필요가 있다. 단, 이같은 협의체가 성공하기 위해서는 몇 가지 조건이 충족되어야 할 것이다. 첫째, 협의체에서 논의된 사항을 정치적으로 이용해서는 안 되며, 둘째, 협의체에서의 논의는 공식적인 외교 프로세스와 별개의 것으로 취급되어야 하고, 셋째, 협의체는 국제예양과 상호존중의 원칙에 의해서 운영되어야 할 것이다.

돌이켜보면 한·중관계는 2천년 전까지 거슬러 올라간다. 그런 점에서 한·중관계는 양국이 근대 이후 서양국가들과 맺은 외교 관계와는 또 다른 의미에서 역사적 중요성을 띤다. 그 점이 때로는 긍정적으로 때로는 부정적으로 작용할 수도 있지만 나는 긍정적인 면, 밝은 면을 강조하고 싶다.

중국 남북조(南北朝)시대에 저우싱츠(周興嗣)가 쓴 『천자문(千字文)』에는 우정에 대한 아름다운 구절이 나온다. '교우투분 절마잠규(交友投分 切磨箴規)'라는 구절이 그것이다. "친구를 사귈 때는 가진 것을 나누고, 함께 갈고 닦으며 바른 말로 일깨워 준다"는 뜻이다. 국가 간의 관계에서도 서로 양보하고 상대방 입장을 배려하면서 함께 바른길을 걷는다면 좋은 관계로 발전할 수 있다는 지혜를 '절마잠규'에서 음미해본다.

한·중 양국 간 우호와 신뢰를 높이고 진지한 소통을 하기 위해서는 앞으로 양국 의회의 역할이 중요하다. 한·중관계를 둘러싼 다양한 도전과 기회 요인이 동시에 부상하고 있는 지금, 한·중 양국이 전통적 우호관계를 바탕으로 지혜를 모은다면 세계외교사의 모범사례를 만들어낼 수 있을 것으로 확신한다.

나 역시 한·중의회간교류체제 부회장으로서 양국관계 발전과 양국민의 우호 증진을 위해 더욱 노력하겠다는 각오를 새롭게 한다.

议会外交为推进韩中两国发展提供新动力

卢雄来 国会议员、韩中议会定期交流机制副会长、韩中建交30周年纪念活动筹备委员会委员

在韩中两国迎来建交30周年之际，议会外交在深化发展面向未来的韩中关系所发挥的作用再次受到关注。在政府层面的正式外交面临局限时，议会外交通常在敏感问题或两国意见出现分歧的热点上起到"润滑剂"的作用，是代表性的公共外交途径之一。

韩中议会定期交流机制近十年来为两国经济、文化、人文等合作交流出谋划策、贡献智慧。2013年8月举行的第8次会议上，韩中一致通过应对日本歪曲历史行为的行动纲领。2014年5月举行的第9次会议上，两国就在治理环境领域展开合作达成共识。2015年7月举行的第10次会议上，两国共同纪念第二次世界大战结束70周年。

韩中建交后的30年间，议会在各领域交流合作中发挥了重要作用，今后也会为面向未来的韩中关系发展指明方向。与政府官方外交相比，议会外交的长处主要有以下三点。

第一，议会外交可充分发挥事前协调者的角色，为正式外交渠道中难以处理的共同关切提供自由讨论空间。通过议会外交可较为轻松地协调各方意见，确认对方对问题的看法。

第二，议会外交发挥着桥梁作用。在国与国之间讨论敏感问题时，如考虑不周反而会引发新的问题。尤其是在正式外交舞台上，不排除出现"硬碰硬"、"两强对峙"的棘手局面。在这一点上，包容各方意见的议会外交会为两国关系加上"安全装置"。

第三，议会外交在增进两国友好方面发挥重要作用。议会外交以国会议员为主轴，在引导两国舆论与民众情绪上具有相当大的影响力。通过议会外交可将本国

民众心声有效地传达给对方，及时消除误会，促进两国民间交流，为两国民众形成共识提供契机。

随着近年来网络社交媒体的兴起，两国之间的争议分歧升级为谩骂、攻击的情况时有发生。仅靠政府力量较为有限，议会外交便可发挥重要的调节作用。我建议两国应进一步加强议会外交的功能，就存在的问题开诚布公地进行讨论，必要时可成立紧急小组等机构，随时进行沟通。

韩中关系挑战与机遇并存，若能集思广益、发挥两国议会智慧，我相信一定会创造出世界外交史上的典范。作为韩中议会定期交流机制副会长，我将一如既往地为深化两国合作、增进两国友好贡献力量。

점진적으로 발전해 온 한·중관계,
새로운 미래를 제안한다

• 박정 국회의원, 한중수교30주년기념사업준비위원회 부위원장

 2004년 중국이 막 성장해 나아갈 때, 중국에 직접 가서 뭔가를 배워야겠다는 생각을 한 후 얼마 지나지 않아 중국으로 떠났다. 처음 갔을 때는 온라인 교육 시장에 진출하려고 했다. 하지만 중국의 디지털 환경이 생각보다 좋지 않아서 제대로 추진하지 못했다. 대신 2005년 당시 중국 교육부가 관장하는 교육방송(CETV)에서 한국어 교육 프로그램을 방송하는 성과를 만들어냈다. 매주 월요일부터 금요일까지 본방송을 하고, 토요일과 일요일 재방송을 했다. 이런 식으로 1년을 하니까 놀라운 효과가 생겼다. 중국에는 대학마다 조선(북한)어학과가 있는데, 한국어 방송 이후, 한국어가 표준어라는 걸 중국 사람이 알게 된 것이다. 이후 조선어학과가 한국어학과로 바뀌는 효과가 일어났다.

사업은 사업대로 하면서 공부를 좀 더 하기 위해 우한(武漢)대학을 찾아갔다. 2005년 당시 노무현 대통령 때 대통령 직속 동북아시아시대위원회 자문위원으로 위촉을 받기도 했기 때문에 역사학을 선택해 공부를 시작했다. 지

도교수는 항일전쟁을 전공한 분이었다. 한·중관계에 관해 많은 공부를 했고, 박사 논문은 「한·중관계의 새로운 방향의 모색」이라는 제목으로 썼다. 힘들었지만 배운 게 참 많았다. 특히 미국과 중국의 외교관점에서의 차이가 기억에 남는다. 미국을 비롯한 서양은 합리론에 더 가깝고, 중국은 경험론을 더 중요하게 여기는 데에서 수많은 차이가 생긴다. 박사 논문을 쓰는 데 5년 반 걸렸다. 꼭 학위를 받아야 하는가 싶어 중간에 귀국했다가, 정치를 다시 시작하면서 학업이라도 마무리하자고 해서 중국에 가서 학업을 마쳤다.

이후 우여곡절 끝에 정치를 시작한 지 16년이 지난 후에야 국회의원에 당선되었다. 중국에서 박사학위를 취득했고, 지역구가 남북 접경지역인 파주이기 때문에 한·중, 남북관계 발전과 동북아 평화 등은 자연스럽게 의정활동의 가장 중요한 목표 중 하나가 되었다.

사드 문제 해결을 위한 의회외교

사드 문제가 터졌을 당시 초선의원으로서 왕성한 활동을 시작하던 시기다. 중국에 관한 관심도 평소 높았기 때문에 사드 문제 소식이 전해졌을 때 이른바 '달라이 라마(티베트의 정신적 지도자) 효과'를 다룬 연구 보고서가 문득 떠올랐다. 물론 긴밀한 한·중 양국관계에 따른 신뢰, 이에 따른 상황과 대응의 차이가 있으므로 수많은 경우의 수를 생각했다. 그러다 사드 배치를 찬성하느냐, 반대하느냐를 떠나서 이로 인해 이어질 문제 해결에 직접 나서야겠다는 생각이 자연스럽게 이어졌다.

이후 약 30회 가까이 이어진 대(對)중국 의회외교를 시작했다. 처음에는 문전박대를 당했다. 그러다가 왕이 중국 외교부장, 양제츠 당시 국무위원(현재 중국 공산당 정치국 위원)을 만나고, 중국 외교관들도 두루 만났다. "어떠한 일이 있어도 한·중 우호 관계가 훼손되면 안 되고 북핵 문제에서는 한·중

공조를 강화해야 하며, 중국 매체에서 보도하고 있는 반한 감정은 자제해야 한다"는 이야기를 많이 했다. 중앙정부 인사뿐 아니라 지방정부 인사도 두루 접촉했다. 관광 진흥을 하기 위해 마카오(澳門, Macau)와 쓰촨성(四川省)이 주최하는 행사도 갔고, 랴오닝성(遼寧省), 헤이룽장성(黑龍江省)에서 열린 행사에도 참석해 사드 문제를 풀기 위해 노력했다.

중국이 개최한 일대일로 포럼에도 행정부를 대신해 박병석 의원(전 국회의장), 박광온 의원과 함께 대표단으로 최초 참석했다. 문재인 대통령이 2017년 12월 취임 이후 첫 중국 국빈 방문을 했을 때 특별수행원으로 중국을 함께 방문했다. 2019년 5월 당시 문희상 국회의장이 중국을 찾아가 의회외교를 할 때도 함께 갔다. 문 의장이 리잔수 전인대 상무위원장과 왕치산(王岐山) 국가 부주석을 만났을 때도 배석했다. 이 자리에서도 사드 문제, 중국식 표현으로 하면 '사드 후(後) 문제'를 푸는 방안을 협의했다. 사드 후 문제는 문재인 대통령이 풀기 시작했고 문희상 의장이 마무리했다.

문재인 정부의 對 중국 정책

문재인 정부에 대한 평가는 관점과 기준에 따라 다를 수 있다. 사드 배치는 박근혜 정부가 결정했다. 결정 직전 황교안 당시 총리가 중국을 찾았는데, 시진핑 주석이 "사드 배치 결정을 조금만 미뤄달라. 박근혜 대통령 오시면 직접 얘기하겠다"라고 말했다고 한다. 중국 측은 문재인 당시 야당 대표에게도 "조금만 유보해달라. 함께 노력하면 문제가 해결될 것"이라고 전해왔다. 우리 정부는 북핵 미사일 위협 때문에 사드를 배치해야 한다는 입장이었지만, 이것은 외교 관계로는 민감한 사안이었다. 당시 중국은 관광뿐 아니라 게임, 드라마 등 한류 콘텐츠 분야에 대한 제재를 시작했다. 하지만, 문재인 정부 들어 이 문제가 해소되기 시작했다.

실제로 문회상 국회의장이 2019년 5월 7일 리잔수(栗戰書) 전인대 상무위원장을 만났는데, 약속한 1시간을 넘어 2시간 동안 회담이 진행되었다. 리잔수 위원장은 33세 되던 1983년 허베이(河北)성 우지(無極)현 당 서기직을 시작으로 많은 직책을 맡은 경험이 있어 실무에 밝다는 평가를 받는다. 당시 리잔수 위원장은 한·중 교류 문제를 지방정부끼리 풀자고 했다. 중앙정부는 개입하지 않겠다는 것이다. 예를 들어 경기도와 충칭(重慶)직할시, 부산시와 다롄(大連)시 이렇게 지방정부끼리 교류하자는 이야기다. 실제로 2019년 말 랴오닝성 선양에서 단체 관광객 300명이 들어왔다. 당시 중국 최대 여행사인 씨트립이 한국 단체 관광객을 인터넷으로 모집하기도 했다.

사실 관광 분야의 제재는 풀려가는 과정이었는데 '코로나-19' 때문에 더 진전시키지 못했다. 결과적으로 '코로나-19' 상황이 생기지 않았고 시진핑 주석이 답방을 했더라면 상당히 많은 한·중관계 현안이 풀렸을 거라고 본다. 시진핑 주석의 답방 의지는 분명히 있었다. 답방이 어려워지자 문 대통령과 시진핑 주석은 전화 통화를 하면서 방역에 대해 함께 협력하자고 합의를 했다. 시진핑 주석이 먼저 방역을 얘기했지만, 문 대통령은 의료와 바이오 헬스 분야 협력을 제시하기도 했다.

지난해 양국 정상은 전화 통화를 통해 2021년과 2022년을 한국방문의 해와 중국 방문의 해로 삼았다. 한·중문화교류의 해도 선포했다. 한·중수교 30주년을 잘 활용하면 양국관계가 한층 더 성숙해지고 발전할 것이라고 믿는다.

한·중관계 발전을 위한 제안

현재 세계적으로 가장 민감한 이슈가 기후변화이다. 문재인 대통령은 2050년 탄소 중립을 하겠다고 선언했다. 유럽은 1990년대 탄소피크(이산화탄소 최대배출량)에 도달했고, 미국은 2000년대 초반, 일본은 2010년에 탄소피크를 지났다. 우리는 2018년 기준으로 탄소 배출을 줄이려고 하는 중이다. 왕이 중국 외교부장이 저녁 식사를 하는 자리에서 "중국은 강대국이긴 하지만 제조업 중심의 개도국이니까 2060년 탄소 중립을 목표로 삼기는 했는데. 할당량 맞추기가 빠듯할 것이다"라고 말한 적이 있다. 사실 최근 중국에서 정전 사태가 일어난 것도 성(省)별로 이산화탄소 배출량을 줄이기 위한 할당량을 채우려고 석탄생산을 줄였다가 터졌다고 볼 수 있다. 호주산 석탄 수입이 줄어든 것보다 그게 더 큰 원인이다. 탄소 중립으로 가기 위한 목표 달성을 서두르다가 애를 먹은 것이다.

그래서 왕이 부장한테 말했다. 중국이 탄소 중립으로 가는 과정에서 2050년부터 2060년까지 10년이 아주 중요한 시기라고 말이다. 이 10년 동안 세계적인 다국적 기업을 중심으로 넷제로(Net-zero)가 아닌 제품은 쓰지 않겠다고 나설 가능성이 크다. 그러면 중국은 엄청난 압박을 받을 거라고 말했다. 그러니 이 문제를 한국과 손잡고 잘 대처하자고 제안한 것이다. 현재로서는 중국산 제품이 싸고 품질이 괜찮으니까 대체할만한 제품이 그다지 없다. 하지만 국제사회가 탄소 중립을 이행하지 못하는 중국 제품보다는 재생에너지를 활용해 원가가 많이 들더라도 비싼 제품으로 대체하자고 나설 가능성이 충분히 있다.

한편으로는 한·중 양국 국민의 우호 증진이 중요하다. 반중감정, 혐한정서, 반일감정이니 반한 감정이 생기는 것은 제대로 교류를 하지 않아서인 측면도 있다. 접촉의 면을 넓혀야 한다. 가장 손쉬운 것이 문화교류다. 방법상 공동의 주제로 풀어야 한다.

이를테면 항일 독립투쟁에 나선 안중근, 이범석(李範奭) 장군의 경우가 있다. 이범석 장군은 중국 마잔산(馬占山) 장군과 함께 항일투쟁에 앞장섰다. 헤이룽장성(黑龍江省) 치치하얼(齊齊哈爾)에 가면 '장차오(江橋) 항일전쟁

기념관'이 있다. 우리로서는 청산리 대첩이 항일투쟁에서 중요하지만, '장차
오 전투'는 시진핑 주석이 "항일전쟁의 시작이었다"라고 선언했을 정도로 중
국 항일투쟁에서 의미가 있는 전투였다. 이범석 장군은 마잔산 장군 휘하에
서 장차오 전투를 진두지휘했다. 치치하얼 기념관에 가보면 마잔산 장군은
동상이 있고, 나머지 장군은 흉상이 있지만, 이범석 장군은 동상과 흉상 중간
크기의 기념 동상이 서 있다. 그만큼 이범석 장군이 중국인들의 존경을 받고
있다고 할 수 있다. 이런 역사와 인물을 소재로 한·중 합작 뮤지컬이나 영화
를 만들면 좋겠다는 생각이다. 이런 주제를 통해 두 나라가 서로 교류의 면
을 넓히고 서로의 가치를 이해하는 기회를 계속해서 만들어간다면, 양국 국
민 간 갈등의 골도 조금씩 메워질 수 있을 것이라 생각한다.

한·중 의회 간 교류 확대 필요

2001년 리펑(李鵬) 전인대 상무위원장의 방한을 시작으로 한·중 간 의장단
교류가 현재까지 이어지고 있다. 가장 최근에는 2019년 문희상 국회의장의
방중이 있었다. 현재 두 개의 외교단체가 있다. 하나는 국회의원의 외교활동
등에 관한 규정에 근거한 한·중의회외교포럼이 있고, 또 하나로 내가 간사장
을 맡아 활동하고 있는 한·중의회간정기교류체제가 있다.

　한·중의회간정기교류체제는 2006년 1월 '한·중의회간협력의정서' 체결
을 근거로 설립되었다. 같은 해 9월 제1차 합동회의를 가지면서 본격적인 활
동이 시작되었다. 지난해 11월 제12차 회의까지 진행하면서 양자 관계와 한
반도 정세 등 국제문제, 경제, 환경 협력과 인문, 문화교류 등 다양한 현안을
논의했다. 말 그대로 한·중 전략적 협력동반자 관계발전 및 제반 분야 교류
협력 증진에 중요한 한 축의 역할을 했다고 볼 수 있다. 마지막 회의는 '코로
나-19' 상황을 고려해 온라인으로 회의를 진행했지만, 제13차 회의는 중국에

서 합동회의를 가지자는 제안을 한 바 있다.

나는 이 자리에서 양국 간 문화교류와 관광산업 발전 방안에 관해 설명했고, 중국 전인대 측의 협력이 필요한 4가지 내용을 제안했다.

첫째, 문화 분야 교류 확대를 제안했다. 2016년 이후 한국의 문화콘텐츠가 중국에 진출하는 일에 어려움이 많은 상황이다. 최근 한국게임의 신규 판호 허가가 2020년과 2021년 각 2건씩 상징적으로 이루어지긴 했으나, 2021년 총 668건의 허가에 비해 극히 미미한 수준에 머물러있다. 최근 상황이 나아지고 있긴 하지만, 한국 드라마 및 예능프로그램의 방영 금지와 한국 음악가들의 유료 상업 공연 금지는 지속하였고, 한국방송 콘텐츠에 대한 심의·허가는 전혀 없다. 한국 OTT 플랫폼의 진출 역시 불가한 상황이다. 경색된 양국의 문화 관련 산업교류가 회복될 수 있도록 전인대가 역할을 해달라는 것이다. 한·중수교 30주년 기념 대표사업인 한·중우정콘서트, 한·중오페라 공연 등의 행사를 통해 양국 국민의 우호 정서 함양에 큰 진전이 있도록 협력하고, 한·중 양국 방송사 등 미디어 간 교류도 중요하다는 점을 강조했다.

둘째, 관광 분야 교류 확대를 제안했다. 중국은 방한 제1시장이자, '코로나19' 이후 관광이 가장 먼저 시작될 것으로 예측되는 중요한 나라다. WHO의 시노팜(sinopharm) 백신 승인에 따른 해외여행 수요가 늘어갈 것으로 예측되는 상황이다. 그러나 여전히 중국의 출국 관광 재개 시점에 대한 불확실성이 존재하는 것이 사실이다. 당시 2022년 베이징 동계올림픽 개최 후 방역 우수 국가인 한국과 제한적·시범적 관광교류를 재개할 수 있도록 전인대 차원에서의 힘을 실어달라는 제안을 한 것이다.

한·중 청소년 간 교육을 매개로 한 관광교류 확대도 제안했다. 한·중 청소년 중 일부를 선정하여, 온·오프라인으로 상호 초청 교류를 지원하는 방안이다.

셋째, 체육 분야 교류 확대에 관한 내용이다. 한·중 양국은 1995년과 2004

년, 정부 간 MOU를 체결했고, 1993년에는 올림픽위원회 간 MOU를 체결한 바 있다. 2018년 평창, 2020년 도쿄, 2022년 베이징, 2024년 강원도 동계 청소년 올림픽으로 이어지는 한·중·일 릴레이 올림픽을 계기로 3국 간 '스포츠장관 회의'를 개최해 체육 협력을 강화해오기도 했다. 다만, 2008년부터 시작된 한·중 청소년체육 교류가 2020년 '코로나19'로 중단된 상황이라는 아쉬움이 있다. 한·중·일 주니어 종합경기대회 역시 2019년을 끝으로 열리지 못하고 있다. 2001년부터 시작된 생활체육 교류 역시 마찬가지다. '코로나19' 상황이 안정되면, 체육 분야에서도 한·중 간 청소년교류, 생활체육 교류가 재개될 수 있도록 힘을 실어 달라는 제안이다.

마지막으로 한·중 의회 간 탁구를 통한 교류를 제안했다. 나는 유년 시절 탁구선수로 활동한 경험을 살려 2016년 국회의원 탁구단을 출범시켰다. '코로나19' 이후 잠시 활동이 중단되었지만, 상황이 좋아지면 다시 활동이 시작될 예정이라는 점을 설명했다. 2017년 당시 국회에 추궈홍 주한·중국대사 등 대사관 관계자를 초청해 당시 더불어민주당 우원식 원내대표를 포함한 국회의원 선수단과 친선 탁구교류전을 개최한 바 있다. 이 교류를 한국 국회와 중국 전인대 차원의 교류로 확대해 양국 의회가 더 긴밀한 관계로 발전해 나가길 희망한다는 내용이다. 미국과 중국이 '죽(竹)의 장막'을 걷어낼 때 키신저와 저우언라이가 핑퐁외교를 했다. 우리도 탁구를 통해 양국 간 우호 관계를 더 발전시켜나갈 수 있다는 것이다.

더 깊은 연구와 노력으로 새로운 30년을 준비해야!

1992년 8월 한국과 중국의 국교 정상화는 역사적인 성과로 평가되었다. 당시 정부와 기업의 기대는 매우 컸다. 기대에 부응하듯 30년이 지난 지금까지 양국은 정치·경제·인적교류 등 제반 분야에서 비약적인 발전을 이룩하였다.

1992년 '우호협력관계' 설정 이래 1998년 '21세기를 향한 협력동반자 관계', 2003년 '전면적 협력동반자 관계', 그리고 지금까지 이어지고 있는 2008년 '전략적 협력동반자 관계'로 양국관계는 격상되어왔다.

교역과 투자 규모도 지속해서 확대되었다. 중국은 우리의 최대 수출, 수입, 교역 대상국이 되었고, 중국에 있어 한국은 수출 4위, 수입 2위, 교역 3위 대상국('20.12월 기준)이 되었다. 무엇보다 1992년 약 13만 명이었던 인적교류 규모는 2019년 약 1,000만 명으로 약 76배 증가했다. 지금은 '코로나-19' 팬데믹 상황에 따른 제약이 있지만, 향후 가장 빨리, 그리고 가장 많은 인적교류가 이뤄질 나라 역시 중국일 것이다.

우리는 매년 한·중수교의 햇수가 늘어남에 따라 과거를 돌아보면서 더 나은 관계로의 발전을 추구해왔다. 10주년, 20주년 때에도 그랬겠지만, 올해 30주년은 한·중관계 발전을 위한 노력을 이어온 많은 이들에게 특별한 의미로 다가온다. 대내외 국제정세와 이를 바라보는 시각에 따라 한·중관계 발전을 위한 해법에는 차이가 있다. 그러나 한·중관계가 더 긴밀한 동반자 관계로서 발전해 나아가야 한다는 점에서는 별다른 이견이 없을 것이다.

나는 중국에 관한 연구가 상대적으로 부족하다고 생각한다. 더 열심히 중국을 연구해야 한다. 중국에서 중앙위 전체회의나 양회를 통해 나오는 공보나 정책을 철저히 연구해서 그들의 행보를 주시하면서 나름대로 대책을 마련해야 한다. 막연하게 "안보는 미국, 경제는 중국이다"라는 식으로 접근해서는 안 된다. 한·중수교가 30년에 불과해 중국을 연구하는 인적구성이 취약하고, 우리 학계가 미국 유학파 중심으로 돌아가는 것은 어쩔 수 없는 추세라고 해도 중국을 연구하는 연구기관을 민관 차원에서 많이 만들고, 지원을 대폭 늘릴 필요가 있다고 생각한다.

我的中国缘，韩中关系之我见

朴钉 国会议员、韩中建交30周年纪念活动筹备委员会副委员长

2004年中国经济开始高速发展的时候，我萌生了"要去中国学点儿东西"的想法，不久后便去了中国。最初是想进军线上教育市场，但当时中国的数字环境并非想象中那么好，项目推进困难重重。不过在中国教育部旗下的教育频道(CETV)成功推出了韩语教学节目，也算是我在中国最初获得的成就。节目周一到周五首播，周六周日重播。节目播出一年后取得了惊人的效果——当时中国各个大学里都有"朝鲜语学科"，节目播出后大家意识到"韩语"才是标准语，此后很多学校将专业名称由"朝鲜语"改为"韩国语"。

在推进事业的同时，我还去了武汉大学继续深造。我的指导教授是研究抗日战争历史的专家。我学习了大量有关韩中关系的知识，博士论文题目是《探求韩中关系新方向》。写论文的过程虽然困难，但收获颇丰，尤其是中国与美国外交思路的差异令我印象深刻——以美国为首的西方国家更强调"合理论"，而中国则以"经验论"为中心，因此两者间的差异不可避免。

踏入政界16年后，我终于如愿当选国会议员。在中国获得博士学位、竞选地区是临近南北边境的坡州一带，因此促进南北关系发展和东北亚地区和平，自然成为我的从政目标。

我最初当选国会议员的时候恰逢韩中"萨德"矛盾爆发。我对中国十分关注，因此"萨德"消息传来时，我首先想到的是一份研究"达赖喇嘛效果"的报告，同时也想到了即使韩中有着深厚的信赖关系，但双方在应对同一问题时也会存在分歧。因此，抛开"赞成还是反对萨德"的问题，我意识到，对于由此引起的一系列后续问题，我应该直接参与其中，积极寻求解决问题的方法。

之后我们开展了近30次"议会外交"，起初国内外阻力很大，但经过一番努力后我

们见到了中国外交部长王毅、国务委员杨洁篪(现任中共中央政治局委员、中央外事工作委员会办公室主任)，也和中国的外交官们相继进行了会谈。

1992年8月，韩国和中国正式建立外交关系，当时韩国政府和企业对建交有着极高的期待。之后的三十年里，两国关系顺应民意，在政治、经济和人文交流等多个领域取得了飞跃式发展。两国1992年以"友好合作关系"为出发点，1998年上升为"面向21世纪合作伙伴关系"，2003年升级为"全面合作伙伴关系"，2008年至今，两国关系发展为"战略合作伙伴关系"。

韩中建交之后双边贸易规模持续增长。中国是韩国的最大贸易对象国。以2020年底为基准，韩国是中国的第四大出口对象国和第二大进口对象国。1992年两国人员往来规模为13万人次，2019年增长到1000万人次，是建交之初的76倍。受疫情影响当下两国人员交流受限，但可以预测今后增长速度最快、人员交流规模最大的国家就是中国。

我认为韩国对中国的研究仍有不足，相关研究应更加深入、全面。我们应该关注"中共中央全会"或"两会"报告，仔细研究政策并制定对策。"安保靠美国、经济靠中国"的笼统思维是行不通的。韩中建交刚30年，在韩国，研究中国的人力资源仍存在缺口。即使在韩国学术界里美国留学派是主流这一趋势可能很难改变，但我认为很有必要通过官方与民间合作成立研究中国的研究机构等，加大对相关研究的支援。

대전환기 맞은 한국과 중국의 미래

• **황희** 국회의원, 前 문화체육관광부장관

 동북아시아에서 이념의 골이 노골적으로 깊어지기 시작한 1950년부터 지금까지, 40년의 단절과 30년의 수교로 이어 온 한·중(韓·中) 간의 현대사(現代史)는, 불교에서 말하는 영겁(永劫)에 반대되는 찰나(刹那)의 개념에 가까울 수도 있는 시간이다.

그 정도로 양국 간에는 수 천년 동안 깊고 오래된 관계가 형성되어 왔다. 때론 적대적이고 경쟁적으로, 때론 우호적이고 협력적으로, 양국 간 구분이 선명하기도 했지만, 또 그 경계가 불분명하기도 하면서 그렇게 지내 온 세월이다. 지금 당장의 현 상황만으로 두 나라의 관계를 규정하거나 예측하기 어려운 이유이다.

한·중(韓·中), 두 나라 관계를 예측하기 위해서는, 지금 돌아가고 있는 글로벌 상황을 진단해볼 필요가 있겠다. 먼저, 글로벌 동기화로 인해, 세계는 하나의 공동운명체가 되고 있다.

남의 나라 일이 곧바로 내 문제로 직결되지는 않았던 과거와 비교해 보면 많이 달라진 양상이다. 최근 우리가 겪고 있는 '코로나-19' 상황만 보더라도, 지구 반대편 국가에서 발생한 코로나 환자가 얼마 지나지 않아 지구 전체로 확산·전염되는 팬데믹(Pandemic) 상황으로 전개되는 걸 우리는 경험했다.

어려서 보았던 해리슨 포드 주연의 영화 혹성탈출의 궁금증은, 50년이 지난 최근 다시 영화로 제작된 혹성탈출(Planet of the Apes)에서 확인할 수 있다. 팬데믹으로 인류만 멸망하게 되고, 같은 시기에 말하는 원숭이의 등장이 영화 혹성탈출의 스토리 구조를 가능케 하는 '상상력의 출발'이다.

말하는 원숭이의 출현이 비현실적인 것만큼, 팬데믹 상황의 출현 또한 상상하기 어려웠다. 그러나 이제는 아니다. 전염병 못지않게 기후변화로 인한 탄소중립은 이제 숯지구촌의 공통이슈가 되었고, 세대를 이어가며 해결해야 할 필수적인 숙제가 되었다.

사회관계망(SNS) 서비스의 등장도 세계를 하나의 공동체로 급속하게 엮어내고 있다. 기존의 절차와 체계가 무너지고 이제 세계인들간 직접 소통하는 관계들이 형성된 것이다. 글로벌 사회관계망은 한류 확산에도 크게 한몫을 하게 된다. 한국에서 제작된 콘텐츠가 기존 유통망을 건너뛰어, 각국의 소비자에게 직접 배달되었고, 이것이 폭발적 호응을 얻게 된 것이다.

팬데믹과 SNS 외에도 신자유주의, 경제안보, 글로벌 밸류체인(global value chain) 등 모든 분야에서 국가간 소통력이 연계성이 높아지면서 국제사회는 기회와 위기가 동시에 작동되는 현실을 마주하게 된다.

세계가 하나의 소통망으로 재구조화되는 가운데, 세계는 또 다른 전기를 맞고 있다. 바로 4차산업혁명이다. 증기, 전기, 컴퓨터로 이어지는 1, 2, 3차 산업혁명에 이어, 인류는 AI(인공지능), 빅데이터, 자율주행, 드론 등 ICT 기반의 새로운 미래문명의 출발점에 들어선 것이다. 4차산업혁명의 미래기술은 스마트시티를 통해 대중화되고 미래문명화 되는 수순을 밟고 있다. 스마트시티(Smart City)가 포괄하고 있는 기술적 함의는 미래의 인류생활 문명을 전면적인 변화와 도약의 모습으로 고스란히 담고 있는 '스마트 라이프(Smart Life)'의 개념이다.

우리가 산업에 혁명이란 단어를 군이 붙이는 이유는 새로운 생산수단을 통한 생산성의 비약적 성장을 의미하기 때문이다. 특히 4차 산업혁명은 이전의 산업혁명들과는 비교할 수 없을 만큼의, 전혀 다른 차원의 변화를 예고하고 있다. 이는 지금의 중화학공업 기반의 제조산업 시대가 종료되고, 디지털 기반의 뉴-테크놀로지(New Technology) 산업시대에로의 이행이 시작되었음을 의미한다.

데이터의 수집과 설계와 분석에 기초한 AI(인공지능) 기술, 자율주행 자동차, 드론, 바이오 등의 신기술은 이미 우리 생활에 밀접하게 접목되고 있고, 5G 디지털 인프라 기반은 콘텐츠와 기술의 다양성을 지속적으로 융·복합시키며 진화에 진화를 거듭하고 있다. 이미 세계는 4차 산업혁명 기술을 중심으로 새로운 패권질서 재구성을 향한 본격적 경쟁체제에 돌입한 상황이다.

이러한 시대적 대전환기에 '한국과 중국은 수교 30주년'을 맞이하고 있다. 시대적 대전환은 이념의 시대가 마감되고 기술의 시대가 시작되었음을 선포한다. 생산성과 생산물 소유를 중심으로 한, 지금까지의 이념 기반의 논쟁과 체계는 4차산업혁명 기술의 출현으로 전혀 다른 차원의 표준과 질서를 요구하며, 새로운 문명시대에로의 이행을 전조하고 있다.

이동과 거래, 소통의 속도가 가속화되고, 공동체의 연계성이 높아지면서, 각국은 각자도생의 시간을 거쳐 재구조화된 새로운 질서에 편입되게 될 것이다.

역사적으로 다양한 관계를 형성하며 이어져 온 한국과 중국의 가까운 장래는 어떤 모습이어야 하는가를 설명하기 위해, 국제사회에서 한국과 중국의 공통된 강점을 언급하고 싶다. 한국은 "다른 나라를 침략하지 않고도, 전 세계 곳곳에 자국의 문화적 영향력을 광범위하게 미치고 있는 세계사적으로도 유일한 국가다"라고 평가하고 싶다. 초기 K-POP과 드라마, 영화 등으로 시작된 한류는 이제 몇몇 대중예술 분야를 넘어서 뷰티, 음식, 언어, 출판, 의류, 게임, 웹툰, 전통문화 등 매우 다양한 분야로 확산되고 있는 상황이다.

이는 정치, 경제 분야 등에서 단기간에 압축적으로 성장한 한국사회의 매우 다양한 스펙트럼의 공존이 그대로 반영된 결과일 것이다. 한국사회는 정치적으로 군사독재에서 민주정부까지, 의원내각제에서 대통령제까지 지난 70년간 현대정치의 실험의 장이라고 할 정도의 다양한 거버넌스와 정권출현 형태를 경험하고 있다. 경제적으로도 전쟁 직후의 후진국에서 지금의 선진국까지 다양한 스펙트럼이 상존하고 있는 것이다. 아울러 해마다 전 국민 60%가 해외를 나가는 한국인들의 '세계시민화' 현상도 글로벌 공감력을 견인하는 주된 요소라고 생각한다.

중국의 경우를 보자. 이제 우리는 세계 어디를 가더라도 중국인과 중국식당을 만나 볼 수 있다. 지난 수 백년 동안 중국인들은 세계 각지로 이주를 하였고, 차이나타운을 형성하며 그들이 이주한 나라에 맞춤형 중국문화를 정착시켜오고 있다. 이주한 중국인들은 세계 각국의 문화와 조화를 이루고 공감대를 형성하며, 새롭고 다양한 중국문화를 창출하고 중국문화에 다양성을 부여해 왔다. 한편으로 보면, 국제사회가 중국의 깊은 문화를 다양하게 해석하여 자국에 맞게 받아들이고 있다고 평가할 수도 있겠다.

한국은 콘텐츠를 통해, 중국은 자국민(사람)을 통해 자국의 문화를 국제사회에 광범위하게 전파하고 있는 것이다. 두 나라 모두 방식과 형태는 달라도 '자신들의 문화'를 통해 세계 각국과 소통하며 공감대를 형성해온 공통점이 있다고 하겠다.

문화는 하나의 공동체 단위가 오랜 기간 지향하고, 공유하고, 형성해온 가치관의 총합(總合)이다. 다시 말해 누군가 어느 사회의 문화를 수용한다는 것은, 단순히 보이는 것을 넘어 그 문화 속에 포괄된 가치관 전체의 수용을 의미한다. 그러한 수용행위를 통해 수용자 자신들의 문화적 다양성과 창의성도 같이 배가되고 재창출되는 것이다. 진보와 발전으로 연결되는 대목이기도 하다.

문화와 문화 간의 충돌과 혼혈은 역사적으로 인류사회를 진보시키고 발전시켜온 핵심동력임을 우리는 경험하고 기억한다. 문화를 고리로 다른 나라에 영향력을 미쳐온 한국과 중국의 독특한 강점을, 이제 한·중 사이에도 적극적으로 적용하는 방안을 제안해 본다.

현 상황에서 두 나라 사이에는 정치적 한계라는 약점요인과 문화적 소프트파워라는 기회요인이 동시에 상존한다. 국교가 단절되었던 과거 40년간의 이념적 차이는 여전히 양국 사이에서 관성적 걸림돌로 작동되고 있는 것도 현실이다. 이념 갈등의 시대가 마감되었으니 냉전의 시대도 종식되는 것이 상식일 텐데, 여전히 동북아시아 역내에서 일어나고 있는 남북분단, 한·미동맹, 미·중갈등, 일본변수 등의 복잡한 현실은 언제든지 발화 가능성을 안고 있는 꺼지지 않은 불씨로 존재하기 때문이다.

이제, 두 나라가 국제사회에서 펼쳐내고 있는 문화적 공감 능력을 십분 발휘하여 한·중 양국 국민 간 공감대 형성이라는 견고한 상수를 만들어 갈 필요가 있다. 이는 최근 30년간 유지해온 한·중수교의 틀에서 보존하고 계승해야 할 양국이 풀어야 할 숙제이다.

양국 국민 간의 공감대 형성은, 불안한 동북아 정세에 안정성을 높여주는 균형자 역할을 하게 될 것이다. 양국이 공유하고 지향하는 하드파워가 아닌 소프트파워를 통한 글로벌 문화적 공감력이 새로운 세계화의 표준으로 작동할 가능성도 상상해 본다. 대전환의 복잡한 시대상황 속에서 한·중 주권자들의 신뢰회복과 공감대 형성은 한·중관계의 미래를 열어 가는데, 가장 주요한 양국 간 공동자산이 될 것으로 기대한다.

지금의 기성세대보다는 앞으로 미래를 살아갈 한·중의 청년미래 세대에 더 큰 기대를 해본다. 이들은 이념도 전쟁도 경험하지 못한 세대이다. 부모세대가 경험한 갈등과 증오의 유산을 우리 다음세대까지 이어가게 할 수는 없다. 전쟁과 절망의 과거를 반복하기보다는, 평화와 희망의 미래를 열어갈 수 있는 자산을 상속해야 하는 것이 우리 세대의 의무일 것이다.

세계가 급변하는 대전환의 시대에 우리는 한·중수교 30주년을 기념하고 있다. 한·중의 미래세대가 꿈의 도시를 설계하고 건축할 수 있도록, 한국과 중국의 기성세대들의 토목사업은 결코 중단되어서는 안 될 것이다.

面临大转换期的韩中关系风险与机遇并存

黄熙 国会议员、前文化体育观光部长官

自东北亚理念鸿沟开始明显加深的上世纪五十年代至今，经历过近四十年的隔绝和三十年的携手同行，韩中两国间的近代史恰似佛教概念中的"永劫"与"刹那"。

为了更好地说明韩国和中国在不久的将来会是何种面貌，我想在此提一下两国在国际社会中拥有的共同优势。我想用"不对他国进行侵略，但文化广泛影响全世界各地"来评价韩国，这在世界历史上难寻先例。从早期的韩剧、电影、流行音乐开始，韩流已经不再局限于大众艺术领域，逐渐延伸至美容、饮食、语言、出版、服装、游戏、漫画、传统文化等众多领域。

我们再来看看中国，在过去的数百年历史长河中，中国人的脚步遍布世界每个角落，唐人街、中国城遍地开花，将中国文化与所移居的国家文化相结合，相得益彰地形成了情感共识，并用自己的方式重新诠释深厚的中国文化，从而赋予中国文化新的生命力。

我们可以说韩国通过文化内容本身，中国则是通过本国人民将本国文化广泛在国际上进行传播，两国文化输出的方式和形态虽不同，但都是以自身的文化与其他国家进行沟通交流形成共识。

文化，是一个共同体在长期的时间内形成并分享的价值观总和。换言之，个人接受某个社会的文化，便意味着不只是接受肉眼可见的文化本身，而是全盘接受蕴含在文化中的普遍价值，通过这种接受行为，文化接受者自己的文化多样性和创意性也获得成倍增长和再创造，这也是连接进步和发展的关键。

以文化为纽带对他国产生影响的特点或者说是优势，也同样适用于韩中两国的交流。韩中两国在政治上存在局限性，但共同拥有发展文化软实力的机会。导致两国邦交断绝四十年的理念上的隔阂，现在也依然是阻碍交流的障碍顽疾，这是无

法否认的现实。现在，两国有必要充分发挥在文化上的共识，推动两国民众互相理解，在保持了三十年的建交框架内继承发展成果、弥补不足。

　　两国民众的共识将会在动荡不安的东北亚局势下发挥维持稳定的"平衡者"角色的作用。不妨大胆想象一下，韩中两国如果共同发挥文化软实力，也许会成为新的全球化标准。

미래 30년
더욱 진화된 한·중관계를 위하여

• 박진범 KBS PD, 前 KBS 베이징특파원

교류 촉매제로서의 영상콘텐츠
- 〈슈퍼차이나〉의 사례

필자는 지난 2015년 1월 방송된 KBS특별기획 6부작 다큐멘터리 〈슈퍼차이나〉의 제작을 담당했다. 당시는 덩샤오핑 이래 견지해오던 '도광양회(韜光養晦)'를 벗어나 중국이 본격적으로 국제사회에서 자신의 목소리를 높이기 시작하던 때였다. '슈퍼파워' 미국에 버금간다는 의미로 G2라는 말도 본격적으로 사용되기 시작하면서 우리 사회에서도 '중국의 부상'이 큰 화두가 되고 있었다. 〈슈퍼차이나〉는 '굴기(崛起)'하는 중국을 6개의 프레임으로 들여다본 작품이었다. 즉 압도적인 인구(제1편 '13억의 힘')와 풍성한 자연조건(제4편 '대륙의 힘')을 기본자산으로 해서 급속히 성장하는 경제력(제2편 '머니파워')과 대외적으로 팽창하는 군사외교력(제3편 '팍스시니카')을 들여다보고, 이러한 기세로 문화에까지 거침없이 영향력(제5편 '소프트파워')을 확대하고 있는 세계 곳곳의 현장을 취재했다.

슈퍼차이나 시작 화면 (출처: KBS 사이트)
KBS大型纪录片《超级中国》开场画面。(照片来源：KBS网站)

그리고 제6편에서는 '슈퍼파워'를 향해 질주하는 '중국호'를 총지휘하는 중국
공산당(제6편 '공산당리더십')을 심층적으로 분석했다. 2015년 1월 15일부터
23일까지 6편의 다큐멘터리가 방송되었고, 이어서 1~6편을 총정리하면서 '중
국몽(中國夢)'의 실체를 진단한 프로그램(제7편 '중국의 길')과 작품에서 드러
난 중국의 부상에 대하여 우리의 대응방안을 전문가들과 함께 모색한 생방
송 토론프로그램(제8편, '슈퍼차이나, 우리의 미래는?')으로 대미를 장식했다.
  방송 이후 한·중 양국에서 큰 반향이 있었다. 일단 다큐멘터리로서는 아주
드물게 10%를 상회하는 시청률을 기록했고, "중국의 부상을 이해하는 길잡
이가 될 수 있다"라는 평가에서부터 "프로그램에 보인 중국의 모습이 한국인
들에게 경계와 공포를 유발할 우려가 있다"는 등 다양한 의견들이 각종 미디
어와 SNS를 통해서 개진되면서, 한국사회에서 중국에 관한 관심이 한층 고
조되었다. 많은 대학에서 〈슈퍼차이나〉를 교재로 사용했고, 관련된 강의
도 줄을 이었다. 이러한 열기는 중국에서도 마찬가지였다. 특파원 시절부터
알고 지내던 중국 언론의 기자들이 위챗(Wechat)이나 이메일로 필자에게 연

락해오기 시작하더니, 10여 개의 신문, 방송, 통신사에서 필자를 직접 취재했다. 이렇게 생산된 기사와 리포트는 대체적으로 한국의 유력 방송사에서 중국을 다룬 대형 다큐멘터리를 제작해서 한·중 양국에서 큰 화제가 되고 있다는 내용이었는데, 무수한 다른 미디어에 다시 전재되면서, 수백 건의 관련 기사와 리포트들이 쏟아졌다. 〈슈퍼차이나〉는 특히 대학생을 비롯한 중국의 청년층에서 더 큰 화제가 되었다. 2015년 방송 이후 판권계약, 번역, 송출 등의 과정을 거쳐 중국 미디어에서 정식으로 방송·송출되는 것을 기다리지 못한 수많은 중국의 청년들이 다양한 사이트와 SNS를 통해 〈슈퍼차이나〉를 접하였다. 물론 프로그램에 대한 비판적인 시각도 있었지만, 이들이 열광한 대체적인 이유는 자국 미디어에서는 볼 수 없었던 부분들까지 〈슈퍼차이나〉가 현장취재와 함께 객관적인 시각으로 다루어주었다는 것이었다. 필자와 친분이 있는 CCTV의 한 PD는 자신들이 해야 할 일을 KBS가 대신해주었다고 말하기도 했다. 필자는 이 말이 단순히 관영방송 CCTV의 기획력 또는 제작능력의 부족이라기보다 사회주의국가의 특성에서 기인하는 내재적이면서도 현실적인 한계로 인해 빠르게 변화하는 자기 자신의 모습을 객관적이고 공정하게 들여다볼 수 없었음을 토로한 것으로 생각한다.

〈슈퍼차이나〉로 인한 이렇게 큰 반향은 사실 제작진들도 전혀 예상치 못한 결과였다. 더군다나 작품 중에는 중국 측에게는 상당히 부담스러운 내용도 포함되어 있어서 방송이 나간 이후 중국정부가 문제를 제기할지 모른다는 우려도 있었다. 하지만 필자를 포함한 모든 제작진이 외부의 협찬이나 제작지원을 전혀 받지 않고, 오롯이 KBS의 자체 예산만으로 시종일관 객관성과 현장성이라는 기조를 견지해서 제작했던 것이 프로그램에 힘을 더하면서 〈슈퍼차이나〉가 우려를 뛰어넘어 기념비적 작품이 되게 만들었다. 국내 다큐멘터리 사상 당시로서는 가장 높은 가격으로 판권이 수출되었고, 작품의 내용을 간체자와 번체자로 번역한 서적도 중국과 홍콩, 대만을 포함한 중화권 전체에서 발간되었다.

〈슈퍼차이나〉는 하나의 방송 프로그램을 뛰어넘어 한국과 중국에서 동시에 큰 화제가 되면서 양국 국민이 공유하는 콘텐츠가 되었으며, 한동안 양국교류의 장에서 단골 소재로 등장했다. 〈슈퍼차이나〉는 드라마나 예능프로그램이 아닌 다큐멘터리도 이렇게 두 나라 국민이 공유하고 교류, 협력하는 매개가 될 수 있음을 확인한 것이었다.

민간교류 활성화와 영상콘텐츠의 힘

올해로 30년을 맞는 한·중 양국관계는 그동안 부침이 많았지만 〈슈퍼차이나〉 방송 이후 2015년 9월 박근혜 前 대통령이 톈안먼(天安門) 성루에 올라 항일전승절 기념열병식에 참석했을 때가 정점이라고 여겨진다. 하지만 2016년부터 사드 배치 문제가 이슈로 떠오르면서 한·중관계는 급속히 냉각되었다. 게다가 2020년부터 '코로나-19' 팬데믹으로 대면교류가 거의 끊어지면서 획기적인 관계 회복이 이뤄지지 않고 있다. 사람도 서른 살이 되면 방황을 접고 바로 서야 하듯이(三十而立), 수교 30년이 된 양국관계는 이제 안정화되고 더욱 심화되어야 할 것이다. 흔들리지 않는 양국관계는 정무외교만으로 될 일이 아니다. 더욱 폭넓게 양국 국민 사이에 신뢰와 공감대를 쌓아나가야 하고 이를 위해서는 민간외교, 공공외교 활성화가 필요하다. 정치인이나 외교관의 의례적인 만남보다 민간인 특히 청년들이 만나서 상호 이해의 폭을 넓히고 정서적으로 공감대를 형성한다면, 양국관계의 토대가 굳건히 다져질 것이다. 양국 국민 사이의 깊은 신뢰가 바탕이 된 굳건한 양국관계가 수립된다면 국제관계의 흐름이나 이슈에 따라서 정부 간 관계가 부침하는 것은 크게 걱정할 필요가 없을 것이다.

양국교류의 연원을 따라 거슬러 올라가 보면, 고대에는 주로 중국의 문명과 문화가 한반도로 확산하는 경향이었다. 대표적으로 중국에서 한자와 유교문화가 전파되었고, 이는 한국문화의 중요한 부분을 차지하게 된다. 하지만 최근에는 확산이라는 개념보다 문화의 상호교류라는 측면이 더욱 강화되었다. 한국의 문화가 K-드라마나 K-POP을 통해서 중국인들의 생활 속에 파고들었다. 많은 중국인이 열광하는 한국의 대중문화는 주로 영상콘텐츠를 통해 전달된다. 드라마나 예능프로그램뿐 아니다.

앞에서 〈슈퍼차이나〉 사례를 언급했지만, 한국과 중국은 물론 중앙아시아를 포함한 전 세계적인 범위에서 벌어졌던 문명교류를 추적한 4부작 〈누들로드(麵條之路)〉, 6부작 〈차마고도(車馬古道)〉, 6부작 〈도자기(陶瓷)〉 등의 다큐멘터리들은 한국의 시청자들에게도 호평을 받았지만 CCTV 등 중국의 유력미디어를 통해 방송되면서 중국에서도 큰 화제가 되었다. 민간교류는 직접적인 만남을 통해서도 이뤄지지만, 영상콘텐츠를 통해서 양국국민은 서로 이해의 폭을 넓히고 보다 광범위하게 교류를 지속할 수 있다. 최근에는 신문이나 TV에서 SNS 중심으로, 그리고 메타버스로까지 미디어 환경이 바뀌고 있지만, 유튜브 등을 통한 영상콘텐츠의 힘은 계속 커지고 있다. 게다가 '코로나-19' 팬데믹 장기화로 인해 민간교류도 대면접촉에서 비대면 중심으로 변화되면서 미디어나 SNS에서 영상콘텐츠에 대한 소비는 더욱 늘어나고 있다. 따라서 수교 30년을 맞는 한·중관계가 향후 더욱 안정화되고 진화하기 위해서는 영상콘텐츠를 활용한 민간교류 활성화가 중요한 수단이 될 수 있음을 잊지 말아야 할 것이다.

양국교류의 심화를 위한 제안 - 크로스기제 수립

필자는 2010~2013년 KBS 베이징특파원을 마치고 귀국해서도 주중특파원 출신 언론인 커뮤니티의 간사로 활동해왔고, 또한 한국에 나와 있는 중국언론의 주한특파원과도 지속적인 교류를 해왔다. 이런 경험을 바탕으로 필자는 향후 30년 한·중관계의 발전을 위한 구체적인 제안을 해보고자 한다.

현재 한국의 언론사는 베이징에 약 40명의 특파원을 파견하고 있다. 필자가 특파원으로 근무했던 10년 전에 비하면 조금 늘어난 규모다. 여기에다 상하이(上海)나 선양(瀋陽)특파원까지 더하면 전체 주중특파원의 규모는 더 커질 것이다. 그리고 중국 측은 CCTV, 인민일보, 신화통신사 등 '빅3'를 비롯해서 중국일보(中國日報), 경제일보(經濟日報), 과기일보(科技日報), 법제일보(法制日報), CRI 등 다양한 언론사가 현재 20명 정도의 특파원을 한국으로 파견하고 있다. 한·중수교 직후부터 시작해 지난 30년 동안 한국언론사가 파견한 주중특파원은 약 300명 정도로 추산된다. 한국 사회에서 전현직 언론인 300명이란 것은 정말 무시할 수 없는 존재인데, 언론사 내부에서 그리고 이들이 진출한 한국사회 곳곳에서 미칠 수 있는 영향력이 적지 않기 때문이다. 재임기간 중국의 구석구석을 탐방하고, 각계각층의 사람을 취재하면서 형성된 중국에 대한 폭넓은 지식과 안목은 현장에 바탕을 둔 것이니만큼 아주 실용적이면서도 쉽게 공감을 이끌어내는 경우가 많다. 그가 중국에 관해서 일갈하는 말이나 견해가 소속 기관이나 주위 사람들의 중국관에 큰 영향력을 끼칠 수 있는데 그것은 풍부한 경험을 바탕으로 현실을 꿰뚫어본 결과로 나온 것이기 때문이다. 중국에 대한 근거 없는 폄훼나 부정적인 시각도 아니고, 무조건적인 찬양이나 긍정적 입장과도 거리가 있다.

중국 미디어의 주한특파원도 조금 다르긴 하지만 기본적으로는 비슷하다. 그동안 한국을 거쳐 간 많은 특파원이 언론사뿐 아니라 중국 사회 곳곳으로 진출해 있고, 한국에서 쌓았던 경험과 지식으로 인해 그들은 소속 기관에서 한국 전문가로 통할 것이다. 소속 기관이 한국에 관한 입장을 정하거나 뭔가 결정을 내려야 할 때 그들의 말과 견해는 결정적인 작용을 할 것이다. 적어도 전직 주한특파원이 있는 곳이라면 한국 문제에 관한 한 그가 오피니언리더

주중 한국특파원단 송년 회식(2011년 12월 14일, 베이징) (출처: 저자 제공)
2011年12月14日在北京举行的韩国驻华特派记者送年会。(照片来源：作者提供)

가 될 가능성이 크다.

　필자는 수교 30년을 맞는 양국에 전현직 특파원들의 '크로스 교류' 기제 수립을 제안하고 싶다. 즉 한국에 있는 전직 주중특파원과 현직 주한·중국특파원 사이에 정례적이고 조직적인 교류기제를 만드는 것이다. 그리고 중국에서도 현직 주중한국특파원과 전직 주한특파원을 대상으로 같은 '교류기제(交流機制)'를 수립하는 것이다. 이를 통해 양국 전현직 특파원들은 현안에 대한 의견교환과 함께 양국의 이익이 충돌하는 부분에 있어서는 열띤 토론을 벌일 수도 있다. 서로 모르는 상태에서 원론적 입장만 반복하는 것보다 만나서 상대방의 입장을 듣게 되면 새로운 측면이 떠오르고, 이를 통해 실현 가능한 접점이 보일 수도 있다. 이렇게 심화된 교류를 바탕으로 생산된 언론 보도는 양국 국민의 공감도 이끌어내면서 한·중관계가 보다 건설적이고 발전적인 단계로 나아갈 수 있는 촉매제가 될 것이다. 수교 30년을 맞는 양국은 체계적이고 정례화된 크로스기제를 통해 교류를 심화시킬 필요가 있고 이는 미래 30년보다 진화된 한·중관계 수립을 가능하게 할 것이다.

'크로스교류' 기제의 구체적인 방법으로 공동 저작물을 발간하는 것도 생각해 볼 수 있다. 전 현직 주중(駐中) 특파원들이 힘을 모아 2019년 가을에 창간한 계간지 〈한중저널〉은 단 한 번의 결호도 없이 제13호(2022년 가을)까지 발간하면서 한·중 언론인 크로스교류의 기능을 수행하고 있다. 왜냐하면 〈한중저널〉에는 한국의 전 현직 주중특파원뿐 아니라 중국 언론사의 전 현직 주한(駐韓) 특파원들도 꾸준히 필진으로 참여하고 있기 때문이다. 언론인들이 주도적으로 참여하여 양국 사이에 존재하는 견해 차이를 인정하고, 국익이 갈리는 부분에 있어 서로 치열하게 토론하면서 함께 만들어나가는 〈한중저널〉은 크로스 교류의 좋은 선례가 될 것이다. 이렇게 구동존이(求同存異)를 바탕으로, 크로스 교류를 통해 동질 집단 간의 교류가 지속되어야만 양국이 함께 대처해야 하는 전지구적 사안에 대해서도 지혜를 모을 수 있는 한층 높은 수준의 한·중관계로 진화할 수 있을 것이다.

〈한중저널〉 창간호 출판기념회(2019년 9월 5일, 서울 프레스센터) (출처: 저자 제공)
2019年9月5日, 《韩中杂志》创刊号出版纪念会在首尔新闻中心举行。(照片来源：作者提供)

물론 한·중의 체제 차이에 기인한 양국 언론과 언론인의 상이한 기능과 역할은 크로스교류의 효용성에 의구심을 낳을 수 있다. 하지만 양국의 국민에게 미치는 언론의 지대한 영향력을 생각할 때 그냥 손 놓고 있을 수만은 없는 것이다. 지난 봄날 성균중국연구소에서 실시한 '2022년 한·중전문가 상호인식 조사'의 결과를 보면 한·중 양국의 전문가들은 공히 상대국에 대한 정보를 획득하는 데 있어 양국의 언론매체에 의존하는 비율이 가장 높은 것으로 나타났다. 여론 주도층이라고 할 수 있는 전문가들이 그만큼 신뢰하고 영향을 받는 언론 기사와 리포트는 양국의 전 현직 특파원들이 작성했거나 관여한 것일 가능성이 많다. 따라서 적어도 양국에서 공통적인 경험을 공유하는 특파원집단들 사이의 교류는 미래 30년이 보다 심화되고 진화된 한·중관계 수립의 시작점이 될 수 있을 것이다.

　그리고 크로스 교류는 특파원뿐 아니라 대상을 확대할 필요가 있다. 미래 한·중관계를 짊어지고 나갈 청년들에게도 지속적이고 내실 있는 크로스 교류가 필요하다. 이를 위해 한때 양국에서 약 15만 명에 달했던 유학생들이 우선 그 대상이 되어야 한다. 즉 현재 한국에 나와 있는 중국인 유학생과 중국의 대학에서 유학하고 귀국한 사람들 사이의 크로스교류 기제를 만드는 것이다. 물론 이는 중국에 나가 있는 한국인 유학생과 한국에서 공부하고 돌아간 중국인들 사이에도 동일하게 적용돼야 할 것이다. 이러한 특파원과 유학생들의 크로스교류는 미래 30년보다 군건하고 내실 있는 한·중관계의 토대가 될 것이다.

미래 30년 진화된 한·중관계를 위하여

수교 30년을 맞는 양국이 한·중관계를 미래 30년 흔들리지 않는 군건한 관계로 격상시키기 위해서는 양국 국민의 정서적 교감이 기저에 면면히 흐르고 있어야 한다. 〈슈퍼차이나〉와 같이 양국 국민이 공유할 수 있는 영상콘텐츠가 그 촉매제가 될 수 있을 것이다. 그리고 이를 바탕으로 전 현직 언론인들 사이의 지속적인 교류기제를 수립해 더욱 심화되고 진화된 한·중관계를 구축할 수 있다. 이러한 과정을 통해서 양국관계는 이립(而立)의 단계를 지나, 굳건하게 불혹(不惑) 또는 그 이상의 단계로 넘어갈 수 있을 것이다.

未来30年的韩中交流与"交叉交流"机制

朴晋范 韩国广播公司KBS PD、前KBS驻北京特派记者

今年正值韩中建交30周年，期间韩中关系虽偶有沉浮，但现在似乎正遭遇最艰难的时期。从2016年开始，随着萨德部署问题的出现，两国关系迅速冷却。而中美贸易战、新冠疫情暴发又导致两国交流渠道几乎中断，不仅政府间的关系变冷，两国国民的情绪也极度恶化。

我曾于2010年至2013年担任韩国广播公司(KBS)驻北京特派记者，回国后也在驻华特派记者出身的媒体人们所在的网络社区积极活动。另外，我还经常与驻韩的中国特派记者进行交流。以这样的经验为基础，我想对今后30年韩中关系的发展提出一点具体建议。

目前，韩国各家媒体向北京派遣了约40名记者，再加上上海或沈阳特派员，全体驻华特派员的规模将会更大。而中国中央电视台(CCTV)、人民日报、新华社等中国三大媒体，以及中国日报、经济日报、科技日报、法制日报、中国国际广播电台等多家媒体向韩国派遣了20多名记者。据推算，韩中建交后的30年间，韩国媒体派遣的驻华记者共计约300人。

在韩国，300名媒体人是不可忽视的存在，因为他们可能会在韩国社会的各个角落都产生不小的影响力。在担任驻华特派记者期间，我探访了中国的各个角落，采访了社会各界人士。这些以现场为基础的采访提升了我对中国的认知和理解，也令我在很多方面产生共鸣。这既不是对中国毫无根据的诋毁或否定，也不是无条件的赞扬和肯定。

中国驻韩特派记者的情况虽然有所不同，但基本上有很多相似之处。此前，在韩国工作的众多特派记者不仅在媒体公司，而且在中国社会各地都凭借他们在韩国积累的经验和知识，成为所属机构和周围人士眼中的韩国专家。在确立关于韩国的

立场或做出某种决定时，他们的话和见解可能会起到决定性作用。

我认为，应该借韩中建交30周年之际，建立两国前任和现任特派记者的"交叉交流"机制。即，在韩国的前任驻华记者和现任驻韩中国记者之间建立定期、有组织的交流机制。而且在中国也以现任驻华韩国特派记者和前任驻韩中国记者为对象，建立相同的交流机制。通过交流，两国前任和现任特派记者可以就问题交换意见，同时就两国利益发生冲突的部分展开热烈的讨论。比起在相互不了解的情况下反复坚持各自立场，不如见面后听取对方的想法并沟通，或许可以看到问题的新切入点。而且，在这一过程中完成的媒体报道也会引起两国国民的共鸣，使韩中关系走向更具建设性和发展的阶段。因此，值此建交30周年之际，两国有必要通过系统化、定期的新交流机制，在未来30年建立更加稳定向上的韩中关系。

至于"交叉交流"机制的具体方法，可以考虑共同发行著作。像由前任和现任韩国驻华特派记者在2019年秋天创刊的季刊《韩中杂志》，就是由媒体人士主导参与，既承认两国之间存在的立场差异，又在决定国家利益的问题上展开激烈讨论，以此种方式而共同打造的。《韩中杂志》目前已发行到第12号(2022年夏天)，不仅是韩国特派员，前任和现任驻韩中国特派记者也作为编写人员一直参与其中，这将成为建立"交叉交流"机制的一个很好的参考。对于韩中应该共同应对的全球问题，只有集思广益、求同存异，两国关系才会进一步升级。

当然，两国媒体和相关人士因韩中体制差异而发挥的不同功能和作用可能会让人怀疑"交叉交流"机制的效用。但考虑到媒体对韩中关系产生的巨大影响力，我们不能袖手旁观。至少像特派记者这样拥有共同经验的团体之间的交流，有可能成为未来30年更加进步的韩中关系的新起点。

另外，"交叉交流"机制不能只局限在特派记者身上。对于肩负未来韩中关系的青年人来说，也需要持续而充实的"交叉交流"。为此，两国留学生之间也很有必要建立交流机制。在两国的留学生人数曾一度高达15万名，这为建立两国留学生之间的交流机制奠定了坚实的基础。特派记者与留学生之间的"交叉交流"或将成为未来30年更加牢固、更加充实的韩中关系的基础。

한·중 문화교류와 발전을 위한 제언

• 허석 前 순천시장

 한·중수교 30주년을 진심으로 축하하며 기념 책자 발간
등에 애써주신 노재헌 위원장님의 노고에 경의를 표한다.
예전에 일본이 가깝지만 먼 나라였다면, 지금 중국은 멀지
만 가까운 나라가 되어 있다. 그만큼 한·중수교 30년의 성
과가 의미있다는 이야기이다. 이러한 성과는 한두 사람이
아니라 중앙정부와 지방정부, 그리고 민간 영역 등 모든 분야의 사람이 노력
해 온 결과물이라 생각한다.

2018년 가을, 베이징(北京)을 공식 방문한 나는 지인의 소개로 한 분을 만
났다. 마네 초지클럽 진시쑨(金錫順) 회장이었다. 그분의 성명은 한자로 金
錫順(김석순)이었다. 진시쑨 회장에게 보내진 내 프로필에는, 중국에서 띄어
쓰기하지 않는 관계로 허석순천시장(許錫順天市長)이라 표기되었다. 그래서
진시쑨 회장은 내 프로필을 보자마자 자신과 이름이 같다(錫順)고 생각하였
다고 한다.

그런 인연으로 대화를 시작하게 되었는데, 나이가 궁금해서 무슨 띠냐 물

으니 토끼띠라 해서, "저도 토끼띠입니다"라고 했다. 외양을 보니 동갑이라는 것을 알 수 있었다. 혹시나 하고 생일을 물었더니, '모월 모일'이라고 하는데, 소름이 돋았다. 나와 생일까지 같았다. 진시쑨 회장은 "아마도 우리는 전생에 천년(千年) 전부터 인연이 있는 것 같다"라고 하였다.

통역을 사이에 두고 나누는 이런 대화가 어찌 이토록 빠르게 공감대가 형성될 수 있었는지 놀랄 지경이었다. 바로 12간지나 외모 등 공통분모가 많기 때문일 것이다. 대화 사이에 인용되는 내용 역시 한자문화권이라는 공통분모가 있기에 더욱 원활하였을 것이기도 하다. 진시쑨 회장과 나와의 천년 인연은 아마도 중국과 한국의 오랜 인연을 상징적으로 보여주는 것 같다.

내가 순천시장에 출마하였을 당시 공약사업이었던 창업생태계 조성을 위해 베이징 중관춘(中關村)을 방문하였다. 중관춘 사회조직연합회 따이지앤(戴鍵) 비서장을 만났을 때도, 함께 식사하고 술 한 잔 마실 때도 마찬가지였다. 처음 만났지만, 이웃집 형 같고, 처음 대화를 나누지만, 왠지 익숙한 그런 느낌이었다. 문화적 공감대가 없다면 있을 수 없는 일이 아닌가.

'코로나19'로 하늘길이 막혀 두 분 다 만나지 못한 지 2년이 넘었다. 하지만 다행히 위챗(Wechat)으로 소통한다. 위챗이 매우 편리한 도구이기는 하지만, 위챗으로 쉽게 소통하는 것 역시 문화적 교집합이 많기 때문일 것이다. 순천과 베이징과의 물리적인 거리가 전혀 느껴지지 않는 그런 소통이라고나 할까.

참, 1310년에 순천(順天)이라는 이름을 갖게 된 우리 시는 1413년에 순천도호부가 되었다. 1420년에 베이징이 순천도호부라는 이름을 가진 것은 우연이 아닌 것 같다. 아무래도 베이징과 우리 순천 또한 오래전부터 운명적으로 엮여 있나 보다.

문화(文化)란 무엇일까? 나는 문화를 '사람이 살아가는 방식이나 생각하는 방식'이라고 생각한다. 한 마디로 문화란 우리가 살아가는 생활양식의 총체인 것이다. 이러한 관점에서 볼 때 한국과 중국, 중국과 한국의 문화는 비슷한 점이 많을까 다른 점이 많을까? 당연히 비슷한 점이 훨씬 많다. 그것이 바로 교집합이요, 공감대다.

나는 대동소이(大同小異)라는 말을 좋아한다. 한·중의 문화가 바로 대동소이하다. 그런데 비슷한 점에는 무감각하고 서로 다른 점만 부각하다 보면 갈등이 생기기 마련이다. 대동(大同)에 주목하고 소이(小異)를 존중하는 자세야말로 서로의 살아가는 방식이나 생각하는 방식, 즉 서로의 문화를 배려하는 바람직한 자세일 것이다. 그것이 한·중 문화교류의 첫걸음이라 생각한다.

내가 좋아하는 신흠(申欽 1566~1628)의 시를 한 수 소개하려 한다.

동천년로항장곡 (桐千年老恒藏曲)
매일생한불매향 (梅一生寒不賣香)
월도천휴여본질 (月到千虧餘本質)
유경백별우신지 (柳經百別又新枝)

500여 년 전 한국의 시인이 쓴 시를 중국이나 한국의 중년층은 이해하기가 어렵지 않을 것이다. 그것이 바로 한자문화권이자 문화적 공감대가 큰 양국의 강점이다. 다만, 아쉬운 것은 신세대로 갈수록 점차 한자문화권의 교집합이나 공감대가 줄어들고 있다는 것이다.

지난해 가을, 노재헌 위원장과 식사를 하면서 우리 두 사람은 '천하삼분지계(天下三分之計)'에 대해 이야기를 나누었다. 순천(順天)과 청두(成都)의 자매결연 이야기를 하다가 제갈공명의 천하 삼분지계가 화제가 되었다. 그러다가 미국과 유럽연합(EU)에 이어 한·중·일 3국이 하나가 되어 천하를 삼분하는 새로운 천하 삼분지계를 논한 것이다.

그런데 주지하듯 한·중·일 3국은 정치, 경제적으로 갈등을 빚고 있다. 하나가 되어도 쉽지 않을 텐데, 정치적으로 경제적으로 갈등을 빚고 있기에 아쉬움이 많다. 하지만 한·중·일 3국은 문화적인 교집합이 매우 크기에, 문화 영역에서의 교집합을 극대화함으로써 정치·경제적인 갈등을 조금씩 해소할 수 있다면 천하 삼분지계는 결코 어려운 일이 아닐 것이다.

2020년부터 2021년에 걸쳐 우리 순천시는 동아시아 문화도시 행사를 2년 연속 치렀다. 2020년에는 일본의 기타큐슈(北九州), 중국의 양저우(揚州)와 함께 행사했다. 2021년에는 역시 일본의 기타큐슈와 중국의 사오싱(紹興), 둔황(敦煌)이 함께 하였다.

'코로나19'로 인하여 직접 교류는 하지 못하였지만, 2년에 걸친 문화교류를 통하여 우리는 몇 가지를 깨우치게 되었다.

그 하나는 중앙정부보다 민간 영역이나 지방정부 간 교류가 훨씬 부드럽다는 것이다. 한국과 중국의 중앙정부 사이에 사드 문제나 다른 이슈로 갈등을 빚어도 민간 영역의 교류나 지방정부 사이의 문화교류는 여전히 온기가 돌고 있다는 것이다. 물론 일부 극성인 사람 사이의 불미스러운 일이 없지는 않지만, 그래도 중앙정부보다는 업무처리가 쉽고 효과가 컸다고 본다.

중앙정부 사이에 냉기류가 흐르고 있었던 2019년, 베이징국제원예박람회가 열렸다. 그 당시 나는 베이징국제원예박람회장에 순천 정원을 조성하기 위해 몇 차례 방문하였다. 한국 정원을 대표하여 순천시에서 정원을 조성한 것이다. 그때 아무런 갈등을 느낄 수 없었고 박람회 관계자들도 매우 친절하게 대해 주었다. 순천 정원은 그때 금상을 수상하였다.

나는 순천시에 동아시아문화대학원을 추진한 바 있다. 대학원만 있는 학교다. 천하 삼분지계에 맞추어 한·중·일의 새로운 미래를 꿈꾸는 젊은이들이 순천에 모여 머리를 맞대고 연구하는 아카데미를 말한다. 동아시아문화대학원을 통해 한·중·일의 미래세대가 하나로 엮어질 꿈을 꾸고 있다. 한·중·일 문화공동체 일꾼의 배움터를 만들고 싶다.

다른 하나는, 서로의 다름을 인정하는 자세가 중요하다는 것이다. 다름이 없고 동질성만 있다면 얼마나 삭막할까? 지구상에 있는 80억 명의 사람의 얼굴이 다 똑같다면 어떨까? 다름이야말로 다양성을 낳고 변화와 발전으로 이어진다. 그 다름을 인정하는 것이 한국과 중국 사이, 혹은 중국과 일본, 일본과 한국 사이 문화교류의 전제가 되어야 한다.

다름을 인정하지 않고 다름을 틀림으로 인식하여 차이를 차별하는 것은 우리가 배격해야 할 자세다. 최근 한국 사회도 다민족 사회가 되어가는 상황이다. 그런데도, 단일민족 논리에 사로잡혀 언어의 차이를 이유로 피부 빛깔의 차이를 이유로 문화적인 차이를 빌미로 차별하고 따돌림을 하는 일은 없어야 한다.

또 하나는, 그런데도 여전히 중앙정부의 관심과 지원이 필요하다는 것이다. 민간 영역이나 지방정부에만 맡겨놓으면 재정자립이 불완전한 조건에서 역동적인 문화교류가 되기 쉽지 않다. 그래서 한국과 중국의 중앙정부에서는 양국의 문화교류에 대한 예산을 지방정부에 지원하고 기타의 행정적 외교적 지원을 아끼지 말아야 한다는 것이다.

물론 간단치 않은 일이다. 중국의 경우는 조금 다르겠지만, 한국의 경우 어떤 당이 집권하느냐에 따라 방침이 달라질 수도 있을 것이다. 따라서 일관성 있는 지속적 교류가 가능하기 위해서는 이를 제도화하기 위한 노력이 선행되어야 할 것이다.

마지막으로, 한국과 중국의 문화교류에서 간과해서는 안 될 것이 바로 일본이다. 올해는 '중국과 일본 수교 50주년'이 되는 해이기도 하다. 중국과 일본의 정치적인 갈등, 한국과 일본의 경제적인 갈등은 궁극적으로 한국과 중국의 교류에도 영향을 미치는 변수 가운데 하나이기 때문이다.

따라서 한·중 사이의 문화교류는 일본을 끌어들여 동아시아문화교류로 확대 발전시켜야만 그 발전 전망이 밝다고 볼 수 있다. 그런 점에서 볼 때 동아시아 문화도시 행사를 추진하였던 지방정부 사이의 지속적인 교류가 매우 중요할 수 있다. 예컨대 '동아시아 문화도시 지자체장 연석회의' 등을 추진하는 것도 의미 있다 할 것이다.

　'한·중수교 30주년'을 계기로 한국과 중국의 관계가 정치와 외교, 경제를 넘어 끈끈한 문화교류로 발전함으로써 양국관계가 더욱 성숙해지기를 기대한다.

为韩中文化交流发展建言献策

许锡 前韩国顺天市长

　　2018年秋天，我正式访问了北京，并通过熟人介绍认识了一位朋友。他曾是马奈草地俱乐部会长，汉字名字是金锡顺。在我发给金锡顺会长的简历中，由于中文中没有隔写法，所以简历上我的称呼就连写成了"许锡顺天市长"。因此，金锡顺会长一看到我的简历，还以为我们的名字(锡顺)相同。

　　因为这样的缘分拉近了我和金锡顺会长的距离，于是我们谈话就是像在唠家常一样。他因为好奇我的年龄，就问我是什么属相并说自己是属兔的，而我也回答自己是属兔的。金会长开玩笑说"看外表就知道我们是同岁"。之后又说到自己的生日是"某月某日"时，我大吃一惊，没有想到我和金会长连生日都是一样的。金会长说："或许我们的缘分从前世就开始了。"

　　我参加顺天市长选举时，为了建立创业生态系统，访问了北京中关村。我与中关村社会组织联合会秘书长戴键一起吃饭喝酒，虽然是第一次见面，但感觉他就像邻家哥哥一样亲切；虽然是第一次对话，但不知为何却觉得似曾相识。我想，如果没有文化上的共识，是不可能产生这种感觉的吧？

　　文化是什么呢？我认为文化是"人们生活的方式或思考的方式"。总之，文化是我们生活方式的集合。那么从这一点来看，韩国和中国、中国和韩国的文化是相似之处多一些呢？还是不同之处多一些呢？我认为相似的地方更多，这就是交集，也是共识。

　　我喜欢"大同小异"这个词。韩中文化就是大同小异，但如果无视相似之处，只强调不同之处，必然会产生矛盾。所以，我认为韩中文化交流的第一步就是关注大同，尊重小异，这样才是对待彼此生活和文化的正确态度。

　　我们应该摒弃"拒绝承认差异，并认为差异是一种错误的存在"的观念。最近韩国社会也正在成为多文化社会，我们不应该拘泥于单一民族理论，以语言差异、肤色差异、文化差异为借口进行歧视和排斥。

韩中之间的文化交流还应将日本吸纳进来，并将整个东亚文化交流发扬光大。从这一点来看，推进韩中日东亚文化城市活动的地方政府之间的持续交流变得非常重要。例如，推进"东亚文化城市地方自治团体首长联席会议"等也很有意义。

希望以韩中建交30周年为契机，韩国与中国的关系能够超越政治、外交、经济的范畴，发展为牢固的文化交流，走向更加成熟的新阶段。

영화 인생(Lifetimes)
그리고 음수사원(飲水思源)

• 윤준필 글로벌한상드림 사무국장

 나는 국민학교를 입학해 초등학교를 졸업했다. 이름이 주는 무게가 때로는 이름 밖을 벗어나 살펴보지 못하게 하는 힘이 있다. 국민학교에서 반공(反共) 웅변대회, 글짓기, 표어와 포스터 그리기 대회가 절기마다 열렸다. 당시 최첨단 시청각 교육실에 모여서 영상을 통해 본 공산당은 양의 탈을 쓴 늑대로 묘사되었다. 나는 아니 우리는 그 시절 그렇게 배우며 자랐다. 우리는 스스로 사실관계를 살피기도 전에 어떤 대상에 대해 선입견을 품은 채 대학생이 되었다.

　대학 입학과 함께 틀에 짜인 교육을 벗어난 것은 정말 행운이었다. 시간표를 내 마음대로 설정할 수 있다는 것부터가 바로 자유였다. 어디 그뿐인가? 여기저기 붙어 있는 대자보에는 여러 동아리의 활동 모임이 형형색색으로 게시되었다. 내가 원하는 대로 마음껏 선택할 수 있었다. 공강 시간에 다양한 의견이 모인 아름다운 캠퍼스를 거니는 행복을 누렸다. 한때 영화감독을 꿈꾸었던 나는 '人生(인생)' 한자로 표기된 낯선 대자보에 끌렸다. 중국연구회

가 주관하는 중국영화 '인생' 상영회였다.

영화 포스터 모양도 검은색 바탕에 붉은색 글씨니 초등학교 시절 반공(反共)이 떠올랐다. 그래도 더운 날씨에 시원한 강당에서 영화를 보면서 다음 수업 시간을 기다릴 수 있는 유익함이 있었다. 더위를 피하는 마음으로 서둘러 강당으로 향했다. 그날 이후 나의 몸과 마음 그리고 인생이 어떻게 바뀔지도 모른 채 말이다.

장이모우(張藝謀) 감독의 영화 '인생(活着, 한국에서 인생으로 번역됨)'을 본 후 나는 뭔가 잘못되었다는 것을 깨달았다. 사회 문화와 시대도 다른데 내가 공감할 수 있었고, 눈물이 나는 사람의 감정이 그대로 드러난 영화였다. 장예모 감독은 격변하는 시대 속에서 살아가는 한 가족의 인생을 통해 사람의 '희노애락'을 모두 표현했다. 사람의 자유로운 감정을 영화를 통해 표현했다.

아니다. 분명 내가 어린 시절 배운 공산당과 다르다. 어릴 적 국민학교 선생님은 공산주의는 자신의 감정을 표현할 수도 없고, 특정인에게 속아 자신의 삶을 살 수 없었으며, 특히 표현의 자유는 일절 없다고 했다. 그런데 그게 틀린 것이다. 그동안 나는 파블로프의 개처럼 반응했다. 20년 동안 배운 것이 영화 한 편에 와르르 무너진 순간이었다. 영화에서 이념과 정치는 보이지 않았고 사람과 감정만 보였다. 영화를 보고 난 곧바로 '중국연구회'에 가입 신청서를 작성했다. 도대체 중국은 어떤 나라인가?

당시 아주대학교는 김우중 전 회장의 세계경영으로 글로벌 다목적 기업 인재양성프로그램에 소수 인원을 선발했다. 이 목적을 위해 각국에서 대사(大使)를 모셔왔다. 중국 전문가 양성도 본 프로그램에 포함되었다. 이 프로그램에 참석한 내가 처음 인연을 맺은 분이 정종욱 교수(1996~1998년 주중 대사)였다. 한국의 외교정책 수업과 중국특강 수업은 성적과 관계없이 너무 재미있었다. 한국 외교정책의 백미는 북방외교였고, 중국특강의 최고 관심사는 대사 시절 겪었던 황장엽 망명 사건이었다. 현장에서 직접 경험한 교수의 이야기가 그 어떤 강의보다 흥미 있었다. 중국에 눈을 슬며시 뜨기 시작했다.

북방외교 덕분에 우리는 현재 더욱 다양한 국제관계 속에 비교적 편견 없이 살고 있다. 이념에서 벗어나 실리를 바라보는 관점이 생겼다. 흑과 백의 양자택일이 아니라 보다 입체적인 위치와 관계를 이해하는 계기가 되었다. 북한을 제외한 여러 동유럽 국가 그리고 중국과 교류를 시작한 것이다. 나는 학과 수업과 연구회 활동 그리고 문화제(무협소설 영웅문, 영화, 음식) 등에 참여하며 중국에 더욱 관심을 가졌다. 그때마다 그 매력에 계속 빠져들었다.

2000년대 대학생에게는 세계화와 더불어 대외활동이 유행이었다, 나는 중국 관련 대외활동으로 권병현 대표(1998~2000년 주중대사)가 설립한 한·중 문화청소년협회(미래숲) 사업에 참여했다. '10년을 보고 나무를 심고, 100년을 보고 인재를 키운다.'라는 목적으로 한국과 중국의 대학생이 교류하는 사업이었다. 국제교류와 해외 탐방이 많았으나 중국과 관련된 독특한 사업은 황사를 방지하기 위해 사막에 나무를 심는 한·중우의림(韓中友誼林) 프로그램이었다. 권병현 대표와 함께 봉사하는 그 시절이 행복했다. 인위적인 국경을 뛰어넘어 같은 시대를 살아가는 한·중 대학생이 밤새 떠들고 환경보호 활동과 교류를 하는 것이 좋았다.

한 대학생이 정종욱 주중대사, 권병현 주중대사를 연달아 멘토로 모시는 행운을 얻었다. 이것을 인연으로 내 인생에 중국은 떼려야 뗄 수 없는 요소로 자리 잡았다. 중국어 공부부터 시작해 중국 교환학생, 한덕수·원자바오(溫家寶) 양국 총리 접견 행사 참여 그리고 첫 직장 금호아시아나그룹(중국사업과 한·중우호협회 운영) 입사까지 내 20대는 중국과 함께 보냈다. 그래서 나만의 추억이 나만의 행복이 거기에 있었다. 이 후, 첫 직장을 그만두고 한·중 국제교류사업으로 업을 변경했다. 신정승 대사님을 모시고 중국을 다녀오고, 단국대 김진호 교수의 제안으로 대학원에서 공공외교를 공부했으니 얼마나 한·중관계에 빠져있었는지 말해 무엇하랴.

국가 청소년위원회, 여성가족부, 외교부 산하 한국국제교류재단 등 한·중 청(소)년 교류사업을 6년간 수임받아 기획·운영하면서 많은 한국과 중국의 다음 세대가 서로 안고 웃고 우는 모습을 지켜보았다. 서울·베이징 자매도시 20주년을 기념해 서울시장을 찾아가 서울과 베이징의 청년교류를 제안하고 직접 총괄했다. 그 외에도 경기도, 경상남도, 성남시 등 지방정부에서 대학과 기업까지 찾아가 한·중교류 사업을 제안하고 수행했다.

한국과 중국의 다음 세대는 정말 찐한 교류를 했다. 중국에서 양국 청소년은 밤새 기차 안에서 해바라기 씨와 소시지를 해치우면서 수다를 떨었다. 숙소 밖에 몰래 나와 양고기꼬치와 맥주를 마셨다. 한국에서 양국 청년은 빙 둘러앉아 마피아와 아엠그라운드 게임을 했다. 숙소 밖에서 포장마차에 앉아 소맥 폭탄주를 마셨다. 그 시절 안재욱이 부른 친구(朋友, 평요우)는 양국 청년들에게 늘 집으로 돌아가는 끝 곡이었다. 한국 청년들은 한국에 돌아와도 식탁은 돌아가야 하고, 차와 함께 밥을 먹어야 한다며 소위 '방중(訪中)앓이'를 한다는 고백을 수없이 들었다. 양국 다음 세대의 교류에는 정치도 이념도 없었다. 오로지 친구가 되고자 하는 열정과 호기심만 가득했다.

내 청년 시절을 돌이켜 가장 기억에 남는 글은 '음수사원(飮水思源)'이다. 지금의 내 삶이 있는 이유가 누군가의 도움인 것을 잘 알기 때문이다. 지금까지 내가 성장한 요인 중 한·중관계를 뺄 수 없다. 옛날부터 한국과 중국 각 나라에서 양국의 이해를 높이기 위해 노력한 분들이 계시다. 내게는 중국의 장예모 감독, 정종욱 대사, 권병현 대사, 신정승 대사, 김진호 교수 같은 분들이다. 그들 덕분에 내가 행복한 청년 시절을 보냈고 다양한 사람을 만나 세계관이 넓어졌다. 또한, 한·중수교가 이뤄지게 한 양국 지도자와 교류사업 참여한 수많은 기관의 담당자와 활동가 그리고 참가자들이 힘을 기울인 덕분에 지금의 우리가 있지 않았을까 생각한다. 지금도 내 또래 청년들은 그 향수를 잊지 못한다.

우물물을 마실 때 그 우물을 판 사람을 기억해야 한다. 나는 여기에 하나를 덧붙이고자 한다. 우물물이 마르지 않도록 우리는 다음 사람을 위해 마중물을 남겨놓아야 한다. 분명, 우물을 힘들게 파신 앞선 세대의 수고로 나는 20대와 30대를 행복한 추억으로 채웠다. 이제 40대가 된 나는 다음 세대를 위해 한국과 중국의 마중물을 남겨놓아야 하지 않을까? 마중물을 없애지 않고 그 우물물을 누구나 마실 수 있도록 말이다.

"네가 어른이 되면 비행기나 기차를 타고 다닐 거야. 그때가 되면 세상 살기가 지금보다 좋아질 테니까" 영화 인생의 마지막 장면에서 손자와 대화하는 부귀의 대사이다. 부귀의 말처럼 우리는 더 좋은 세상에 살게 되었고, 그때보다 더 나은 한·중 간의 그 무언가를 새로 만들어낼 수 있다고 믿는다. 그리고 그 지혜가 우리에게 있다고 생각한다.

电影《活着》与"饮水思源"

尹俊弼 全球韩商财团秘书长

　　我在国民学校入学，然后从小学毕业(韩国从1996年3月1日起将国民学校更名为小学)。当时在国民学校上学时，共产党被描写成披着羊皮的狼。就是在这样的环境下，我成了一名大学生，在校园里漫步，尽情享受着自由。曾经梦想成为电影导演的我被写着汉字"活着"的红色电影海报所吸引，这不禁让我想起了小时候接受的反共教育。某天，我为了避暑来到电影放映室，却不知那天之后我的生活会发生怎样的变化。

　　看了张艺谋导演的电影《活着》，我好像突然意识到有什么地方不对劲儿。主人公徐福贵的坎坷经历所蕴含的喜怒哀乐，我好像都能产生共鸣，这明显和我小时候认识的共产党不同。20多年的认知在我看完《活着》后轰然倒塌，在电影中我看不到意识形态和政治，只有人和人之间的情感。

　　从电影《活着》开始，到《楚汉志》、《红楼梦》，从中国交换学生到韩中青年国际交流、韩中友谊林事业、公共外交学硕士，还有羊肉串和啤酒再到我就职的第一个公司一锦湖韩亚集团，我的青年时期享受了韩中友谊的果实。

　　回想我的青年时期，印象最深的文章是《饮水思源》，因为我知道我现在的生活都是先辈们的辛苦付出换来的。托他们的福，我度过了幸福的青年时期，结识了各种各样的人，拓宽了眼界。多亏了促成韩中建交的两国领导人和参与各项交流活动的众多机构负责人、活动家和参加者的努力，才有了现在的我。

　　吃水不忘挖井人，正是因为有前人辛苦地"挖井"，我的青年时代充满了幸福回忆。现在的我已经40多岁了，为了下一代，我们也不能让韩中友谊这口井干掉。

　　"等你长大了，你就坐火车坐飞机啦。那会儿啊，日子就变得越来越好了。"这是电影《活着》最后的场面中福贵与孙子的对话。就像福贵的话一样，相信我们可以生活在更好的世界，可以创造出更好的韩中关系。

한·중 청년 사업가들의 우정 만들기

• 한상준 유니드 부사장, 한중수교30주년기념사업준비위원회 위원

머리말

필자는 중국어도 여행 중국어 정도만 가능하고, 중국에서 지낸 경험은 출장이나 여행을 제외하고는 2002년 중국에서 프로젝트를 하며 지낸 3개월이 전부이다. 국내에 수많은 훌륭한 중국전문가 분들이 계신데 감히 한·중수교 30주년 기념 책에 실릴 글을 기고한다는 것이 주제넘은 일이라 생각한다. 그러나 나 같은 민간 중국 비전문가의 의견도 이 책에 다양한 견해를 담는 데 도움이 될 것이라 사료되어 용기를 내게 되었다.

아찔했던 우정의 시작

2014년 4월, 나는 출발하지 않는 인천발 베이징행 비행기 안에서 발을 동동 구르고 있었다. 당시 한·중 간 교류가 급물살을 타면서 정치, 경제, 민간 등

다양한 분야에서 급격히 접촉이 늘어나고 있는 시기였다. 마침, 중국 청년 사업가들의 모임인 '접력중국(接力中國)'이라는 단체에서 믿을만한 한국 청년 사업가들과의 교류를 원했었고, 나와 몇몇 동료들은 우리가 다양한 문화를 여는 열쇠 같은 존재가 되자는 의미로 KEYS(Korea Entrepreuneur Youth Society)라는 단체를 만들었다. 이 날은 처음으로 KEYS와 접력중국 회장단이 대면하는 날이었다. 베이징에서 예정되었던 미팅 시간은 5시였고, 우리는 조금 넉넉하게 도착하여 호텔에서 짐도 풀고 좀 씻고 단정한 모습으로 첫 만남을 가질 예정으로 12시 출발 비행기에 몸을 실었다. 탑승 후 비행기에 문제가 생겨 언제 출발할지 모른다는 기내 방송을 들었다. 중요한 첫 만남에서 가장 기본인 시간 약속을 어기는 것보다 더 신뢰를 깨트릴 일이 있을까? 매 10분단위로 중국 측에 열심히 문자를 보내면서 비행기의 연착 상황을 설명했다. 결국 비행기는 2시간 후에 출발했고, 약속 장소인 호텔에 도착한 시간은 거의 6시가 되어서였다.

호텔에 도착한 나는 화들짝 놀랄 수밖에 없었다. 분명 한 시간 정도 늦게 도착할 것 같다고 문자를 계속 보냈으나 중국 측 회장단은 이미 원래 약속 시간이었던 5시부터 호텔에 나와서 대기를 하고 있었던 것이다. 우리 일행은 여유를 가지고 씻고 쉬고 단정하게 미팅을 가기는 고사하고, 호텔에 도착하자마자 짐을 끌고 곧장 미팅장소로 향하였다.

첫 만남

중국 측에서는 6명이 우리를 기다리고 있었다. 모두 키도 크고 덩치도 좋고 잘 차려입은 모습이 중국 내에서도 사업에 성공한 친구들로 보였다. 약속에 늦은 것이 우리의 잘못만은 아니었지만, 진심으로 사과를 했고, 중국 친구들은 이해는 하지만 뭔가 불편한 상태로 어색한 대화들이 오고 갔다. 서로의 사업이나 살아온 환경에 대한 대화를 진행하던 중, 중국 측 회장이 영어를 매우 능숙하게 하길래 어디에서 공부했길래 영어를 그렇게 잘하냐고 물어봤더니 UPENN Wharton School에서 MBA를 받았다는 이야기를 했다. '어? 나도 그 학교에서 MBA를 했는데?' 자세히 살펴보니, 심지어 나와 같은 해에 공부했었고, 학창 시절에 가끔씩 대화도 나누던 친구였다. 졸업 후 시간도 6년이 지났고 대학원 시절, 모두가 부스스한 모습으로 편한 캐주얼 옷만을 입고 다니다가 한껏 꾸미고 정장을 빼입고 만났으니 몰라봤던 것이었다. 순간 우리 둘은 일어나서 손을 잡으며 소리를 질렀고, 그 때까지 어색했던 분위기는 눈 녹듯 사라지고 없어졌다. 그 후는 모두가 기억을 잃을 때까지 건배와 깐베이를 번갈아 가며 외쳤었다.

100인 대 100인

2015년 8월 한국의 청년지도자 대표단 100명이 중국 공산당의 초청으로 4박 5일간 베이징과 칭다오를 방문하게 되었다. 한국국제교류재단의 유현석 이사장을 단장으로 정치, 경제, 언론, 문화계 인사 등 100인 중 나를 포함한 동료 청년 사업가 6명이 선발되었다. 이는 우리가 2014년 11월 접력중국의 청년 사업가들을 한국에 초대하여 한·중 포럼을 개최하였던 공로를 인정받고, 중국 청년들과 연속성 있는 교류를 장려하기 위한 한국국제교류재단의 배려였던 것 같다. 당시 정부에서는 '한·중 FTA' 타결을 위해 중국과 지속적인 협상 중이었다. 당시 중국과 관련이 있던 모든 한국인이 중국과의 관계에 도움이 되지는 못 할 망정 폐는 끼치지 말자라는 의식들이 강했었다. 한국청년지도자 100인의 중국 방문과 같은 해 11월에 있었던 리커창 총리의 방한 시 '접력중국'의 친구들 또한 100인의 수행일원으로 한국을 방문하여 반가운 재회를 했다. 우리는 성심성의껏 중국 친구들을 대접하였고, 당시 가장 관심을 받고 있었던 한국의 벤처 투자자들, Accelerator 등과의 만남을 주선하여 중국친구들이 한국의 최신 벤처 생태계에 대한 좋은 인식을 가질 수 있도록 도움을 주었다. 리커창 총리의 방한 이후, 우리들이 귀국하고 난 후인 11월 10일 한·중 FTA는 공식 타결되었다.

술술 풀림

한국과 중국 청년 사업가들의 모임은 당연히 사업에 관심이 있을 수밖에 없었다. 당시 중국에서는 한국 투자에 큰 관심이 있었고, 우리 또한 중국 투자에 관심이 많았다. 하지만, 양국 청년들은 한가지 약속을 했다. "사업을 논하기 전에 먼저 친구가 되자고(Friends First, Business Later!)".

낯선 친구들과 가장 빠른 시간 내에 친해지는 방법 중 하나는 술이다. 나는 개인적으로 술을 즐기지도, 잘 마시지도 않는다. 하지만 중국 친구들을 만날 때는 예외였다. 중국 친구들은 저녁 장소에 가면, 도착하자마자 적어도 백주든 양주든 와인이든 가득히 한 잔을 한 번에 비우고 시작한다. 비교적 술이 약한 나는 철저히 준비할 수밖에 없었다. 저녁 장소에 가기 전 미리 식사를 조금 하고, 숙취 해소제를 복용하고, 또 양 주머니 가득 환으로 된 숙취 해소제를 채우고 전투 장소에 가곤 했었다. 생각해보면, 우리나라도 고도성장을 했던 1980~90년대에는 친구가 되거나 사업을 하기 위해서는 술을 잘 마셨어야, 아니 못 마시더라도 최선을 다해 많이 마셨어야만 상대방이 기분 좋아하고 인정했던 시절이 있었다. 중국친구들은 자신들이 초대한 손님이 네 발로 집을 가야 자신들이 제대로 접대했다고 생각을 하였다. 우리 측에서는 숙취 해소제를 환으로 늘 준비해서 술 마시는 도중 몰래 먹곤 했다. 한 번은 테이블 밑에서 몰래 포장을 뜯다가 대리석 바닥에 환을 쏟기도 했다. 바닥에서 수십 개의 환들이 튕기는 소리를 들은 중국 친구들이 이건 뭐냐고 물어봐서 지병 때문에 챙겨먹는 약이라고 우겼던 즐거운 기억도 있다. 다행히 나의 동료들 중 몇몇은 중국 사람들보다 더 중국말을 잘 하고, 술 또한 잘 마신다. 2014년부터 2016년 말까지 한국에서 소주로, 중국에서 백주로 이어졌던 '기싸움'은 우리 동료 한 명이 2016년 말 중국 친구들 10명과 1 대 1로 붙어서 모두를 기절시킨 이후 잠시 막을 내렸다.

사드, 코로나, 무역분쟁

2017년 4월 경상북도 성주군에 사드배치가 되었다. 한·중 양국관계는 급속도로 냉각이 되었고, 사드 배치에 토지를 제공한 롯데는 중국 내에서는 사업을 더이상 영위하기 힘들 정도로 구석에 몰려, 결국 중국 내 사업을 철수하기까지 이른다. 중국 내 사업을 하던 민간 사업가들은 모두 두려움에 떨며 향후 한·중관계가 어떻게 진행될지, 본인들의 사업은 어떻게 운영해야 하는지에 대한 고민이 극에 달했었다. 그러함에도 민간차원의 교류는 지속되었다. 이미 중국 친구들과 충분한 친분과 신뢰를 쌓은 멤버들은 한·중 양국에서의 사업에서 의미 있는 성과를 보이기 시작했다. 하지만 사드보다 더 심각한 위기가 우리를 기다리고 있었다.

2019년 12월 중국 우한에서, 2020년 1월 국내에서 코로나 첫 확진자가 발생하였다. 전 세계를 뒤흔들어 놓은 이 바이러스는 사드 배치 이후 근근이 이어가던 한·중 민간 사업과 교류의 줄을 완전히, 적어도 당분간 끊어놓았다. 중국에 갈 수도, 한국에 올 수도 없는 상황에서 친구들이 별 탈 없이 지내고 있는지 확인만 할 수 있을 뿐 더 이상의 친밀한 교류는 힘든 상황이었다. 논의 중이던 사업들 또한 훗날을 기약할 수밖에 없었다.

코로나가 일시적인 팬데믹으로 조만간 정상화될 상황이라면, 2018년 이후 급격히 진행되어 현재까지 진행되고 있는 중국과 미국 간의 세계 무역과 경제 패권 경쟁 또한 어느 한 편을 들 수만 없으나 들어야만 할 수밖에 없으니, 우리나라의 입장에서는 참으로 곤혹스럽다. 특히, 많은 사업가들에게는 코로나와는 비교도 안 될 후폭풍을 몰고 올 수 있는 상황이라 걱정이 된다.

어려울 때 진짜 실력이 나온다

2019년 기업인과의 간담회에서 문재인 전 대통령은 삼성 이재용 부회장에게 "반도체 경기가 안 좋다는데 요즘 어떤가"라고 물었다. 이 부회장은 "좋지는 않지만, 이제부터 진짜 실력이 나올 것이다"라고 답했다. "어려울 때 진짜 실력이 나온다." 이렇게 진정한 자신감을 보여주는 말이 또 있을까?

돌이켜보면 우리나라가 어렵지 않은 적은 없었다. 반도라는 지리적 현실 때문에 늘 주변 강대국들의 타겟이 되었고, 일제 점령기, 남북 분단을 겪으며 대한민국은 천연자원 하나 없는 인구로는 전 세계 26위, 국토 크기는 109위인 나라이다. 가진 것이라고는 인적자원 하나 밖에 없던 나라, 1970년 GDP 89억 달러로 전 세계에서 경제규모 39위였던 나라가 50년 후 GDP 1조 8천억 달러로 세계 10위의 선진국이 되었다. 중국과의 교류는 이에 큰 역할을 하고 있다. 역대 수출입 통계에 의하면 우리나라 수출은 1970~80년대 미국이 30~50%를, 수입은 2000년대 중반까지 일본이 20~40% 내외를 차지하며 1위를 지켰다. 하지만 1992년 한·중수교 이후 중국의 비중이 비약적으로 늘어나며 수출은 2003년 미국을, 수입은 2007년 일본을 능가했다. 현재 우리나라의 최대 교역국은 중국으로, 2021년 기준 수출의 25%, 수입의 23%를 차지하였다.

현재 한·중 간 교류는 향후 극복해야 할 장애물들이 많다. 정부와 민간이 모두 힘을 합하여 뛰어넘어야 할 과제들이 만만치 않다. 특히 양국관계가 어려울 때일수록, 민간교류는 더욱더 정교하게, 활발하게, 그리고 집요하게 진행되어야만 한다고 생각한다. 그래야만 언젠가 다시 돌아올 우호적 관계의 주춧돌이 될 수 있고, 그 시기가 되었을 때 양국의 친구들이 그동안 인내하며 노력한 결실을 보고, 보람을 찾을 수 있을 것이다.

먼저 친구가 되고 후에 비즈니스를 하라
(Friends First Business Later Forever)

중국과 민간 교류를 진행하면서 깨달은 바들이 있다. Steve Jobs의 명언 중 비로소 이해가 가는 말이 있다. "연결점은 미래에서는 찾을 수 없다. 오직 과거에서만 찾을 수 있다. 그러니 과거의 연결점들이 미래에 연결될 것이라는 확신을 가져야 한다. 무언가 하나는 믿어야할 것 아닌가. 당신의 본능이건, 운명이건, 인생이건, 카르마건 어떤 것이 되었건 말이다(You can't connect the dots looking forward; you can only connect them looking backwards. So you have to trust that the dots will somehow connect in your future. You have to trust in something—your gut, destiny, life, karma, whatever)." 중국의 14억 인구 중 나의 대학원 동기동창을 중요한 만남에서 파트너로 만날 확률이 얼마나 될까? 사업을 하면서 자주 느끼곤 한다. 사업 운이 좋은 사람들이 있다고. 어떻게 보면 사업에서는 실력보다 운이 더 중요할 때도 많다. 인생이 불공평하다고 느낄 수도 있겠지만, 가장 중요한 바는, 운이 좋은 사람은 그때 사업을 하고 있었다는 점이다. 뭐라도 하고 있어야 운도 따라주지, 행동은 안하고 생각만 하거나 불평불만만 늘어놓는 사람들에게는 행운이 존재할 수 없다. 내가 열심히 공부해서 MBA를 갔을 때 6년 후 중국에서 동기동창을 만나서 우정을 쌓으리라고는 그 누구도 예상치 못했을 것이다. 누구나 하루하루 최선을 다해 살다 보면, 언젠가 뜻밖의 장소에서 생각지도 못했던 인연이 나타나 열심히 산 인생에 대해 보답해 줄 것이라 믿는다.

또한 사람 간의 신뢰가 국경이나 인종을 불문하고 최우선시되어야 한다는 점을 다시금 깨달았다. 신뢰는 하루 아침에 쌓이지도 않지만, 아무리 오랜 기간 쌓았어도 한 순간에 무너질 수도 있는 무서운 가치이다. 반면, 진정으로 신뢰할 수 있는 사람과는 어떤 일도 같이 할 수 있다. 중국 친구들과의 신뢰를 쌓기 위해 시작한 우리의 모임은, 중국 청년 사업가들과의 미래를 다지는 발판도 마련했지만, 함께한 우리 동료들끼리도 두터운 신뢰를 쌓을 수 있었다. 같이 고생하고, 어려운 일들도 함께 서로 도우며, 중국과의 다양한 행사를 하다 보니 그리된 것이었다. 8년 전 나와 같이 중국 행 비행기에 몸을 실었던 동료 중에는 이제 임원이 되고, 대표이사라는 중책을 맡은 친구들도 있다. 지금까지도, 앞으로도 같이 성장해 갈 우리 동료들은 나의 가장 소중한 자산이다.

중국친구들이 보고 싶다. 당장은 볼 수도 없고, 언제 다시 다 같이 만나서 가득 찬 술 한잔 비울 수 있는 날이 올지 모르겠지만, 그래도 사업을 논하기 전에 먼저 친구가 되자는 우리의 약속만은 영원하길 바란다. 마지막으로, 향후 한·중관계를 신뢰로 가득 채우기 위해 자그마한 주춧돌이라도 놓을 수 있도록 양국 청년 사업가들이 계속 노력하겠다는 다짐을 해 본다.

患难见真情 回顾与中国青年企业家的友谊之路

韩想俊 优利德UNID副社长、韩中建交30周年纪念活动筹备委员会委员

▲ 我与中国的缘分

2014年我参加中国青年企业家团体"接力中国"的活动时，中国青年企业家传达了想与值得信任的韩国青年企业家交流的希望。于是我和几个同事商议，希望由我们成为打开双方文化交流的钥匙，于是成立了KEYS(Korea Entrepreuneur Youth Society)。后来经过几次面对面交流，我们与中国青年企业家建立了深厚的信任。

2015年8月，韩国青年领袖百人代表团应中国共产党邀请访问北京和青岛。代表团由韩国国际交流财团理事长柳现锡担任团长，包括来自政治、经济、媒体、文化界的百名青年，我和5名同事也在内。这是韩国国际交流财团对我们2014年11月邀请"接力中国"青年企业家访问韩国举办韩中论坛的付出的肯定，也是对我们促进韩中青年持续交流的努力的褒奖。

韩国青年领袖百人代表团访问中国期间以及同年11月中国国务院总理李克强访韩当时，我们与"接力中国"的中国朋友们得以重逢。其间，我们与中国朋友们交流了韩国风投行业的最新动态和消息。韩中两国的青年企业家聚在一起难免会只谈业务，所以我们互相定了一个规则。那就是在讨论业务之前，"先做朋友再谈业务"(Friends First, Business Later!)。

▲ 患难见真情

韩中青年企业家的交流也曾遇到困难。2017年4月，韩国政府宣告在庆尚北道星州郡部署"萨德"，两国关系急速降温。基于和中国朋友们在此前积累的友谊和信任，我们之间的交流暂未受到影响。但更大的危机紧随其后，2019年底、2020年

初，中韩两国境内先后暴发新冠疫情，这一后来影响全球的病毒切断了"萨德"后勉强维持的韩中民间企业家沟通的纽带。

"患难见真情"，危机来临时信赖才是最坚实的后盾。我再次意识到，不论国家和种族，人与人的信任最为重要。信任并非一朝一夕而就，长期积累的信任也可能在瞬息间轰然倒塌，信任是这样一种强大又可怕的力量。与信赖的人共事，什么事情都能干成。我们组织活动的开端是为了和中国朋友建立信任，如今我们为未来和中国青年企业家交流打造了基石，帮助共事的人们也建立了深厚的信任。不论是现在还是未来，一路走来缔结的友谊都将成为我最宝贵的财富。

친구가 된 청년들,
한·중관계도 '펑요우(朋友)'가 필요하다

• 박훈희 세계은행그룹(World Bank Group) 과장

펑요우(친구)! 중국어 교육이 예전보다 보편화된 지금 어쩌면 한 번쯤은 들어봤을 바로 친구란 뜻의 중국어다. 하지만 내게 있어 이 말은 단어 본연의 사전적 의미를 넘어, 미래지향적 한·중관계 구축을 위해 나아가야 할 방향성 제시한다고 생각한다. 나는 한·중수교 30주년을 맞이하여 '펑요우'를 접하고 배우며 경험했던 나의 중국 경험담을 통해 청년들을 중심으로 한 '친구'라는 관점에서 미래 한·중관계의 지향점에 대해 이야기하려 한다.

2005년 봄, 서울에서 이제 갓 중학교를 졸업한 나는 이전까지 아무런 지식도 경험도 없이 생소하기만 한 나라였던 중국에 첫발을 내디뎠다. 초등학교 4학년 때 가족과 떨어져 미국에서 처음 유학생활을 시작한 나에게 이는 벌써 두 번째 도전이었다. 하지만 그때는 처음은 아니었으나, 결코 처음보다 수월하지 않은 도전이 될 것임을 알지 못했다.

나는 베이징의 지리적 중심과 가깝게 위치한 동성구(東城區)에 둥지를 틀

고, 근처의 평범한 현지인 고등학교에 입학했다. 중국에 오기 전, 친구들과 노는게 가장 재미있던 17살 소년인 나는 전교생이 대략 2,000여 명 정도 되는 '작은' 중국 현지 학교에서, 중국어라고는 오기 직전 한 달 과외 받은게 전부인, 유일한 외국인이 되었다. 입학식 날, 학생 한 명 한 명의 이름을 호명하던 담임 선생님께서 내 이름을 보시더니 대뜸 물으신다. "니 슬 한궈런 마? (한국사람이니?)", "슬! (네!)". 그 순간 대략 50여 명의 반 학생들이 미리 조율이라도 한 것처럼 일제히 고개를 돌려 나를 쳐다봤다. 돌이켜보면 이때가 곧 새로운 '스타'의 탄생을 알리는 순간이었을테다. 당시 본격적으로 세계를 강타하기 시작한 한류에 힘입어 같은 반 학생들은 한국인인 나에게 대단한 관심을 보였고, 쉬는 시간만 되면 20~30여 명의 학생들이 나를 둘러싼 채로 한국어, 한류스타, 한국음식 등 끊이지 않는 한국 관련 질문 세례를 퍼부었다. 이윽고 소문은 전교로 퍼졌고, 흡사 동물원을 방불케 할 만큼 다른 반 친구들까지 찾아와 교실 창문 바깥에서 나를 쳐다보며 신기해했다. 화장실 한 번 가려면 아직 못다한 질문에 대답할 것을 약속하면서 인파를 뚫고 나가야 했고, 어딜가든 모두가 나를 알아보는 듯하니 그야말로 '스타'가 된 기분이었다. 학교를 마치고 집에 돌아오면 피곤한 몸을 가누면서도 '이렇게 사는 것도 나쁘지 않은걸?'이라며 생각했던 내 자신이 떠오른다.

하지만 세상에 공짜는 없다하지 않았던가. 나 스스로의 노력 없이, 일확천금마냥 한순간에 얻어진 성과는 그 소멸 또한 한순간이었다. 사실 내가 '스타'가 됐던 것은 내 개인의 특별함이 아니라 그저 한국인이었기 때문이다. 어쩌면 누구라도 그저 한국사람이기만 했다면 나 못지 않은 대접을 받았으리라. 하루아침에 '스타'로 급부상했던 나는 시간이 갈수록 점점 신비함이 사라졌다. 매일 똑같이 등교하고, 똑같은 교복을 입고, 똑같은 음식을 먹고, 심지어 생김새도 비슷하다. 처음엔 외국인으로서 말이 서툴고 소통이 어려운 점이 오히려 신선해 보였을 것이지만, 그 모습이 어느 순간 재미가 없게 느껴졌을지 모르겠다. 영원할 것만 같은 그 관심이 오간 데 없이 사라지는 데는 불과 보름이 채 걸리지 않았다. 언어라도 잘 통했더라면, 혹은 조금 더 용기가 있었더라면 먼저 다가가서 말이라도 걸었을 텐데, 그때의 내가 급속도로 식는 관심을 되돌리기에는 역부족이었다. 어느덧 보름 전의 그 '스타 한국인'은 종적을 감추었고, 같은 자리에는 그저 특별한 것 없는 '이방인' 한 명만이 남아 있었다.

　가족도 친구 없이 말도 안 통하는 낯선 타지에서 언제 끝날지 모르는 터널을 지나 듯 견디기 힘든 시기였지만, 내가 할 수 있는 것은 꾸준히 언어를 연마하는 일뿐이었다. 이제는 유일한 한국인으로서의 신비함을 가진 '스타'가 아닌, 소통으로 마음의 교류가 가능한 '친구(펑요우)'가 돼야 했기 때문이다.

　그 노력의 결실이었을까. 중국에 간 지 1년 가까운 시간이 흐른 때, 점점 중국어 의사표현의 폭이 넓어지고, 마음의 소통이 가능한 친구가 생기기 시작했다. 그러던 어느 날, 내가 그간 언어적 장벽으로 인해 마음으로 소통할 수 있는 친구가 없어 힘들었던 시기를 이야기했더니, 너무나 아무렇지 않게 당연히 대답했다. "워먼 부슬 펑요우마(우리가 친구잖아)." 이 순간, 비록 각자 자라온 환경은 달랐지만, 우리는 서로의 마음에 공감할 수 있는 '펑요우'였고, 우리 사이의 국경은 그저 추상적인 개념에 불과했다. 이 때가 바로 내가 '펑요우'의 힘에 마음이 동했던 첫 순간이다.

　한·중관계에도 '펑요우'라는 요소가 필요하다. 나는 '펑요우'라는 접근법이 비단 개인의 일화에 국한된다고 생각하지 않는다. 외교라는 것이 각자의 국익을 위해서라면 첨예한 대립도 불사하는 각축전이라고들 하지만, 인내를 갖고 차근차근 준비한다면 분명히 한·중관계에도 '펑요우'가 개입할 자리는 있다.

　1992년 한·중수교 이후 30년이 흘렀다. 이 시간 동안 양국은 다방면에서 어느 때보다 밀접한 관계를 형성했고, 이제는 정치, 경제, 사회 등 분야를 막론하고 우리나라에 명실상부 가장 큰 영향을 미치는 국가 중 하나가 되었다. 하지만 현재 우리나라를 이끌고 있는 각계 지도자들은 대부분 수교 이전에 학창시절을 보냈던 세대로서, 당시에는 양국 간 '펑요우'라는 관계를 형성할 수 있는 정치적(반 공산주의), 경제적(낮은 소득수준), 그리고 기술적(인터넷의 부재) 기반이 부족했던 세대다. 그 세대가 청년이었던 시절, '한국전쟁에서 우리의 적으로 싸웠던(중공군) 공산당 치하의 국가'로 인식되던 중국과 '펑요우'라는 관계 형성은 그저 요원한 망상에 불과했을 것이다. 하지만 지금의 중국은 모든 면에서 달라졌고, 작금의 한·중관계는 단순히 감정에 편승하여 '친구' 또는 '적'으로 규정할 수 없는 숙명적 동반자의 위치에 와 있다. 그러나 아쉽게도 현재 이러한 상황에 대처하고 있는 지도자층은 '펑요우'가 불가능했던 세대들로서, 그들이 이끄는 한·중관계에는 뚜렷한 국익이 있을 뿐, 서로의 마음 속 국경을 허물어줄 '펑요우'라는 공감대는 찾기 어렵다.

하지만 청년세대는 다르다. 수교 이후 급격한 경제성장과 세계화의 흐름 속에서, 어릴 때부터 인터넷을 통한 광범위한 소통에 익숙해졌고, 서로의 문화를 전파하고 즐기며, 공통의 주제에 대해 토론하고 공감한다. 비록 시기에 따라 감정적 온도는 다를 수 있지만, 이들에게 '펑요우'라는 접근은 정치적, 경제적, 기술적으로 과거 어느 때와도 비교할 수 없을만큼 가깝게 느껴진다.

그러나 아무런 노력 없이 저절로 이뤄지는 일은 분명 아니다. 과거 어느 세대보다도 넓은 공감대를 가진 청년들이 중심이 되어 '펑요우'가 되는 기회들을 늘려야 한다. 내가 처음 낯선 중국 땅에 건너가 고단한 시기를 겪었던 것처럼, 현재 양국 청년세대 간 깊게 자리 잡은 감정의 골은 이 과정을 더욱 어렵게 만들 수 있다. 그러나 꾸준한 노력은 분명 결실을 맺는 법. 청년들 간 접촉의 끈을 놓지 않고 차근차근 그 노력들이 축적된다면, 앞으로 10~20년 뒤 미래에 우리 사회를 이끌 차세대 청년지도자들에게는 지금까지의 한·중관계에 없었던 '펑요우'라는 강력한 외교 윤활유가 생길 것이다.

서로의 국익만을 앞세운 한·중관계에서는 새로운 패러다임을 기대할 수 없다. 급변하는 국제정세에 대응하기 위해서는 흔들리지 않는 외교 원칙이 필요한만큼, 장기적 안목에서 지속하여 양국 청년들이 '펑요우'가 되는 기회를 만들어야 10~20년 후를 준비하는 미래지향적 한·중관계를 구축할 수 있을 것이다.

　올해로 한·중수교 30주년을 맞이했다. 그러나 한·중이 공유하는 역사는 수천년에 이른다. 비록 20세기 복잡한 국제정세 속에서 양국이 서로 다른 체제를 유지한 채로 백년 가까운 시간이 흘렀지만, 한·중 양국은 체제를 논하기 앞서 동아시아 문화권이란 큰 틀 속에 수천년을 함께했던 이웃이기도 하다. 이는 곧 눈앞에 보이는 수많은 차이점 뒤에 장기적으로 서로를 보완하며 강력한 시너지를 낼 수 있는 잠재력이 있음을 뜻한다. 한·중수교 30주년를 맞이하며 이제는 청년들이 '펑요우'가 되어 한·중관계의 새로운 패러다임이 만들어지길 기대해 본다.

我们需要以青年为中心的 "朋友"式韩中关系

朴训熙 世界银行集团科长

2005年，我从首尔某所中学毕业后向陌生的中国迈出了第一步。我作为唯一的外国人进入了一所约有2000名师生的北京当地高中。开学第一天，班主任看了我的名字问我，"你是韩国人吗？"我回答："是！"一瞬间，班里的学生都转过头来看我。当时韩流正走向世界，我作为唯一的韩国人好像立刻成了大家的焦点。此后，我的每一个行动都会引起大家的关注，所到之处都会吸引很多人，我好像逐渐成为了"明星"一般。

但是，这"明星"感来得快去得也快。看似永远的人气在短短半个月后像海市蜃楼一样消失了。事实上，我成为"明星"并不是因为自己有什么特别之处，而是因为我是韩国人。刚开始我作为外国人，语言生疏、沟通困难反而让人觉得新鲜，但随着时间的流逝，别人会不会感到闷呢？不知不觉中，"明星韩国人"销声匿迹，取而代之的是没有什么特别之处的"异乡人"。

此后，在经历了心理煎熬后，我终于明白了这一点。我不是要做依靠一时神秘感的"明星"，而是努力学习语言，成为沟通心灵的"朋友"。过了一年左右，我的汉语表达能力逐渐提高，周围开始出现能够进行心灵沟通的朋友。有一天，我向朋友讲述了我的艰难时期，他这样回答："我们是朋友啊。"虽然各自成长的环境不同，但是我们是能够做相互理解的"朋友"，在这一瞬间我们跨越了国境。这就是我被"朋友"的力量打动的第一个瞬间。

韩中关系也需要"朋友"这一要素。"朋友"的方法并不局限于个人。有人说，国际舞台是国家为最大限度地扩大本国利益而展开的角逐战，但如果以耐心、长远的眼光为韩中关系做准备，肯定会发挥"朋友"的力量。

1992年韩中建交以来已经过去了30年。建交前的中国和现在的中国在所有方面都发生了变化。韩中关系已经到了不能用个人感情来定义了。但遗憾的是，在建交之前只把中国视为"中共军"的一代(当今的领导层)来领导的韩中关系中，除国家利益外，很难找到可以消除彼此心中国境的"朋友"的共识。

但是青年一代不同，他们从小开始知道如何运用网络来沟通，跨越国境互相传播和享受文化，对共同的主题进行讨论并产生共鸣。虽然根据时期的不同，感情上的温度也会有所不同，但是对于他们来说，与过去相比他们能够更亲近地感受到"朋友"的意义。

今后，我们需要韩中之间的"朋友"关系，要以年轻人为中心，因为他们拥有比过去任何一代人都更广泛的共识。如果韩中两国青年能够用心沟通，为成为朋友而努力，未来10到20年领导我们社会的下一代青年领袖，将会拥有迄今为止尚未在韩中关系中出现的"朋友"这一强大的外交润滑剂。

새로운 30년,
동반성장의 길을 모색하다

• 남은영 동국대 글로벌무역학과 교수

중국과의 동반 기술 약진

중국과의 인연이 20년이 넘어가면서 중국의 기술 약진을
여럿 체험했다. 1998년 톈진(天津)재경학원에서 알게 된
중국 친구들의 연락처는 숙소 전화번호였다. 하지만 이듬
해 베이징어언학원 연수 때 중국 친구들과는 이메일로 교류할 수 있었다. 톈
진 친구들은 연락이 끊긴 지 오래지만, 베이징 연수 때 친구들 일부는 지금도
교류하고 있다. 1990년대 말 중국에도 밀어닥친 인터넷 붐이 만든 차이다.

한국에서 영화를 비디오대여점에서 빌린 비디오테이프로 즐기다 VCD로
옮겨간 것과 달리 중국에서는 VCD로 곧바로 직행했다. 선발주자들이 순차
적으로 밟던 기술 단계를 기술의 후발주자인 중국이 한두 단계 건너뛴 사례
는 이 뿐만이 아니다. 중국에서 처음 생활할 때만 해도 길거리에서 전화 사
용이 쉽지 않았다. 장거리 전화라도 하려고 하면 우체국에 들어가서 전화를
하곤 했는데, 밥값이 1~2위안이던 시절 전화료는 한 번에 100위안까지 나오

302 / 한중 30년: 새로운 미래를 향해

기도 했던 기억이 난다. 중국에서는 공중전화 부스가 자리도 잡기 전 휴대폰 시장이 폭발적으로 성장했다. 중국의 휴대폰 사용자는 2021년말 기준 16.43억 명으로 인구(14억 명)보다 많을 만큼 이동전화가 보편화됐다. 전화 후진국이 세계 최대 규모의 모바일 인터넷 인프라를 갖춘 나라로 발전한 것이다.

특히 이동통신 장비 시장에서 점유율 1위 업체는 중국 기업 화웨이다. 미국이 화웨이의 5G(5세대)이동통신 장비 해외 보급 억제에 나설 만큼 긴장하게 만드는 존재로 부상했다. 통신 교환기를 수입 판매하던 업체가 자체 기술력으로 미국에 위협적인 존재로 떠오른 것은 중국의 기술 굴기(崛起)를 상징적으로 보여준다.

중국 산업을 연구하면서도 중국의 기술 약진을 보여주는 지표는 한둘이 아니었다. 미래 산업 경쟁력의 가늠자라 할 수 있는 인공지능(AI) 관련 지표가 대표적이다. 중국과학기술정보연구소가 발표한 2020년 AI 혁신 지수에 따르면 중국은 미국 다음으로 2위에 올랐다. 10위권 국가 중 유일한 개도국이다. 칭화대의 2018년 보고서에서도 전세계 AI 분야 연구논문에서 중국이 차지하는 비율이 1997년만 해도 4.26%였지만, 2017년 27.68%로 약진하며 미국을 비롯해 세계 모든 나라를 앞선 것으로 나타났다.

중국의 기술 약진 뒤에는 기존 시장이 갖는 문제가 많아 새로운 기술에 대한 갈증이 큰 측면과 함께 당국의 유연한 사고가 있다. 일단 실험을 용인하고, 문제는 차후에 차츰 해결해 나가는 방식이 중국 기술 약진의 밑거름이 된 것이다.

베이징 생활 때 자전거를 즐겨 탔는데, 자전거를 분실한 뒤 중고마켓에서 잃어버린 자전거를 본 경험이 아직도 생생하다. 자전거 분실은 중국에선 흔한 일이었고, 이 같은 현실이 공유자전거라는 새로운 모빌리티 시장을 키웠다. 노란색의 공유자전거로 유명한 오포 자전거를 주로 이용했다. 중국이 다른 나라에 비해 앞선 모바일 결제 시장도 공유자전거를 비롯한 공유경제 발전의 인프라가 됐다. 스마트폰에 내려받은 알리페이나 위챗페이 같은 모바일 결제 수단으로 손쉽게 대금 결제가 가능해지면서 스마트폰으로 이용할 수 있는 공유자전거를 비롯해 다양한 '모바일 상거래'가 가능해진 것이다. 중국에는 없던 배달문화의 급속한 확산 뒤에도 모바일 결제가 있다. 서브웨이 배달과 커피 배달 서비스도 자주 이용했다.

모바일 결제가 빠른 속도로 보급된 배경에는 위조지폐가 많을 뿐 아니라 식당이나 작은 가게 직원들이 돈을 횡령하는 일이 적지 않은 현실이 있다. 직장인도 발급하기 어려웠던 만큼 신용카드가 정착되지 못한 기존 금융시장의 낙후성도 모바일 결제로 대표되는 핀테크의 성장을 도왔다. 학교 앞의 빵집에서는 아예 현금을 받지 않기도 했다. 당시 중국 언론에 현금을 받지 않는 건 위법이라는 인민은행의 해석이 나왔다는 기사를 본 기억도 난다.

중국에서도 에어비앤비가 유행해서 외국인 유학생들도 많이 사용했다. 그런데 처음에는 문제가 없었는데, 주거지를 반드시 등록해야 하는 유학생들의 규정과 서비스가 뒤늦게 충돌해 휴대폰으로는 에어비앤비 서비스를 이용할 수 없게됐다. 새로운 혁신 서비스를 시도할 때 먼저 용인하고, 차츰 작은 문제를 풀어나가는 유연한 규제당국의 접근이 인상 깊었다.

물론 새로운 혁신 서비스를 시도하는 기업들의 공격적인 마케팅도 첨단기술이 현실에 빠르게 스며들 수 있는 기틀이 됐다. 공유차량 서비스인 디디추싱을 통해 처음에는 사실상 공짜처럼 차량 서비스를 이용했다. 알리페이도 처음에는 할인이 워낙 많아서 할인 혜택 받으려고 이용을 많이 했었다.

중국의 기술 약진은 한국을 위협할 것이라는 시각이 일반적이지만, 때로는 한국에 기회를 주기도 한다. 한국 항공업계 관계자들로부터 중국의 우주 굴기에 위협을 느낀 미국이 항공·우주 분야 한국의 기업에 대한 태도가 달라졌다는 얘기를 들었다. 종전과 달리 한국과의 기술협력 등 다양한 협업에 적극적인 모습을 보이기 시작했다는 것이다.

제언

코로나19 팬데믹(pandemic·감염병 대유행)으로 글로벌 공급망이 흔들리고, 한·중 무역갈등이 기술 패권 전쟁 양상으로 확산되면서 세계는 대전환기에 처해 있다. 중국을 '세계 공장'으로 이끈 글로벌화가 종식되는 단계라는 시각도 있지만, 효율보다 가치와 안정을 추구하는 새로운 글로벌화가 진행될 것이라는 관측도 있다. 이 같은 대전환기 속에서 중국의 기술 약진이 무조건 한국에 악재라는 단순한 시각은 버려야 할 때다. 물론 중국이 가치사슬의 저부가가치 구간에서 고부가가치 부문까지 맡으려하면서 한국과의 경쟁 분야가 늘어나는 건, 한국에 위협이 되는 건 맞다. 하지만 중국을 억제해서 추격을 뿌리치기보다는 우리가 한발 앞선 기술을 확보하는 노력에 더 속도를 내서 초격차를 유지하는 노력이 더 필요해 보인다.

우리의 앞선 기술과 중국의 강점을 결합해 중국 시장을 공략하는 접근도 가능하다. 연구개발 전문 바이오업체인 레고켐바이오사이언스가 전임상 단계에 있는 항암제 후보물질을 중국 기업에 기술을 이전한 뒤 글로벌 시장 진출을 준비하는 사례가 대표적이다. 과거 30년 우리의 물건을 중국에 팔거나 중국 물건을 한국에 파는 거래가 주였다면, 세계 시장을 넘기 위해 중국 기업과 상호 협력하는 접근이 필요하다. 물론 이 과정에서 불공정한 관행을 시정하는 노력도 병행돼야 한다. 중국 당국의 '한한령(限韓令; 한류 억제)' 해제는 물론 한국산 배터리와 한국게임에 대한 차별적인 규제에 대한 폐지가 대표적이다.

중국 당국의 규제에 대한 유연한 접근은 한국도 벤치마킹할 만한 가치가 있다. 또 중국이라는 거대 시장은 미래 신기술 영역에서도 큰 기회를 제공한다. 4차산업 혁명 분야에서 한국 기술이 글로벌 시장에서 우위를 차지하는 과정에서도 중국 기업과의 협업이 필요할 수 있다. 첨단산업 분야의 중국 표준제정 과정에 한국의 우수 기술이 들어갈 수 있도록 협력하는 것도 필요하다.

30년 전 한국은 1인당 국내총생산(GDP)이 8,126달러로 중진국 함정 진입을 우려하는 단계였고, 중국은 420달러로 빈국에서 벗어나지 못한 수준이었다. 특히 중국은 1989년 '톈안먼 사태'로 위축된 개혁개방의 모멘텀을 강화하던 때였다. 덩샤오핑(鄧小平)의 '남순강화(南巡講話)'가 이뤄진 때이기도 하다. 그런 배경에서 전격적으로 이뤄진 수교 이후 한국은 과거 50년간 개도국에서 선진국으로 도약한 유일한 나라로 발전했고, 중국은 일본을 제치고 세계 2위의 경제대국으로 성장했다. 양국의 동반 성장에 여러 요인이 작용했지만, 47배 급성장한 두 나라 교역의 기여도를 무시할 수 없다. 새로운 30년을 앞두고 미·중 갈등 심화에 따른 대전환기 속 양국 경제가 제2의 윈윈할 수 있는 길을 모색하는 지혜가 필요한 때다.

우호의 출발점 문화 교류 지속성 보장

한·중관계 심화의 출발점은 물론 30년 전 이뤄진 양국 수교다. 하지만 양국 관계를 지속해서 가능하게 한 주요 동인 중 하나가 문화교류다. 나의 중국과의 첫 인연은 한·중수교 4년이 지난 1996년으로 거슬러 올라간다. 그해 대학에 가서 처음으로 중국어를 배우기 시작하였다. 고등학교 때 중경삼림 같은 홍콩 영화에 푹 빠진 게 전공 선택에 적지 않은 영향을 줬다. 대학 다닐 때 친구들과 홍콩 영화 보러 가는 게 일상이기도 했다. 1997년 홍콩의 중국반환을 TV로 지켜보면서 중국에 대한 관심이 더 커졌다. 중국과의 인연은 1998년 톈진(天津)재경학원에 6주, 1999년 베이징 어언학원에 8개월 어학연수를 하면서 더 깊어졌다.

나의 중국 인연의 출발점이 문화였다면, 이후 나와 인연을 맺게 된 적지 않은 중국 친구들의 한국 인연의 출발점 역시 문화였다. 홍콩 문화와 한국 문화, 즉 한류(韓流)라는 차이점만 빼곤 크게 다르지 않았다. 중국 연수를 갔을 때 중국 친구들이 나를 알게되면서 배우 김희선, 아이돌 그룹 NRG 등을 묻던 게 기억난다. 베이징제2외국어대 한국어과에서 한국어와 경영, 경제를 가르치는 교수로 일할 때 만났던 학생들도 그랬다. 한국 경제보다 그 당시 유행이었던 가수, 연예인들에게 더 관심이 많았다. 2010년도에 나에게 한국어를 배웠던 학생은 한국으로 유학을 왔다가 한국식 프로듀싱 방법을 배우고 중국 어린이들에게 제일 인기가 많은 중국의 인플루언서가 됐다.

수교 첫해인 1992년 한국어를 가르치던 중국 대학이 6개였지만 이제 200개가 넘는 대학에서 한국어 학과가 개설돼 있다는 연구보고가 있다. 여기엔 지난해 양국 교역액이 3,015억 달러로 지난 30년간 47배로 성장한 영향도 있지만, 한국 문화의 중국 내 인기가 올라간 것도 큰 몫을 했다. 2015년 베이징 2외국어대에서 동시통번역 석사 과정(MTI) 개설을 주도할 수 있었던 배경에도 한국 문화와 한국어에 대한 인기가 있었다.

사실 한류의 출발점은 중국이라고 해도 과언이 아니다. 1990년대 후반 한국 드라마 '사랑이 뭐길래'가 중국에서 인기를 끌면서 본격적으로 꽃 피우기 시작한 한류는 일본과 동남아 등 아시아로 확산된 뒤 지금은 미국 유럽 등 전 세계의 인기 문화로 발돋움했다.

베이징제2외국어대 한국어 제자들 가운데는 외교부, 신화사, CCTV, 알리바바 등에서 주요 직책을 맡는 등 중국의 주류 사회에 진입한 인재들이 적지 않다. 한국어, 한국 문화, 한국 사회를 이해하는 중국인들이 중국을 이끄는 엘리트 계층에 들어가는 건 의미있는 일이다. 중국을 유학하는 외국인 유학생 1위가 한국인이고, 한국을 유학하는 외국인 유학생 1위가 중국인이라고 한다. 유학생은 미래 우호의 기틀이 되는 존재다. 양국 문화의 지속적인 교류가 필요한 이유다.

제언

주한미군의 사드(THAAD; 고고도 미사일 방어체계) 배치로 불거진 한·중 갈등은 한한령으로 대표되는 사드 보복으로 이어졌다. 사드 사태가 불거지기 직전인 2015년만 해도 한·중관계는 더 좋을 수 없다는 평가가 나올 만큼 문화 교류도 활발했다. 중국 자본의 한국 엔터테인먼트 기업 투자도 줄을 이었고, 택시 기사가 한국인이라고 하면 한국 연예인의 이름을 대며 친근감을 표시하던 적이 여러 차례였다. 하지만 정치적인 이유로 한순간에 양국의 문화교류가 단절되다시피 한 것은 안타까운 일이다. 특히 양국 젊은이들의 우호는 미래 관계의 초석이고, 이는 문화의 지속적인 교류로 단단해질 수 있다.

향후도 이처럼 정치가 문화교류에 영향을 주는 일은 없도록 양국 당국자들의 노력이 필요해 보인다. 물론 시장경제의 논리로 상대 문화에 대한 인기나 매력이 줄어들 수 있지만, 정치가 문화교류에 개입할 수 없도록 제도적 장치를 마련해 향후 비슷한 상황이 반복되는 일을 막는 노력이 시급하다. 문화에는 우위가 없고, 교류의 방향성 역시 우열로 결정되는 게 아니다. 다름이 서로에게 매력으로 다가갈 뿐이다. 문화의 융합은 우호 증진을 넘어 새로운 가치 창조에 대한 밑거름이 될 수도 있다. 때문에 문화 교류의 지속가능성과 확대는 아무리 강조해도 지나치지 않다.

중국에는 거멀(哥們兒)문화가 있다. 우리식으로 하면 '우리가 남이가' 정도 되겠다. 자신의 관계망 안으로 들어오면 누구보다 신뢰하는 관계로 발전한다. 제대로 중국과 비즈니스 하려면 그들과 거멀 관계가 돼야 한다는 얘기도 있다. 결국은 신뢰의 문제다. 웬만한 문제에도 흔들리지 않는 신뢰 관계를 튼튼히 구축하는 게 미래 30년 한·중관계를 설계할 때 잊지 않아야 할 가장 기본적인 명제가 아닌가 한다.

大转换时期的韩中关系之我见

南垠映 东国大学全球贸易专业教授

    30年前的1992年，韩国正在经历摆脱"发展中国家陷阱"的重要时期，当时中国经历了国内外局势动荡以后，进一步深化改革开放政策。两国当时都处于转换期，建交成为两国经济共同增长的契机。在过去50年里，韩国成为唯一一个从发展中国家成长为发达国家的国家，中国则超越日本，成为全球第二大经济体。

    30年过去了，如今两国又迎来新的转换期。新冠疫情向一味追求效率的世界发出警告，美中矛盾和科技竞争不断扩大，给重视效率的韩中两国关系也造成影响。虽然有观察指出以中国为中心的全球化将给这场纷争画上句点，但也有观点认为，世界今后将迎来更加注重价值和安全的全球化。

    在此大转换期，为了实现今后30年两国关系持续增长，双方共同的进步和持续的文化交流很重要。"中国技术进步一定会威胁韩国经济"的简单思路不可取，中国在航空宇宙领域的崛起，成为美国业界加强对韩国航天企业支持的契机，韩国的LegoChem Biosciences向中国企业转移抗癌药物原料技术，双方携手进军全球市场，这样的例子很有意义。第4次工业革命创造的新市场上，中国展示了巨大的市场需求。韩国技术应当尽快适应中国新的技术标准，抓住市场先机。

    文化交流是两国关系持续发展的另一重要基础。1990年当时在韩国流行的的香港文化和中国大陆流行的"韩流"，成为两国文化交流的促进剂，当时产生了对彼此文化相互了解的众多年轻人。年轻一代之间的友好情感是两国关系未来发展的基础，文化再此过程中发挥着重要作用。2016年萨德事件的爆发显示两国的文化交流存在中断的可能，希望两国政府能汇聚智慧，构建制度性的机制，令文化交流不受政治层面的影响。"哥们儿"文化是中国社会代表性的文化之一，如何增强与中国的互信、实现今后30年携手共进，成为我们共同面临的又一使命。

이사갈 수 없는 이웃에서
없어서는 안 될 이웃으로

• 노재헌 동아시아문화센터 원장, 한중수교30주년기념사업준비위원회 상임위원장

한·중수교는 탈냉전의 시대정신으로 양국 지도자들의 용
단에 의해 이루어졌다. 이는 동북아뿐만 아니라 세계사의
획기적인 사건이다. 그 후 한·중관계는 비약적 발전을 이
루었고, 개혁·개방을 통한 중국의 강국으로의 부상과 한
국의 선진국 진입에 절대적인 기여를 하였다. 뿐만 아니라,
동북아 평화를 통한 세계 평화와 번영에도 큰 역할을 하였다.

노태우 전 대통령께서는 '한·중수교가 역사적인 사명이다'는 말씀을 많이
하셨다. 그만큼 중국과의 수교가 중요하다는 것을 강조한 것인데, 당시 '북방
외교'의 최종 목적지는 북한이었지만, 목적지로 가기 위한 가장 중요한 중간
기착지를 중국으로 생각하셨던 것 같다. 양국이 수교를 통해 얻을 수 있는
이익과 혜택도 크고 한국이 자주적인 외교를 하는 데 있어 중국과 관계가 중
요하다고 여기셨다.

또한, 역사의 단절이 더 이상 지속돼선 안 된다는 생각을 많이 하셨다. 미
국도 중국과 수교를 했고 일본도 중국과 수교를 이미 한 상태라, 우리도 북

한과 통일을 위해서라도 중국과 관계는 꼭 정상화해야 한다고 하셨다. 그분은 역사의 단절을 극복하고 중국과 관계 회복을 통해 외교, 안보, 경제 등 모든 면에서 대한민국의 발전을 실현할 수 있을 것이라는 확신을 가지셨다. 덩샤오핑을 비롯한 중국의 지도자들과 직간접적으로 소통하며 "양국이 단절된 역사를 지금 세대에서 다시 잇지 못한다면 역사에 죄를 짓는 일이다"는 말씀도 하셨던 기억이 있다.

그리고 "한·중수교를 통해 중국과의 문을 열었지만 결국 한·중관계를 심화(深化)시키고 더욱 발전시키는 것은 다음 세대의 몫이다"라고 말씀하셨다. 그러면서 서로에 대한 배려와 이해, 포용성 있는 자세를 여러 차례 강조하셨다.

나는 중국에 방문했을 때 중국 사회 전체가 역동적이고 진취적이라고 느꼈다. 개인의 개성을 숨기지 않으며 자신이 추구하는 것을 적극적으로 이루어 나가는 모습은 인상적이었다. 물론 이러한 모습은 시대적 상황과 정치 환경에 따라 어느 정도 영향을 받기는 하지만 중국인들의 적극적인 성향은 한국인의 겸손을 중시하는 성향과 대조적이기도 하였다. 이처럼 상이한 성향들이 보완적인 역할을 하며 서로의 유대를 돈독히 하고 협력의 밑거름이 될 수 있을 것이라 생각한다.

중국에도 여러 지역이 있고, 각 성시마다 그 특징이 있다. 그 중에서 내게 가장 인상적인 곳은 쓰촨성이었다. 나는 개인적으로는 쓰촨(四川)성의 청두(成都)를 자주 방문하고 있다. 2015년부터는 청두시의 외국인 고문단의 일원으로 활동하고 있다. 이 지역은 지난 2000년 나의 아버지께서 방문하신 곳이기도 하였다. 나는 청두 사람들의 친절함과 여유로운 성향이 정말 큰 장점이라 생각한다. 또한, 청두를 방문하면 할수록 과거 수천년을 이어온 풍요로운 문화가 개인들의 삶에 녹아 있다는 것을 느낄 수 있다. 현재 청두는 중국의 '서부대개발'과 '일대일로(一帶一路)' 사업 추진에 중요한 거점 역할을 하고 있는데, 이후에 더 큰 발전을 이룰 것이 확실하다.

모든 관계가 그렇듯이 한·중관계도 변화하고 있다. 현재 양국의 국력은 과거와는 비교할 수 없을 정도로 신장되었다. 그리고 우리를 둘러싼 세계 질서가 새롭게 재편되고 있다. 이러한 상황에서 양국 관계는 양자 간 관계를 넘어 더 영향력을 발휘하게 되었고, 국제 관계에 있어 양국의 리더십 또한 강하게 요구되고 있다. 이에 양국관계는 더욱 성숙한 관계로 가야 한다. 이를 위해, 과거의 양적인 성장에 걸맞은 질적 성장을 이루어야 한다.

양국 관계를 둘러싼 내적인 변화와 외적인 변화가 다 일어나고 있어서 한국 입장에선 여러 가지 위기의식을 느끼고 있는 것도 사실이다. 그러나 한국에게 있어 중국은 이사 가고 싶어도 이사 갈 수 없는 이웃이다. 나아가 한·중양국은 서로에게 없어서는 안 될 더 좋은 이웃이 되기 위해 무엇을 해야 할까 고민해야 할 것이다. 이를 위해 우리가 잊어서는 안 될 초심(初心)이 있다. 바로, 수교 당시 우리가 원칙으로 삼았던 상호존중, 상호신뢰이다. 현재의 상황이 녹록지 않더라도 이런 원칙에 작은 변화가 있더라도 그 근본은 변할 수 없는 중요한 가치가 있는 것이다. 우리는 이런 수교 당시의 초심을 잊지 않고 화이부동(和而不同)의 정신으로 서로 다른 것을 인정하되 다른 것을 너무 강조하지 말고, 어떻게 하면 조화를 이뤄나갈지 생각해야 한다.

가까운 이웃끼리는 좋은 일 뿐 아니라 갈등과 도전도 피할 수 없다. 서로의 갈등을 최소화시키고 우호적인 민심을 지속적으로 생성하기 위해 많은 노력이 필요하다. 특히, 미래지향적인 관점에서 양국이 공유하고 협력할 수 있는 공동의 가치를 발굴하고 발전시켜 나가는 것이 중요하다. 이를 위해 다음 세 가지를 강조하고 싶다.

첫째, 문화 협력이다. 미래 지향적 문화 협력은 단순한 문화교류를 넘어서 우리가 공유하는 문화 동질성을 바탕으로 각자의 장점을 살려 아시아의 가치를 지닌 문화로 발전하도록 한·중이 공동으로 창조하는 것이다. 내 것, 네

것이 아닌 '우리의 문화'를 공동으로 창조하면서 서로 간의 협력을 진행하는 것을 의미한다. 이를 위해 한류가 씨앗이 될 수 있을 것이다. 중국 또한 보다 더 적극적인 문화 개방을 통해 개방적이고 다양한 융합 문화의 발전에 참여해야 할 것이다.

한·중 간의 문화 귀속 논쟁을 비롯한 문화 갈등도 많은 분들이 걱정을 한다. 나는 이 문제 또한 긍정적인 측면에서 바라볼 수 있다고 본다. 양국 국민들, 특히 젊은 층들이 양국의 높아진 위상에 따른 민족적 자부심을 애국이라고 보는 측면이 있기 때문이다. 한마디로 이런 논쟁은 서로 자신이 잘났다고 하는 것과 같다. 나는 이런 자부심과 애국심이 폐쇄적 국수주의를 뛰어넘어 인류 보편의 가치관으로 같이 승화시켜 나갔으면 좋겠다. "너도 나도 잘났으니 이제 우리 함께 잘 나가자" 이런 방향으로 나아갔으면 한다.

문화는 소유하는 것이 아니고 공유하고 융합하며 흘러가는 것이다. 우리의 목표를 아시아의 가치인 우애(이는 상호존중, 다양성, 융합을 포함)에 기반하여 아시아 문화의 공동가치 창조를 위한 협력으로 이끌어 나갔으면 좋겠다. 문화귀속 논쟁은 불필요하고 소모적인 것이라 생각한다. 배타적이고 폐쇄적인 문화 소유권 주장보다 개방적이고 포용적인 문화 협력으로 지향해 나가야 한다고 생각한다. 이를 위해서는 이제 과거의 문화 동질성을 강조하는 것보다는 미래 공동의 문화가치를 공유하고 협력하는 공감대가 형성되어야 한다. '원(One) 아시아' 문화 창조를 함께하자는 의미이다.

이런 아시아 문화의 공동가치를 창조하는 과정에서 지속가능한 협력을 이끌기 위해서 지식재산권을 중심으로 한 협력이 강화되어야 할 것이다. 우선 저작권 등 문화컨텐츠의 지재권 보호는 양국 문화 협력의 출발점이 될 것이다. 이를 기반으로 적극적인 협력 - 저작권 공동 발굴, 공동 제작과 유통 등으로 협력을 확대할 수 있을 것이다. 한·중이 협력하여 넷플릭스와 같은 글로벌 OTT를 만드는 것도 가능하다 생각한다.

적어도 지난 한 세기 동안은 할리우드 영화, 팝송 등 서구 문화가 세계를 지배하였지만, 지금 세계는 'BTS(방탄소년단)', 영화 '기생충', 드라마 '오징어 게임' 등 'K컬쳐'에 주목하고 있다. 더 나아가, 한류를 구심점으로 한·중·일이 '원 아시아'의 개념으로 문화 콘텐츠를 만들어 낸다면 문화의 중심이 아시아로 옮겨지며 세계 주류 문화 중 하나로 자리 잡을 수 있다.

둘째, 젊은 층의 소통, 교류와 협력의 증진이다. 한·중관계는 미래지향적인 관점을 견지하여야 한다. 이를 위해서는 양국 젊은 층들의 교류와 협력을 더 적극적으로 이끌어내야 한다. 그리고 '코로나-19' 영향으로 당분간 인적 교류가 어려운 상황임을 고려하면, 디지털 플랫폼상의 소통과 교류를 조기에 정상화해야 한다. 메타버스 상에서 기존 한·중관계의 문제점을 극복하고 상호존중하며 소통하고 서로 이해하고 협력하는 젊은 세대의 모습을 그려 본다.

젊은이들은 미래의 희망일 뿐 아니라 현재 문화 교류의 주역이다. 이들에게 한국과 중국 정부가 교류 기회를 더 많이 제공해 주는 것은 매우 중요하다. 여행과 공동 캠프 등을 통해 서로를 충분히 이해할 기회를 확대해 나가야 한다. 상호교류는 현실생활과 인터넷, 메타버스 및 가상현실을 통한 모든 방법을 사용할 수 있을 것이다. 서로 간 소통이 바로 '민심상통'이자 '민간우호 증대'가 되는 것이다.

바로 지금이 미래 주역이 될 MZ세대에게 투자할 시간이라고 본다. 한국, 중국 양국 정부의 결단이 중요하다. 학교 교육시스템과 다양한 프로그램의 활용 및 각종 페스티벌을 이들이 준비하고 진행하면서 서로 교류하게 하는 것도 좋은 방법일 것이다. 이러한 노력은 한·중 양국의 협력으로 이루어질 수 있고, 역내 국가 간 공동 창업으로도 발전할 수도 있는 것이다. 기회와 자금은 기성세대가 제공하지만, 그들의 지혜와 열정이 없으면 한·중 양국 협력과 미래 발전은 힘들 수 있다. 이외에도 한국과 중국이 기후변화, ESG 등 인류 보편적 이슈 해결을 위한 협력과 공동의 가치관 회복을 위한 젊은이들에 대한 투자는 미래의 공동번영을 위한 초석이라 생각한다.

최근 양국 젊은이들의 반감이 두드러진다. 우려할 일이지만 젊은이들의 반감에는 민족적 자부심, 애국주의가 기저에 있다. 이를 국경을 넘어 아시아의 자부심으로 승화할 수 있게 긍정적인 에너지로 전환될 수 있도록 해야 한다. 이를 위해 한·중의 협력을 넘어 한·중·일의 협력으로 확대할 필요가 있다. 백여 년 전 안중근 의사가 주창한 「동양평화론」의 정신을 다시 반추해 볼 필요가 있다고 생각한다.

젊은 세대는 온라인 디지털 플랫폼상에서 소통하고 교류하는 것을 좋아한다. 현재 온라인 플랫폼은 한·중 간에 단절되어 있고 확증편향이 부정적으로 증폭되는 문제점이 있다. 이러한 문제점들을 해결하기 위해 양국이 새로운 플랫폼을 메타버스 등 신기술을 통해 구현하는 것도 고려할 수 있다.

양국의 청년들은 한·중의 미래일 뿐 아니라 아시아와 세계를 이끌어갈 주역이 될 것이다. 이들이 온라인 오프라인 가리지 않고 소통하고 교류하고 협력할 수 있는 기반을 최대한 제공해 주어야 한다. 한마디로 함께 놀고 돈 벌고 의미 있는 일을 같이 하는 것이 한·중의 양국이 양자관계를 넘어서 글로벌 리더로 함께 가는 길이다. 이러한 청년층의 협력을 위한 혁신 산업의 공동 협력과 투자를 위한 생태계 조성 및 정책 지원을 더욱 강화해 나갔으면 한다. 미래에 양국 협력을 통해 긍정적이고 실질적인 이익이 공유된다는 믿음과 사례들을 계속 만들어 가야 한다. 예를 들어 청년층 협력에서 혁신산업협력, 공동투자 등이 성공사례를 만들어 낸다면 이는 지속적인 실행으로 이어질 것이다.

셋째, 인류 보편가치에 대한 공동 협력이다. 한·중 양국은 양자관계를 넘어서 세계사의 중요한 주역으로서 협력해야 할 위치에 와 있다. 이러한 새로운 관계와 역할의 설정은 양자관계에도 긍정적인 영향을 미칠 수 있다. 또한 다자주의의 진정한 실현을 위해 한·중·일 등이 중심이 되는 지역 기반의 협력, 특히 경제 문화 협력을 함께 주도하는 것도 필요하다고 본다. 환경, 보건, ESG(환경·사회·지배구조) 등 인류 보편적 이슈에 대한 협력 리더십을 함께 구축할 필요가 있다고 본다.

나는 양국관계가 더욱 좋아져야만 한다고 생각하는 사람 중 한 명이다. 양국의 정치체제가 다르고 다양한 분야에서도 다른 점이 있지만, 이것은 수교 전에도 마찬가지였다. 서로 다르다는 것을 모르고 수교한 것이 아니다. 결국 양자관계의 미래 발전은 화이부동을 전제로 공동의 가치, 공동의 이익을 얼마나 더 찾아내고 발굴하고 힘을 모아 추진하는가에 있으며, 거기에 얼마나 진정성이 있는가에 달려 있다고 생각한다.

우리에게 중요한 것은 '화위귀(和爲貴)', 다시 말해 화합을 중시하는 자세이다. 서로의 공통점을 자산으로 삼아 한·중 양국의 가치를 넘어 아시아의 가치를 창출하고자 하는 지혜가 필요한 시점이다. 서로의 유사성을 플랫폼으로 삼고, 서로 다름을 콘텐츠로 삼는 새로운 형태의 협력 모델이 필요하다. 한국과 중국은 공동의 가치를 인정하고, 서로에 대한 개별성을 존중하면서 '화이부동(和而不同)'의 노력을 경주하며 새로운 형태의 교류 모델을 형성하는데 협력해야 한다.

한·중 양국은 2008년 전략적 협력동반자관계로 양자관계를 격상하기는 했지만, 기존의 한·중 교류는 양자관계에 집중되어 있다. 한·중 교류는 다자의 틀을 형성함에 있어 핵심이 되는 일이긴 하지만, 양국 관계의 부침에 따라 역시 쉽게 영향을 받을 수밖에 없었다. 현재 한·중 양국의 국가 위상도 기존과 달라진 시점에서, 양국은 이제 '한중플러스'라는 개념을 통해 양자관계를 기반으로 한 다자관계의 교류 플랫폼을 미래지향적 협력 모델로 생각해볼 수 있다. 일본을 포함한 동북아모델, 동남아를 포함한 동아시아 모델 등 지역의 범위를 메타적 관점에서 확대하며 한·중 교류 플랫폼을 확대할 수 있을 것이다.

 '한중플러스' 다자간 협력 모델의 전제는 '공동체 의식'이다. 세계적으로 '코로나19' 이후 배타적 민족주의가 만연하고, '우크라이나 전쟁'으로 인한 안보 및 경제환경 악화는 자국의 이익을 우선시하는 정책에 따라 적지 않은 분쟁이 발생하고 있다. 이런 국제환경 속에서 우리가 중시해야 할 것은 한·중관계를 포함한 동아시아 지역공동체 구상이다. 상호의 가치관, 이익을 존중하고 공유할 수 있는 공동체 의식이 필요한 시점이다.

 이런 공동체 의식을 강화하기 위해 필요한 것이 바로 '민간우호' 또는 '민심상통'이다. '민간우호, 민심상통'의 핵심은 바로 새로운 인문학적 가치를 기반으로 한 협력과 교류이다.

 새로운 인문학적 가치를 기반으로 한 문화 협력과 공동 가치를 창출하는 것은 역사의 계승이자 새로운 도전이라고 할 수 있다. 역사와 문화의 동질성은 우리들의 소중한 자산이며 역내 국가를 연결할 수 있는 힘이라고 생각한다. 특히, 한·중관계에서 과거 30년 교류와 협력은 사상과 체제를 극복한 협력의 모범이 되었다. 서로 동질성을 회복하며 과거의 역사에서 서로 잘못한 문제에 대한 이해와 용서는 더 나은 미래를 위한 양자관계 발전에 도움이 될 뿐만 아니라, 역내 국가 간 협력의 모범이 될 수 있다. 이러한 의미에서 역내 협력은 과거로의 회귀 차원이 아닌 미래 가치를 향한 공동 창조로 발전해야 할 것이다.

韩中应从"搬不走的邻居"成为"彼此不可或缺的邻居"

卢载宪 东亚文化中心院长、韩中建交30周年纪念活动筹备委员会常任委员长

韩中两国以打破冷战格局的时代精神、在两国领导人高瞻远瞩的果断决策下成功实现建交。这不仅是东北亚，也是世界史上划时代的事件。

前总统卢泰愚经常说："韩中建交是历史使命。"我还记得他与包括邓小平先生在内的中国领导人进行的直接或间接的沟通时说到："如果不能让两国断绝的历史在现在这一代恢复、延续，那我们就是历史的罪人。"他还说："虽然通过韩中建交打开了与中国交流的大门，但最终深化和发展韩中关系是下一代的责任。"并多次强调了对彼此的关怀、理解和包容。

就像所有的关系一样，韩中关系也在发生变化。现在两国的国力得到了前所未有的增长。两国关系应该走向更加成熟的阶段。为此，就必须实现与过去量的发展相匹配的质的发展。对韩国来说，中国是想搬走也搬不走的邻居。更进一步地，韩中两国要成为彼此不可或缺的更好的邻居，就该考虑应该做些什么。

为了将对彼此的反感转化为友好，我们需要做出很多努力。特别是从面向未来的角度出发，发掘和发展两国共享与合作的共同价值非常重要。为此，我想强调以下三点。

第一，文化合作。面向未来的文化合作不仅仅是单纯的文化交流，而是以我们共享的文化同质性为基础，发挥各自的优势，共同创造出具有亚洲价值的文化。现在，与其强调过去的文化同质性，更应该形成共享未来共同文化价值并进行合作的共识。这意味着共同创造"One Asia"文化。

第二，增进年轻人的沟通、交流和合作。韩中关系要坚持面向未来。为此，应更积极地引导两国年轻人的交流与合作。而且，考虑到受新冠疫情的影响短期内很难进行人际交流，应及早恢复通过数字平台的沟通和交流。

第三，针对人类普遍价值的共同合作。韩中两国超越双边关系，作为世界史上的重要主角迫切需要合作。我认为，共同主导经济文化合作也是必要的。我们需要共同构建关于环境、保健、ESG(环境、社会、公司治理)等人类普遍问题的合作领导力。

我也同很多人一样，认为两国关系应该好转。双边关系的未来发展，在于以"和而不同"为前提，进一步发掘共同价值、共同利益，齐心协力共同推进。现在，我们需要智慧地以彼此的共同点为资产，超越韩中两国的价值，创造亚洲的文化价值。

한중수교30주년기념사업준비위원회
축하의 말씀

• **문희상** 명예위원장/전 국회의장

한·중수교 30주년을 기념하는 책 출판을 진심으로 축하합니다. 대한민국은 산업화와 민주화를 성공적으로 실현하며 무역강국으로 자리매김하고 있습니다. 한·미동맹과 한중 전략적 협력 동반자관계를 두 축으로 한국의 지속가능한 경제발전을 위한 토대를 마련해야 하는 시점에서 한·중수교 30주년을 반추할 좋은 책자를 출판하게 되어 기쁘게 생각합니다. 한·중관계는 양자에서 머물지 않고 동아시아의 평화와 공동번영을 추동할 중요한 디딤돌입니다. 만절필동(萬折必東), 황하가 굽이쳐 동쪽으로 흐르듯, 한·중관계에 난관이 있어도 결국 역사의 흐름을 만들며 공동 발전의 길을 이끌 것이라 믿습니다.

• **김영호** 위원/국회의원

올해 한·중수교 30주년을 맞았습니다. 두 나라는 1992년 수교를 맺은 이래 지금까지 경제·사회·문화를 비롯한 모든 분야에서 비약적인 발전을 거듭하고 또 함께 교류해왔습니다. 한·중수교 30주년을 계기로 양국의 상호 이해와 신뢰관계를 굳건히 다지고 앞으로 더욱 긴밀한 협력을 도모해 나가길 기대합니다. 한·중수교 30년의 성과와 과제를 담은 기념 책 출판에 애써주신 한·중수교30주년기념사업준위원회관계자 여러분께도 깊은 감사의 말씀을 전합니다.

• **이장우** 위원/세계문화산업포럼 의장, 경북대 명예교수

한·중수교의 역사적 감격이 벌써 30년이 되었습니다. 그 사이 양국 간에는

상호이익이 되는 많은 교류들이 일어났고 갈등 또한 있었습니다. 그러나 이는 이웃한 나라들이 겪는 일로서 상호발전을 위한 역사적 과제입니다. 지난 30년 동안 한중 양국이 상생의 협력관계를 구축해 온 것은 크게 기념할 일이 아닐 수 없습니다. 한중수교30주년기념사업준비위원회의 노고에 존경과 감사의 말씀을 드립니다. 이러한 노력을 기반으로 한중의 미래 30년이 우의와 협력의 역사가 될 것으로 믿습니다.

• **한석준** 위원/비단숲 대표이사

한·중수교 30주년을 진심으로 축하합니다. 우리나라는 세계의 모든 나라와 친목을 다질 수 있는 진정한 세계 평화의 중심이 될 수 있는 나라입니다. 30년 전에 냉전 상태였음에도 그 벽을 넘어선 한국과 중국의 수교는 동아시아의 평화와 번영을 가져왔으며 30년 전의 결정이 오늘날과 미래에까지 영향을 미치는 절대적으로 중요한 결정이 되었습니다. 본 책자는 지난 30년을 돌아봄과 동시에 현재와 미래의 이야기를 담아내며, 동시에 이 시대를 살아갈 모든 이들이 만들었고 만들어갈 역사를 말하고 있습니다. 저자분들에게 축하와 감사를 드리며 한중수교30주년기념사업준비위원회의 노고에 감사를 표합니다.

• **문석균** 위원/한국청년회의소 회장

삼십이립(三十而立), 한·중수교 30주년을 맞이하며 가장 많이 언급된 말입니다. 본 저서에는 한·중수교의 배경, 과정과 함께 한중 교류, 미래 등의 다양한 내용이 담겨져 있습니다. 한·중관계에 있어 내로라하는 정치가, 외교가, 경제인, 문화인, 청년 등 30인이 다양한 시각으로 본인의 경험을 본 책에 녹여내고 있습니다. 한·중관계의 30년 역사를 다양한 목소리로 접할 수 있도록 노력해준 한중수교30주년기념사업준비위원회에 감사를 표합니다. 삼십이립, 양국관계가 그 기본이 확고하여 주변 환경에 흔들리지 않고 동아시아 역내 평화 분위기 조성을 위해 우뚝 서길 기대합니다.

韩中建交30周年纪念活动筹备委员会
祝贺词

- **文喜相**
  韩中建交30周年纪念活动筹备委员会名誉委员长、前国会议长

衷心祝贺韩中建交30周年纪念书籍的出版。大韩民国成功实现了产业化和民主化，成为贸易强国。当前我们应以韩美同盟和韩中战略合作伙伴关系为双轴，为韩国的可持续经济发展谋篇布局。我很高兴在这个关键时刻出版了重温韩中建交30周年的好书。韩中关系不只限于双边，更是推动东亚和平与共同繁荣的重要基石。正所谓"万折必东"，就像黄河蜿蜒向东那样，我相信韩中关系即使遇到难关，最终也会创造历史潮流，引领两国走向共同发展之路。

- **金映豪**
  韩中建交30周年纪念活动筹备委员会委员、国会议员

今年是韩中建交30周年。两国自1992年建交以来，在经济、社会、文化等所有领域都取得了飞跃性的发展，并一直保持着交流。衷心希望以韩中建交30周年为契机，两国能够加深相互理解、巩固相互信任的关系，谋求更加紧密的合作。此次出版的纪念书籍，回顾了韩中建交30年的成果并提出了若干课题。韩中建交30周年纪念活动筹备委员会的相关人士对书籍的出版付出了极大的努力和心血，我在此深表感谢。

- **李章雨**
  韩中建交30周年纪念活动筹备委员会委员、世界文化产业论坛会长、庆北大学名誉教授

令人激动的历史性事件——韩中建交已走过了30个年头。在此期间，两国之间进行了很多互利交流，也出现了一些矛盾。但是作为邻国，经历这些在所难

免，这是实现相互发展所需要解决的历史性课题。过去30年，韩中两国一直在构建共生合作关系，不得不说这是非常值得纪念的事情。对韩中建交30周年纪念活动筹备委员会的辛苦付出，我深表尊敬和感谢。我相信有这样的努力为基础，中韩的下一个30年将会是一个充满友谊和合作的时代。

• 韩锡俊
韩中建交30周年纪念活动筹备委员会委员、丝绸之林CEO

衷心祝贺韩中建交30周年。韩国是能够与世界上所有国家和睦相处、成为真正的世界和平中心的国家。30年前，虽然处于冷战状态，但是韩国和中国跨越了这堵墙成功实现建交，带来了东亚的和平与繁荣。30年前的决定成为影响今天和未来的绝对重要的决定。本书在回顾过去30年的同时，还讲述了现在和未来的故事，同时也讲述了生活在这个时代的所有人已经创造了的和正在创造着的历史。我谨向该书的所有作者们表示衷心的祝贺和感谢，同时也感谢韩中建交30周年纪念活动筹备委员会的辛勤付出。

• 文哲均
韩中建交30周年纪念活动筹备委员会委员、社团法人韩国青年会议所会长

迎接韩中建交30周年被提及最多的一句话便是"三十而立"。本书包含了韩中建交的背景、过程以及韩中交流、韩中未来等多方面丰富精彩的内容。在韩中关系方面赫赫有名的政治家、外交家、经济人、文化人、青年等30人以多种视角将自身的经历和宝贵经验呈现给读者。感谢韩中建交30周年纪念活动筹备委员会为此付出的努力，令我们得以聆听到有关韩中关系30年历史的多种声音。三十而立。衷心希望两国关系根基稳固，不因周边环境而动摇，期待两国继续为营造东亚区域内和平做出贡献。

한중수교30주년기념사업준비위원회 발자취

한중수교30주년기념사업준비위원회 주요 활동

2021년 1월 11일   한·중수교30주년 준비위원회 온라인 발대식 개최

2021년 3월 31일   한중수교30주년기념사업준비위원회 현판식

2021년 5월 10~19일   '한중 문화교류의 해' 사진 및 동영상 공모전

2021년 5월 28일   한중수교30주년기념사업준비위원회- 한중 경제 산업 협력 세미나(KIEP와 공동 개최)

2021년 11월 16일   제8회 한·중 정책학술회의 개최(아주대학교 미중관계 연구소와 공동 개최)

2022년 1월 20일   한·중수교 30주년 및 베이징 동계올림픽 축하 학술대 회(한중일 사무소에서 개최)

2022년 7월 19일   한·중수교 30주년 기념-한중 우호 포럼(이데일리와 공 동 개최)

2022년 10월 18일   한·중수교 30주면 기념 도서 '한중 30년: 새로운 미래를 향해' 출판과 출판기념회 개최와 '한중수교30주년기념 사업준비위원회' 해단식 진행

'한중수교30주년기념사업준비위원회'

문회상 명예위원장 (전 국회의장)

노재헌 상임위원장 (동아시아문화센터 원장)

송영길 공동위원장 (국회의원)

권영세 공동위원장 (국회의원)

취　환 상임부위원장 (한중문화우호협회 회장)

박　정 부위원장 (국회의원)

김성환 고문 (동아시아재단 이사장)

김학준 고문 (인천대 이사장)

박근태 고문 (CJ 대한통운 사장)

김보형 위원 (King&Wood, Malleosn 변호사)

김영호 위원 (국회의원)

김흥규 위원 (아주대 미중정책연구소 소장)

노웅래 위원 (국회의원)

문석균 위원 (한국청년회의소 회장)

박찬대 위원 (국회의원)

유인택 위원 (전 예술의전당 사장)

이　근 위원 (전 한국국제교류재단 이사장)

이장우 위원 (한국문화산업포럼 공동대표)

이하경 위원 (중앙일보 주필)

장제국 위원 (동서대학교 총장)

전인건 위원 (간송미술관 관장님)

정창화 위원 (포스코 부사장)

지상욱 위원 (여의도연구원 원장)

최원식 위원 (오늘의중국 한중최고위아카데미 학장)

최재천 위원 (일대일로연구원 이사장)

김진호 사무총장 (준비위원회 실무진)

이창주 사무국장 (준비위원회 실무진)

임희주, 담정유 간사 (준비위원회 실무진)

韩中建交30周年纪念活动筹备委员会大事记

韩中建交30周年纪念活动筹备委员会主要活动

2021年1月11日	韩中建交30周年纪念活动筹备委员会发起仪式线上举行
2021年3月31日	韩中建交30周年纪念活动筹备委员会揭牌仪式
2021年5月10~19日	"韩中文化交流年"照片及视频征集展
2021年5月28日	韩中建交30周年纪念活动筹备委员会-韩中经济产业合作研讨会(与KIEP共同举办)
2021年11月16日	召开第8届韩中政策学术会议(与亚洲大学美中关系研究所共同举行)
2022年1月20日	庆祝韩中建交30周年暨北京冬季奥运会专题学术会议
2022年7月19日	纪念韩中建交30周年-韩中友好论坛(与Edaily新闻集团共同举办)
2022年10月18日	出版韩中建交30周年纪念图书《韩中关系三十而立,未来可期》并举行出版纪念会及韩中建交30周年纪念活动筹备委员会解散仪式

韩中建交30周年纪念活动筹备委员会组织

文喜相 名誉委员长 (前国会议长)

卢载宪 常任委员长 (东亚文化中心院长)

宋永吉 共同委员长 (国会议员)

权宁世 共同委员长 (国会议员)

曲　欢 常任副委员长 (韩中文化友好协会会长)

朴　钉 副委员长 (国会议员)

金星焕 顾问 (东亚财团理事长)

金学俊 顾问 (仁川大学理事长)

朴根太 顾问 (CJ大韩通运社长)

金保亨 委员 (King&Wood, Malleosn律师)

金映豪 委员 (国会议员)

金兴奎 委员 (亚洲大学美中政策研究所所长)

卢雄来 委员 (国会议员)

文晳均 委员 (韩国青年会议所会长)

朴赞大 委员 (国会议员)

柳寅泽 委员 (前艺术殿堂社长)

李　根 委员 (前韩国国际交流财团理事长)

李章雨 委员 (韩国文化产业论坛共同代表)

李夏庆 委员 (中央日报主笔)

张济国 委员 (东西大学校长)

全寅建 委员 (涧松美术馆馆长)

郑昌和 委员 (浦项制铁公司副社长)

池尙昱 委员 (汝矣岛研究院院长)

崔原植 委员 (新时代中国大讲堂校长)

崔载千 委员 (一带一路研究院院长)

金珍镐 事务总长 (委员会工作组人员)

李昌株 事务局长 (委员会工作组人员)

林希柱, 谭贞瑜 干事 (委员会工作组人员)

책을 발간하며

• 양규현 아주일보 사장

중국어판 신문인 아주일보를 아주경제그룹 안에서 유지하면서 한·중관계의 중요성에 대한 많은 것을 배우고 있다. 아주 좋을 수는 없지만 적어도 아주 나빠서는 안되는 관계가 이러한 관계가 아닌가 한다. 가까이서 매일 중국 관련 뉴스를 처리하다 보면 여러 생각이 든다. 아이들 세대에는 어떤 관계로 갈까? 이러한 고민에 답해주는 역사적 기록과 현재의 내용을 정리한 이 책은 한·중관계에 좋은 나침판이 될 것이다. 책을 만들도록 기회를 주신 노재헌 원장과 곽영길 회장님께 감사한 마음을 표한다. 많은 사람이 이 책을 읽고 한·중관계를 정확하게 이해했으면 좋겠다.

• 김진호 단국대학교 교수

근 2년간 노재헌 동아시아문화센터 원장을 도와 한·중수교 30주년 기념 활동을 했다. 이창주, 담정유, 유수현 참 좋은 사람과 일할 수 있어서 행복했다. 그간 여러 훌륭한 분들을 만났고 많은 일도 했다. 역사의 파노라마 같은 많은 기억이 이 책에 실린 것 같아 저자들에게 감사한 마음뿐이다. 책 속의 얘기가 한·중관계의 과거, 현재 그리고 미래라 믿는다.

• 이창주 아주대학교 강사

실무진의 일원으로서 노력해왔다. 이 책을 끝으로 준비위원회의 마지막을 장식할 수 있어 기쁘다. 좋은 분들을 모실 수 있었고, 많이 배웠다.

• **유수현** 사단법인 뷰티풀 마인드 사무국장

사람을 사귀는 것이 중요하듯이 국가 간 교류도 매우 중요하다. 서로간 우애와 친분의 관계를 소중히 해야한다는 역사적 교훈 정리 작업을 같이 할 수 있어서 행복했다.

• **담정유** 동아시아문화센터 간사

뜻깊은 출판 프로젝트에 참여하고 좋은 분들과 함께 일하면서 많이 배우게 되어 기쁘고 뿌듯하다. 특히, 번역과 중국어 감수를 담당하며 한·중관계의 소중함을 알 수 있었다. 앞으로 한중 우호 교류를 위해 더욱 분발하겠다.

• **천예빈** 동아시아문화센터 (전)간사

뜻있는 곳에서 일한 것은 저에게 오래 남을 뜻있는 추억으로 남네요. 감사합니다!

• **임희주** 한중수교30주년기념사업준비위원회 (전)간사

대학 전공과 제 희망에 맞는 좋은 경험을 통해 한·중관계의 소중함을 알게 되었다. 노재헌 원장님께 감사드립니다!

出版后记

• **梁圭铉** 亚洲日报社长

将亚洲新闻集团的中文版报纸《亚洲日报》维持、发展的过程中，我学到了很多关于韩中关系重要性的东西。我觉得韩中关系虽说没能那么特别好，但至少不可以变坏。每天近距离处理中国相关的新闻，会令我产生各种想法。我们的孩子一代会迎来一个什么样的韩中关系呢？针对这些问题和苦恼，该书会给出一个很好的回答。因为该书不但写进了韩中建交的相关历史记录，还融入了很多当前的内容，对韩中关系将会起到一个很好的指南作用。非常感谢卢载宪院长和郭永吉会长给予我机会来制作这本书，希望更多的人读到这本书、进而正确理解韩中关系。

• **金珍镐** 檀国大学教授

近两年来，我协助东亚文化中心卢载宪院长做了很多纪念韩中建交30周年的活动。能和李昌株、谭贞瑜、柳秀贤等这些非常好的人一起工作，我感到很幸福。这段时间我遇到了很多优秀的人，也做了很多事情。

犹如绵长历史画卷般的诸多回忆和故事都被作者们写入了书中，对作者们我深表感谢。我相信书中的故事便是韩中关系的过去、现在和未来。

• **李昌株** 亚洲大学讲师

作为工作组的一员我一直尽心竭力。很高兴能以这本书为韩中建交30周年纪念活动筹备委员会画上一个圆满的句号。期间我遇到了很多优秀的人，也学到了很多。

• **柳秀贤** 社团法人Beautiful Mind 事务局长

正如人与人之间的交往很重要一样，国家之间的交流也很重要，彼此间的友谊和情分需要好好珍惜。能够和大家一起参与这样一项富含意义的工作，我感到很幸福。

• **谭贞瑜** 东亚文化中心干事

很高兴能够参与这项意义非凡的出版工作。和许多优秀的人共事并学到了很多令我感到很充实。尤其是在担任翻译和校正工作的过程中，我更加深刻体会到了中韩关系的珍贵。我会继续努力为中韩友好交流献上一份力。

• **千诣彬** 东亚文化中心(前)干事

在如此有意义的地方工作过，会给我带来长久而意义深刻的回忆。非常感谢！

• **林希柱** 韩中建交30周年纪念活动筹备委员会(前)干事

这段和我的大学专业以及未来职业规划都很符合的工作经历，让我明白了韩中关系的珍贵。非常感谢卢载宪院长！

한중 30년: 새로운 미래를 향해

인쇄 2022년 10월 4일
발행 2022년 10월 18일

발행인 노재헌
발행처 동아시아문화센터

편저 동아시아문화센터, 아주경제, 한중수교30주년기념사업준비위원회
감수·번역 동아시아문화센터, 아주경제그룹 아주일보
주소 서울특별시 서대문구 연희로15안길63(연희동)
전화 02-2101-2576
이메일 xiuxian@eaculture.org
홈페이지 http://www.eastasiaculture.org

ISBN 979-11-980261-0-1 (03340)
정가 20,000원

제작 (주)늘품플러스 (02-2275-5326)